IDEIA

IMPRENSA DA
UNIVERSIDADE
DE COIMBRA
COIMBRA UNIVERSITY PRESS

EDIÇÃO

Imprensa da Universidade de Coimbra
Email: imprensa@uc.pt
URL: http//www.uc.pt/imprensa_uc
Vendas online: http://livrariadaimprensa.uc.pt

ESTRUTURA EDITORIAL

Alexandre Franco de Sá | Universidade de Coimbra
Angelica Nuzzo | City University of New York
Birgit Sandkaulen | Ruhr-Universität Bochum
Christoph Asmuth | Technische Universität Berlin
Giuseppe Duso | Università di Padova
Jean-Christophe Goddard | Université de Toulouse-Le Mirail
Jephrey Barash | Université de Picardie
Jerôme Porée | Université de Rennes
José Manuel Martins | Universidade de Évora
Karin de Boer | Katholieke Universiteit Leuven
Luís Nascimento | Universidade Federal de São Carlos
Luís Umbelino | Universidade de Coimbra
Marcelino Villaverde | Universidade de Santiago de Compostela
Stephen Houlgate | University of Warwick

COORDENAÇÃO EDITORIAL

Imprensa da Universidade de Coimbra

PRÉ-IMPRESSÃO

Mickael Silva

EXECUÇÃO GRÁFICA

KDP

ISBN

978-989-26-2427-3

ISBN DIGITAL

978-989-26-2428-0

DOI

https://doi.org/10.14195/978-989-26-2428-0

MERLEAU-PONTY
Y EL CUESTIONAMIENTO DE LA METAFÍSICA DEL SUJETO

DAVIDE EUGENIO DATURI

ÍNDICE

«[La filosofía] es cierta manera de tomar conciencia de sí de la clase ascendente; y esta conciencia puede ser neta o confusa, indirecta o directa: en los tiempos de la nobleza de toga y del capitalismo mercantil, una burguesía de juristas, de comerciantes y de banqueros, algo captó de sí misma a través del cartesianismo; siglo y medio después, en la fase primitiva de la industrialización, una burguesía de fabricantes, de ingenieros y de sabios se descubrió oscuramente en la imagen del hombre universal que le proponía el kantismo».

J.P. Sartre, Crítica de la Razón Dialéctica

«La realidad del Discurso (moderno) se evoca con suma facilidad. Ahí tenemos la aurora del siglo XVII, cubierta por la presencia de un Bacón que piensa desde la posibilidad de una desnuda Razón a partir de cuya brillantez depurada puede avanzar una ciencia permanentemente evocada; aquí tenemos esa apreciación cartesiana, casi a vuela pluma, que reconoce que toda razón es naturalmente igual; o esa indicación lockeana sobre el origen de las dificultades presentadas en la anécdota productora de su obra académicamente fundamental. En fin, ahí está la estructuración de ese ámbito formal que la Identidad de lo subjetivo engarza necesariamente a la materia derivada del juego sensorial en la *Critica de la Razón Pura* kantiana».

J.L. Rodríguez García, Los Pliegues de la Razón

INTRODUCCION

Siguiendo la tendencia, bastante arraigada en filosofía, de empezar por lo primero, ponemos en movimiento el discurso mediante una aclaración metodológica, que ya proporciona las coordenadas explicativas dentro de las cuales se desarrollan las dos partes del siguiente trabajo. Por esta razón, antes de introducirnos en sus contenidos, pensamos que es nuestro deber empezar con unas consideraciones que abarcan el sentido mismo de nuestra investigación.

En la palabra "fundamentación" reside un nudo esencial de la historia de la filosofía y también de nuestro trabajo. Fundamentar, comprobar, justificar ha representado una verdadera necesidad a lo largo de la tradición filosófica. Sin embargo, el camino de la justificación no siempre ha sido considerado el único y el más viable. La concepción relativista de Protágoras o las teorías escépticas, en sus diferentes expresiones alrededor de los siglos, nos hablan de una razón humana débil e ineficaz en la difícil tarea de justificar de manera absoluta y universal sus afirmaciones.

Por otro lado, el mismo Platón tuvo que reconocer la inevitable falta de *Logos*, es decir de un discurso "fundante", en algunos argumentos más originarios, optando por recurrir al mito para superar el penoso *impasse*.

De todas maneras, se debe admitir no solo que la falta de discurso ha alimentado positivamente y sigue animando la filosofía para superar dicho *impasse*, sino que la misma necesidad de sentar el discurso sobre un punto fuerte se debe considerar como el signo de una originaria insuficiencia humana, que no es efecto del mismo método sino, más bien, lo precede.

Si tomamos en cuenta expresiones históricas del concepto de fundamentación, podemos reconocer que términos como intelecto activo, alma racional, razón divina, o solamente de "tradición" –o también de evidencia y otros más modernos–, nacieron de la misma necesidad de fundamentar y esclarecer el discurso racional y dejar a un lado el recurso a teorías míticas, o imaginarias.

Cerca de nuestra época, sin embargo, la fundamentación empírico-científica ha logrado convencer más de lo que han hecho las justificaciones filosóficas, derrumbando la noción clásica de verdad. En la filosofía de la mente estadounidense, por ejemplo, sigue la tendencia de fundamentar la investigación, en particular de la conciencia, sobre una justificación causal a partir de respuestas a la pregunta ¿En dónde podemos observar el funcionamiento de la conciencia?; a la cual sigue otra, más reduccionista, *¿Cuáles son y cómo funcionan sus elementos mínimos?*

Si esta investigación se quedara solo en las respuestas a estas pocas preguntas, aunque reconocemos la fuerza explicativa de su discurso, deberíamos admitir las profundas limitaciones especulativas a las cuales nos lleva el paradigma científico.

Por su parte, junto con el método científico, la filosofía moderna ha dado vida a una redefinición fructuosa del concepto de justificación, recorriendo un camino complementario, y raras veces antagonista a las ciencias positivas[1]. Por un lado, la fundamentación filosófica encuentra sus orígenes en la más lejana reducción del mundo objetivo al sujeto, implementada por Descartes, al cual deberíamos reconocer el primado de prohibir todo discurso sobre el mundo y las cosas, que

---

1   De hecho, habría que rechazar la crítica que Heidegger hace al método y a la investigación científica con relación al estudio del hombre y a su contacto con el mundo y promover, una vez más, la convivencia entre ciencia y filosofía, para garantizar una lectura completa del ser humano, aunque sea complementaria.

no fuera aquello iluminado por la evidencia del *Cogito*. En este último caso, como se verá en nuestra investigación[2], la noción de fundamentación tiene todavía un enlace –que, empero, Descartes niega– con la deducción lógica.

Por otro lado, saliendo de las limitaciones que conlleva la reducción de la cuestión al acto reflexivo del sujeto, existe una acepción del concepto de fundamentación que toma en cuenta la relación entre el hombre y el mundo y desarrolla la idea de que la razón humana entrelaza un vínculo estrecho con el mundo[3]. Este es el caso de la fundamentación empirista que, enfocándose en el problema del origen del conocimiento, sostiene que no hay nada en el pensamiento que antes no haya estado en el mundo. Sin embargo, la fundamentación a la cual lleva la teoría descrita ha sido objeto de numerosas críticas. Las principales llegaron de los planteamientos que más se han preocupado de la noción de fundamentación, como es el caso del criticismo kantiano o de la fenomenología de Husserl[4], para los cuales la idea de una razón débil y que no sea garante de un conocimiento verdadero y apodíctico está en contra de la misma búsqueda filosófica.

Ahora, la necesidad de fundar nuestra investigación sobre un principio firme nos lleva a reflexionar primeramente sobre el mismo concepto de fundamentación. Esta aclaración sirve por un lado a distinguir el trabajo filosófico de la investigación científica, y por el otro[5], a justificar la afirmación de que la teoría general de la conciencia no solo es respetable como estudio, sino que en sí representa un paso necesario para fundamentar el mismo trabajo de la filosofía.

La visión que la ciencia clásica tiene de la realidad se basa en la idea de que el evento mínimo observable se inscribe en un marco de

---

2   Infra: Capítulo 1.

3   Como en el caso del trabajo de J. Locke (cfr., *infra* cap. 1).

4   El capítulo 2 será dedicado justamente a la compleja definición husserliana de fundamentación.

5   Véanse las Conclusiones de esta investigación.

eventos conectados por relaciones de causa y efecto. Por eso que, en esta misma perspectiva, a la justificación por observación y a la fundamentación matemática debemos anteponer la idea de que "cualquier evento observado tiene una o más causas, un evento cronológicamente anterior descrito o describible, que lo ha generado". Este paradigma mecanicista sigue imperando en la física y en la visión común, aunque la relatividad y la teoría cuántica hallaron la secreta complejidad que vive detrás de los eventos físicos en general.

Si consideramos en cambio la disciplina filosófica, en esta área la fundamentación del discurso no puede depender de la observación o de una reducción a las matemáticas. Y en general, tampoco el concepto de *causa* se apega perfectamente al método de investigación de la filosofía.

Si no podemos partir necesariamente de estos tres elementos metodológicos ¿en qué consiste entonces la fundamentación en el discurso filosófico? ¿No será que lo que se promueve en esta disciplina es la sobreposición de perspectivas subjetivas –y que por tanto se fundamentan cada una en el mismo discurso que las produce– que nunca llagarán a fusionarse en una única propuesta? Para contestar a estas preguntas es necesario reflexionar en el objetivo mismo de la filosofía.

A pesar de las propuestas modernas, posestructuralistas y posmodernistas, para que la filosofía reanalice su objeto, proponiendo un cambio radical en su mismo método, el discurso sobre el Ser sigue siendo el verdadero centro de toda especulación filosófica. Sin embargo, si el Ser corresponde a una substancia que no podemos observar, sino pensar como principio último de generalización de la realidad, estamos cayendo en un antiguo error, es decir la perdida de contacto con la verdadera esencia de este concepto. El Ser, si podemos verlo en una perspectiva común entre Merleau-Ponty y Eduardo Nicol, no nace ni se piensa. El Ser está ahí, en el mismo contacto con el mundo. Un contacto que fundamentalmente es perceptivo y prereflexivo antes que la conciencia lo introduzca en el campo reflexivo. De hecho, reformular una teoría del Ser significa reconocer que la conciencia tiene que ver con este concepto menos de lo que la filosofía nos ha enseñado hasta hoy.

Es a esta acepción del Ser que queremos llegar a través de la obra de Merleau-Ponty. Sin embargo, hemos decidido evitar el término Ser, dentro de nuestra investigación, por lo menos en lo que se refiere a la primera parte y tomar como objeto *la relación entre mente (u hombre) y mundo*, conscientes que en esta mutua implicación reside el aspecto discursivo de una teoría filosófica sobre el Ser.

Si consideramos la relación entre hombre y mundo nos damos cuenta de que el concepto de *causa* de la investigación científica se queda insuficiente para describir la real naturaleza de dicha implicación. Debemos introducir, en cambio, los conceptos que la filosofía moderna nos proporcionó como herencia incuestionable, es decir la idea de *conciencia* por la cual un *sentido*, un sentido *entero*, se da. En este marco la investigación filosófica se encuentra a reflexionar en la verdadera piedra angular de la relación entre conciencia y mundo, que puede resumirse en la noción fundamental de *experiencia*.

El concepto clásico de *causa* tiene que ver con la relación de dos objetos, los cuales pueden afectarse mutuamente sin que la relación sea significativa en sí para los dos. Dos piedras pueden ser lanzadas entre sí y una mover, siendo causa, a la otra. Aquí el sentido se quedaría afuera del proceso de interacción entre las dos, mientras el sentido de lo que pasó podría "existir" por un sujeto (el que aventó la primera piedra) y un espectador (el científico, por ejemplo, que explica la interacción física entre las dos piedras según la tercera ley newtoniana de la dinámica).

Ahora, demos al problema otra forma. Imaginémonos la misma piedra aventada por el mismo sujeto, y en lugar de dirigirla contra la segunda piedra, pongámosla en dirección de un pobre perro (caso 2). La reacción del animal será la de seguir una conducta de huida del agresor o de respuesta agresiva. Sin embargo, lo que sí encontraremos de similar entre el primero y el segundo caso es que una reacción física (en el primero) o una conducta (en el segundo), son determinadas causalmente por un evento externo.

En estos dos primeros casos, estamos todavía afuera de un *horizonte de sentido*, a menos que, como dijimos, estuviera un observador para el cual el evento pudiese ser significativo.

Pero ¿qué pasará si la interacción tuviera como terminación un sujeto que no solo crea sentido, sino también lo busca, allí en donde lo re-produce, el sujeto interpretante (caso 3)? Pensamos en una piedra aventada a otro ser humano. Necesariamente se pasaría del plano de la explicación, verdadero significado de la palabra justificación dentro de las ciencias duras[6], al plano de la comprensión, que en cambio se dirige hacia un evento cuyo centro es el sentido abierto por la relación entre mente y mundo. A esta comprensión deberíamos acercar la justificación filosófica.

La diferencia entre el caso 1 y 2 y el sentido que se produce en el caso 3 en el cual un sujeto A avienta una piedra a otro sujeto B es que, en este último acontecimiento, aunque la respuesta de B esté determinada intelectual y emotivamente hacia el esclarecimiento del evento, la respuesta al evento se basa en significados y valores personales y aspectos contextuales que trascienden la posibilidad de esquematizar las conductas de B dentro de un marco general.

Procedemos por puntos. El sujeto B podría huir o reaccionar como el perro del ejemplo 2; sin embargo, su reacción pasará seguramente por unos procesos mentales complejos, como buscar primeramente en el mismo contexto el sentido de lo que pasó, luego, si la búsqueda le fuera infructuosa, pasará en reseña entre sus experiencias pasadas eventos que podrían justificar lo acontecido. Sin embargo, la justifi-

---

6   De hecho, a este nivel ya se puede hablar de sentido, y hasta de interés y orientación en la investigación científica. Sin embargo estos aspectos que pueden acompañar la búsqueda deben estar siempre relacionados con resultados objetivamente evidentes.

cación no será la única consecuencia del evento dentro del horizonte de sentido del sujeto B. Una más, será la reestructuración de lo que acaba de vivir u observar en un sistema de referencias que constituirá el patrimonio de conocimientos que fundarán sus interpretaciones de eventos futuros. A este proceso le podemos llamar *contextualización*, en donde el sentido se re-produce mediante una orientación del sujeto. Finalmente, el sujeto B podrá comunicar al mundo, en la forma de la palabra (significación) y del gesto (expresión) para participar al orden del sentido que se ha dado en el acontecimiento. Eso significa, entonces, que una cualquier acción determina en el hombre, que la sufre o que solo la observa, una respuesta orientada[7].

Esto sería el primer significado de justificación que queremos devolverle a la filosofía, y que ha sido suplantado por la explicación científica, que se ha introducido en el mundo del *sentido* transformándolo en un mundo de meras causas[8]. Las *causas* competen principalmente a la naturaleza, mientras las *razones son parte de la relación entre hombre y mundo*. El científico busca las *causas*, y no inscribe el evento que está estudiando en un horizonte de *sentido personal e interpersonal*[9].

Más allá de esta área de división entre filosofía y ciencia, en donde el hombre orienta el sentido a partir de los acontecimientos, se perfila un espacio nuevo y diferente, externo a todo formalismo, y que es el lugar en donde el hombre no es una partícula más del mundo, sino para el cual el mundo representa el horizonte en el cual él se despliega

---

7   Se puede decir que este tercer nivel, es el lugar en donde se dan los caracteres comunes entre investigación científica e investigación filosófica.

8   Un ejemplo en particular lo encontramos en la intervención de la ciencia en la relación entre mente y mundo, con las explicaciones fisiológicas o genéticas de las patologías mentales.

9   Aquí, no significa que el concepto de causa sea externo a la contextualización. El problema nace del doble significado de la palabra "sentido", que por un lado conecta una relación mínima de causa y efecto en la acepción de "dirección", y por el otro se puede referir a la razón, es decir el motivo por el cual algo acaece. Además, aquí no queremos decir que el científico trabaja sin sentido. Siempre habrá un interés en su investigación, pero los resultados deberán estar caracterizados por la objetividad.

como creador de sentido. En esta relación ya no es fructuoso hablar de relación causal sino, más bien, de experiencia.

En las posibles relaciones significativas entre hombre y mundo existe un cuarto caso, en el cual, a pesar de nuestro mayor esfuerzo para ver los eventos en sucesión temporal y conferirles un sentido causal, una lectura de este tipo simplemente no se da. He aquí el verdadero campo de acción de la filosofía. En un lugar en donde no solo una investigación científica, aunque capaz de aclarar con un modelo y pronosticar acciones posibles, no describe a fondo los acontecimientos; sino tampoco una investigación filosófica del tercer tipo, basada sobre la *contextualización*, permite aclararlos.

De hecho, comentamos que en el tercer caso el sujeto compara lo acontecido primeramente con el sentido del mundo en el cual se ha producido, luego con el sistema de referencias personales, y dentro de dichas coordenadas no solo lee el significado del evento, lo justifica[10], sino reestructura el mismo sistema de referencias personales para la utilidad futura[11].

Aunque esta tercera posibilidad nos acerque a la complejidad en la cual se inscribe la existencia, no permite todavía explicar ese sentimiento de asombro que la caracteriza, como el caso de quien se acerca al límite proporcionado por la finitud humana. No hay filosofía sin tener en cuenta este aspecto del hombre, es decir el contacto consigo mismo como existente finito, y la relación con el otro como participantes del mismo *sentido*.

Si queremos comparar el tercer caso con la actividad filosófica, podemos decir que el influjo de la contextualización lleva consigo el fantasma de la relación causal, proporcionando en algunas doctrinas

---

10   En el sentido de "razonarlo".

11   Aquí, valdría la pena recordar el discurso que la psicología conductista hace respecto al refuerzo positivo o negativo que puede determinar nuestra manera de referirnos al mundo. En esta clase de eventos entraría probablemente el mismo interés que está conectado a experiencias pasadas.

líneas explicativas que podrían ser efectivamente externas al verdadero cometido de la filosofía[12]. Lo que en cambio estamos proponiendo, es reconducir la fundamentación filosófica al objeto de su investigación, que para nosotros es el horizonte de sentido abierto en el contacto entre el hombre y el mundo, en donde, como dijimos el Ser aparece.

Un aspecto propio del actuar humano es que lo que dirige su acción tiene que ver no solo con un sistema de referencias relacionado con la acumulación de eventos pasados almacenados en la memoria, sino también con una *Weltanschauung,* una visión del mundo, que determina su manera de pensar, querer y actuar en un nivel mucho más profundo[13]. Si preguntamos cuál sea el origen de una visión del mundo, podríamos remitirnos a la historia, contextualizando el comportamiento humano a partir del concepto de espíritu de su época, de sistema económico, de clase, de lenguaje, por ejemplo. Sin embargo, en lugar de considerar la visión del mundo de una persona como producto de un factor externo y común a sus contemporáneos, ¿porque no verla como esencialmente una representación de la naturaleza creativa y original que cada hombre lleva dentro de sí? Quien no vea esta intrínseca posibilidad del hombre, se remitirá siempre a un sistema causal o de contextualización y considerará la presente visión como sumamente ingenua. Sin embargo, el hombre no solo tiene la facultad de reflexionar sobre su vida enfrentándose en cada momento con el sentido del mundo en el cual vive. Su relación con el otro no solo consiste en una búsqueda y respuesta orientada. Su naturaleza más íntima consiste en la producción de sentido orientado. Aquí, podríamos regresar al sujeto A, él que lanza la piedra y considerar que la misma

---

12   El influjo de la contextualización se encuentra en las teorías que no toman en cuenta a la relación entre mente y mundo a partir de la existencia, sino de la historia, de la sociedad, de la ciencia etc. Se entiende porque estas teorías han dado vida a ciencias como la sociología, o la psicología social.

13   Esta idea nace de la constatación de que no siempre nuestra reacciones son instintivas (como huir o agredir) y sin embargo tampoco podemos decir que tengan un sentido orientado dentro de una sistemas de experiencias pasadas.

producción de sentido que funda una acción tiene necesariamente que adecuarse a un sistema de referencias o experiencias personales. La producción de sentido, que en el caso del interpretante podríamos decir re-producción, tiene necesariamente que ver con un horizonte de sentido común, cuya falta podría generar un *impasse* comunicativo.

Sin embargo, se ha sostenido la posibilidad de una cuarta manera de estar en el mundo, es decir la posibilidad de *construcción* y *reconstrucción* del sentido a partir del sentido original del mundo, lo que finalmente es el contacto con el Ser. Aunque parezca más difícil representar esta modalidad de relación entre hombre y mundo, podemos decir que en ella intervienen factores expresivos, como los movimientos corporales, en la forma del *gesto* y en la modulación de la *voz*, que caracterizan una persona en su *esencia individual*.

Esta cuarta posibilidad es bien representada por la interacción comunicativa. El hombre maneja sistemas simbólicos que no solo y siempre tienen un valor instrumental en la interacción. El universo del habla revela la trascendencia humana, el vínculo con el sentido que se puede construir en cada momento en el cual la comunicación pasa del nivel plano de la información hasta el nivel estratificado de la comunicación comprensiva del otro. Yo puedo entender al otro sin comprender su situación. Este segundo paso necesita de un gesto empático, es decir del reconocerme en el otro, en el sentido de que sus problemas son también los míos, y de abertura al otro, en el sentido de que mis problemas son también los suyos. En una palabra, el *familiarizarse* con el otro ser humano.

Aceptar este nivel de intercambio, significa permitir que el otro entre en tu casa, abrirle las puertas para que se conozca, porque al fin esa casa es el lugar común, en donde el otro no es solamente vecino, sino eres tú. El miedo a que el otro destruya la torre del "yo" que cuidadosamente se ha construido persigue el antiguo sueño cartesiano que el primer mandamiento de la Biblia pueda volverse un mandamiento narcisista: <<Amaras tu Yo sobre todas las cosas>>.

Ahora se entiende el miedo que un "polieguismo" democrático pueda derrumbar nuestras certezas personales. Sin embargo, el miedo es sin razón, ya que el cuarto nivel de interacción introduce concretamente una trascendencia comunicativa. En una conversación de este tipo desvanece el yo, perdiéndose en el tú que yo soy, para volver a sí mismo luego, más consciente de sus límites y posibilidades y, a veces con un enorme patrimonio de sentido con-creado.

Esta cuarta categoría, cuya naturaleza es evidente, funda nuestra investigación sobre la conciencia, entendida finalmente como el principio factico –y ya no subjetivo–por y para el cual se da toda experiencia real o posible (perceptiva, imaginativa, mnemónica, eidética, emotiva-valorativa etc.) y dentro del cual el hombre se familiariza con el mundo.

Es importante precisar que a partir de esta cuarta lectura de la naturaleza humana el mismo concepto de fundamentación filosófica cambia de significado. Fundamentar, dentro de esta ulterior acepción, no significa encontrar un lugar en el cual descanse la teoría. De la fundamentación tradicional se queda solo el acto, la pura forma. No se necesita más en esta cuarta categoría. El verdadero filósofo es autor –y tal vez se confundirá con el artista– de un acto modulado con el cual un sentido se abre. El filósofo buscará crear y recrear el sentido de la relación entre hombre y mundo, y es inevitable que sus afirmaciones se fundan en la evidencia de la experiencia. Solo eventualmente sus ideas podrán ser esquematizadas y lograrán contextualizar, dar sentido a otros filósofos.

Si la búsqueda queda abierta hacia el esclarecimiento del horizonte de sentido en el cual el hombre se abre al mundo, el paso siguiente de la filosofía será encontrar el método general de su búsqueda.

El método racional de investigar buscando por objetivos, lleva consigo la limitación de excluir la posibilidad más fructuosa de una búsqueda modulada, orientada, pero atemática, es decir independiente de un lugar específico hacia el cual mirar. Este tipo de búsqueda es totalmente independiente de definiciones prefijadas. Por eso su campo de estudio no tiene límites, no tanto en el sentido de ser ilimitado, sino en la acepción de estar abierto a lo ilimitado.

El trabajo filosófico tiene primeramente a que ver con la descrita búsqueda del sentido, a partir de una orientación; pero también es posible para la filosofía orientarse hacia lo desconocido. La investigación lo hace diariamente. Se orienta hacia un mundo predado, corroborando el sentido de los eventos a partir de lo conocido, y se abre a lo desconocido, creando el sentido dentro del mismo acto de orientación modulada.

Es en esta ulterior posibilidad de la conciencia que descansan los trabajos más originales y fructuosos de la filosofía. Si consideramos desde este punto de vista la investigación filosófica, podemos por lo menos explicar la razón por la cual no es posible, en línea de principio, hablar de progreso en la filosofía. Lejos de creer en una inconmensurabilidad entre teorías filosóficas, creemos que la gran cantidad de puntos de vistas diferentes y doctrinas dentro de las cuales se han desarrollado diversas teorías, se pueden reconducir por un lado a una infiltración del principio causal en la interpretación de la relación del hombre con el mundo y por el otro a la que llamamos *búsqueda de sentido orientado* que se ha caracterizado en particular en la interpretación a partir de teorías anteriores, como en el caso del platonismo o de la relación entre la escolástica y Aristóteles.

Se queda en cambio la otra posibilidad, tal vez más compleja, la producción libre y creativa, tal vez más presente en la poesía y los aforismos, basada sobre una búsqueda según una orientación modulada que no llega necesariamente a ideas claras y distintas, pero evidentes de forma intuitiva. Aquí, entonces, queda claro que no existe un único y verdadero método de la filosofía. En la labor filosófica se mezclan las diferentes modalidades, de producción y de creación de sentido.

Dado que no hay investigación filosófica que no haya buscado fundamentar su trabajo, para no ser menos, en este prefacio buscamos explicar las razones que justifican el siguiente texto.

Lejos de pensar que nuestro trabajo logre crear nuevo sentido, partiremos de un proceso de contextualización. Para instalarnos en el horizonte de una investigación "orientada" hacia el concepto de conciencia, en la primera parte, nuestro método será principalmente histórico, es decir descriptivo, en donde el relatar el desarrollo del concepto de conciencia tendrá como objetivo la comprensión del marco de sentido general a partir del cual toma sentido la investigación de Merleau-Ponty. De ahí se llevará a cabo la definición del campo de actuación sobre el cual la filosofía presente en las primeras obras de este autor tendrá efecto.

Si el trabajo filosófico, como hemos dicho, se dirige al Ser y finalmente, si este se reduce al sentido de la relación entre la conciencia y el mundo, entonces consideramos que la explicación del concepto de conciencia presente en Merleau-Ponty no solo aclara este tema, sino queremos proponer la teoría de la corporalidad presente en este autor como importante avance en la comprensión del horizonte, el campo en el cual la filosofía misma se mueve, es decir la relación pre-reflexiva entre cuerpo y mundo. Desde aquí, esperamos que se pueda lograr la tarea de participar a la difusión de una visión diferente de la investigación filosófica y que esta siga el camino para restituir al hombre la conciencia de su naturaleza inmanente e integrada al mundo, y que lo haga, tal vez más responsable de sí y cuidadoso del Otro.

*   *

El presente trabajo tiene dos objetivos. Por un lado, quiere ser una introducción de la concepción filosófica que definiremos, siguiendo una tradición consolidada, "filosofía de la reflexión", de la cual dependen la idea moderna de sujeto y el significado del concepto de conciencia que, a partir de Descartes, pasando por Locke y Kant, ha llegado hasta Husserl.

Por otra parte, y en directa relación con el primer punto, nuestra investigación busca introducir a las primeras obras de Maurice

21

Merleau-Ponty, con el fin de demostrar que, aun cuando estos trabajos se encuentran en continuidad con las problemáticas y la terminología propuestas por Descartes –quien abre lo que podemos definir "el camino de la Metafísica del Sujeto"– demuestran contemporáneamente la intención del filósofo francés de romper con la noción de sujeto epistemológico todo poderoso introducida por el filósofo de La Haye. Dentro de este objetivo, subrayaremos, entonces, la reflexión radical mediante la cual Merleau-Ponty logra, en sus primeras obras, *La estructura del comportamiento* y *La fenomenología de la Percepción*, reestructurar el sentido de los conceptos de conciencia y mundo con el fin de proporcionar una nueva posibilidad de visión de ambos elementos.

Con base en el primer objetivo planteado, concentrado en los dos capítulos iníciales, es menester partir de la idea de que, a empezar con el siglo XVII, dentro del discurso filosófico moderno es posible distinguir la tendencia de los pensadores a orientar reflexivamente el pensamiento hacia sí mismo, buscando en el sujeto que piensa, y ya no en Dios o en el mundo, las condiciones de verdad de los juicios, epistemológicos y morales. La crítica del conocimiento, que nace con Descartes, tiene las características que hemos descrito. Cuando Locke, sucesivamente, habla de límites y posibilidades del conocimiento quiere decir, antes que todo, "de la filosofía".

Sin lugar a duda, este cambio de mirada surgía de la pérdida constante de la confianza en aquellas creencias que el hombre del siglo XVI todavía tenía en su experiencia del mundo humano y natural, y que se iban desvaneciendo, debido a las revoluciones, sobre todo la científica y la religiosa de aquel siglo. Dichos cambios repentinos en la concepción del mundo y del destino humano tuvieron finalmente como consecuencia la búsqueda de un punto firme que pudiera contrarrestar el curso de la historia del mundo e, igualmente, de una filosofía destinada a desaparecer pronto bajo los ataques del nuevo método científico baconiano en contra de la tradición metafísica. Es ahí que se consolida el interés hacia el sujeto del pensamiento y, sobre todo, se empieza a aceptar, de forma más generalizada, la posibilidad de la autonomía de su poder especulativo respecto al garante trascendente que hasta entonces había representado el marco fundamental dentro del cual interpretar toda experiencia, real y posible.

Si de salvar la filosofía se trataba, se debe a Descartes la importancia de haberse dirigido, como antiguo estoico, hacia la interioridad, pero no solo con fines morales, sino también –y sobre todo– con fines epistemológicos. El derrumbe de las verdades que habían gobernado en el mundo occidental desde la antigüedad llegó, por su parte a mantener solo por verdadera la capacidad de la razón de encontrar en el cálculo matemático un fundamento tan firme para los saberes y el pensamiento en general, como aquel que en cambio se encuentra en las matemáticas y en la lógica, para las cuales Leibniz hablaría, poco después, de *verdades de razón*. Para encontrarlo era necesario dirigirse allí en donde nuestros juicios se producen, es decir en la misma interioridad que en esa época empieza a definirse mediante el término de "mente".

Desde este momento empieza un nuevo camino de la metafísica, donde el sujeto, que anteriormente había sido definido como un ente dependiente, en su poder especulativo, de la realidad trascendente, se vuelve el único garante de la verdad. Es esta la introducción de la creencia en un yo firme que como moderno sol iluminaría con su *lux rationalis* todo ente real –además, similar al sujeto de la perspectiva renacentista–, hasta convertirse en aquel sujeto teorético que en Kant y sobre todo en Husserl constituiría el centro noético, como posibilidad de todo el mundo pensado.

Sin embargo, como ya dejamos entrever, si queremos encontrar los filósofos que representaron esta nueva manera de concebir al sujeto y finalmente de entender la dirección de la filosofía, es preciso pensar en aquel que inicialmente abre el camino descrito, es decir René Descartes.

El primer capítulo está dirigido justamente a la descripción de algunos conceptos fundamentales de las obras de este autor, gracias al cual la filosofía llega a ser una disciplina totalmente autoreflexiva, dentro de un camino dogmático que permite alcanzar un conocimiento verdadero. En esta perspectiva, hemos investigado los aportes fundamentales del filósofo de La Haye, subrayando aquellos aspectos peculiares de su filosofía que contribuyeron a la formación del concepto moderno de sujeto reflexivo. Por otro lado, Descartes nos pareció también digno de ser reconocido como el autor de la paulatina desubstancialización del alma, es decir el filósofo que dio vida a aquel proceso de reducción del alma a su actividad, "el pensar", hasta que el problema ontológico de su existencia fue puesto entre paréntesis por el problema epistemológico, y luego fenomenológico, de los actos mediante los cuales se dirige al mundo.

Igualmente a pesar de radicalizar la distinción entre mente y cuerpo, *res cogitans* y *res extensa*, la obra de Descartes tiene un lugar central en la liberación del cuerpo, y en general el cuerpo humano, del ámbito exclusivo de la axiología teológica, es decir de la mirada con la cual la teología se había dirigido a aquel ente material en un sistema simbólico conformado por partes buenas y malas; por su parte, en cambio, Descartes lo volvió el objeto adecuado para la mirada neutra del sujeto científico.

Consideramos que, sin duda, los tres puntos que hemos resaltados de la obra de Descartes, la introducción del sujeto reflexivo en filosofía, la desubstancialización del alma y la liberación del cuerpo de la axiología católica, pueden representar un aporte principal y aspecto de interés de este libro.

Con Descartes la problemática de la conciencia se vuelve el punto de partida para definir la manera específica del 'ser' del hombre, como "ser que piensa", después, primero con Locke y luego con Kant, la conciencia se vuelve el centro especulativo y conceptual a partir del cual el hombre "está en el mundo como ser que piensa". A estos dos autores más dedicaremos otra parte del primer capítulo.

Por un lado, Locke subraya, siguiendo a Descartes, la importancia del acto reflexivo en el conocimiento, en donde a un lado de la percepción sensible introduce aquellas *ideas de reflexión* que son el producto del volverse del espíritu sobre sí mismo. Sin embargo, su descripción de un yo empírico, cuya existencia está mezclada totalmente con la experiencia del mundo, le permite también despegarse de la idea cartesiana de *res* cogitans o de alma y esta elección logrará la definición del moderno sujeto jurídico que será luego objeto del castigo de la justicia.

Por otro lado, está la obra de Kant, al cual dedicamos la tercera parte del primer capítulo. El interés hacia este autor se debe a la centralidad de su trabajo en el desarrollo de aquel sujeto epistemológico que se condensa en la idea kantiana de "Yo Pienso". Sin embargo, a pesar de hablar en términos abstractos de un yo teorético que serviría como fundamento de toda actividad intelectual, Kant reconoce también que a un lado del intelecto, el cual como se sabe pone la regla del conocimiento, está la imaginación, la cual representa finalmente aquella facultad, no solo reproductiva, que conecta la mente con el mundo percibido, abriendo el campo entonces a la posibilidad de un sujeto que se reconoce mientras conoce, que está consciente de sí mientras está consciente del mundo. Será finalmente la concepción kantiana de trascendentalidad, que sigue directamente de la idea de desubstancialización del alma proporcionada por Descartes, que producirá un anclaje, en la filosofía moderna, del pensamiento con el contacto perceptivo del mundo y que permitirá afirmar que la actividad del espíritu es propiamente intencional, es decir dirigida constantemente a un contenido percibido que, junto con las formas y las categorías a priori, representa una de las condiciones fundamentales de todo conocimiento.

En la especulación filosófica de los últimos doscientos años, han habido numerosos estudiosos que de diferente forma han continuado o criticado el concepto descrito de conciencia, apoyando u oponiéndose a la lectura de la filosofía como acto reflexivo. Sin embargo, a pesar de la cantidad de filósofos, empiristas o intelectualistas que siguieron en la misma rienda, nuestro trabajo está dirigido a la manera en la cual el concepto de conciencia recobra vida en la época moderna en el ámbito fenomenológico, el cual finalmente pone aquellas bases especulativas que serán recogidas por el primer Merleau-Ponty e introducidas en la visión existencialista del hombre.

El segundo capítulo trata del problema de la especificidad de las ciencias del espíritu, frente a aquellas de la naturaleza, tema que reintroduce la cuestión de la verdad de los juicios interiores, que están conectados con la misma actividad especulativa del filósofo y que se quedan como productos de un saber individual, con relación a los juicios de la ciencia, que, en cambio, alcanzan un conocimiento y reconocimiento universales. De esta manera hablamos de la transición entre psicología y fenomenología que finalmente ha llevado a la obra de Edmund Husserl, el filósofo que, recuperando la problemática de la verdad como producto de una actividad constitutiva del sujeto, señaló la implicación entre la mente humana y el mundo, sin caer, de todas maneras, en las limitaciones que representaban las teorías empiristas.

A un lado de la obra de Husserl, dedicamos algunas líneas también a la peculiar interpretación del concepto de conciencia por parte del primer Sartre, el cual representa también un puente entre la fenomenología husserliana y el ambiente filosófico francés, del cual es parte importante Maurice Merleau-Ponty.

Sobre la obra de este último filósofo se ha escrito mucho. La mayoría de los intérpretes están de acuerdo en considerar el trabajo de este autor como una producción *in fieri*, en la cual, a pesar de un desarrollo temático coherente, el mismo Merleau-Ponty reconoció algunos cambios significativos de dirección. Este aspecto, aun cuando pueda poner en duda un trabajo dirigido a las primeras obras de este autor y que no tome en cuenta las críticas que Merleau-Ponty mismo produjo hacia sus iniciales especulaciones, no representa un límite para nuestra investigación, dado que nos interesa el sentido de la investigación que atañe a este filósofo en continuidad con la tradición filosófica, así como la novedad que encontramos en su discurso: el cuestionamiento de la metafísica del sujeto como ilustración de una nueva manera de entender la relación entre hombre y mundo.

El tercer capítulo de este trabajo se dirige, por tanto, a describir cómo el problema de la superación de la metafísica del sujeto esté presente ya *in nuce* en el primer libro de Merleau-Ponty, la *Estructura del Comportamiento*. En esta obra, el mismo autor dice que su interés es "comprender las relaciones entre la conciencia y la naturaleza – orgánica, psicológica e incluso social"[14], demostrando la idea de que el tema de la relación entre mente y mundo introduce problemas que la filosofía no ha logrado todavía solucionar.

El descrito compromiso inicial de su primera obra tomará la forma de una lectura del ser humano como sistema espiritual que no puede ser separado absolutamente de su naturaleza vital o animal y orgánica. De esta total integración, entre los descritos niveles gestálticos que conforman al hombre, emergerá un concepto: el de "conciencia perceptiva" que Merleau-Ponty introduce al final de *La estructura del comportamiento* y que desarrollará en detalle en su libro sucesivo, la *Fenomenología de la Percepción*.

A la introducción de los conceptos básicos y las líneas fundamentales de esta obra, está dirigido el cuarto capítulo, en el cual pudimos finalmente instalarnos de lleno en el trabajo que pone en marcha "el cuestionamiento de la metafísica del sujeto" del cual hemos hablado. En esta obra, confluye finalmente el tema de la conciencia perceptiva que, como dijimos, encontramos en su estado naciente en *Estructura del Comportamiento*, con la fenomenología de Husserl que en el curso de los años había empezado a privilegiar la importancia de la intuición dentro de aquella teoría de la conciencia constitutiva que se inaugura en *Ideen*.

El concepto de conciencia perceptiva que Merleau-Ponty introduce en sus obras puede ser leído según dos coordenadas. Por un lado,

---

14   Merleau-Ponty, M., *La estructura del comportamiento*, Hachette, Buenos Aires, 1953, p. 19.

se pone en perfecta continuidad con un discurso abierto en la obra de Descartes y que pasando por Kant, Husserl y Sartre llega hasta Merleau-Ponty; por el otro, se desarrolla autónomamente y de manera original dentro de la concepción existencialista de nuestro autor, a partir de las nociones de cuerpo y mundo.

Según el primer punto parece evidente la continuidad terminológica de las primeras obras de Merleau-Ponty con la tradición conceptual empezada por Descartes. En esto, nuestro autor no representa un parteaguas, ya que en su especulación no se encuentra todavía la necesidad de poner en tela de juicio el mismo sistema conceptual de la filosofía moderna sino, en cambio, está la voluntad de abrir un nuevo camino interpretativo que reformule el concepto de hombre a partir de las ideas ya clásicas de mente y de mundo. Con este objetivo la fenomenología le parece el método más adecuado, pero no el único, dado que a un lado de una investigación propiamente fenomenológica Merleau-Ponty pone la serie de experimentos científicos dirigidos a la explicación de varios fenómenos perceptivos y psicomotores. No es un caso, sin embargo, que no sean los resultados de dichos experimentos lo que Merleau-Ponty subrayará en su discurso, sino las descripciones científicas que, por su carácter de neutralidad y de falta de cualquiera interés individual de quien las llevó a cabo, acercan la mirada del científico a aquella del fenomenólogo y su rigurosa reducción eidética. Existirá, sin embargo, una diferencia central, que trataremos de aclarar, entre la epojé husserliana y el método de Merleau-Ponty. Para este último no sería necesario excluir la existencia del mundo para conocerlo en su calidad de puro fenómeno. Merleau-Ponty contrapondrá el encuentro ante predicativo del mundo, el cual desde siempre ya "es" para nosotros, a la poco fructuosa neutralización reflexiva del fenomenólogo y lo considerará aquel punto de partida natural e ineludible de todo tipo de discurso, filosófico o científico. De hecho, como veremos, en esta dirección caminó la investigación del último Husserl de *Krisis*, del cual Merleau-Ponty parte.

Puede decirse que pese su interés hacia la fenomenología de Husserl, el principal interlocutor de Merleau-Ponty será siempre Descartes, así como se evidencia en numerosas partes de sus obras. Lo que nuestro autor reconoce en Descartes es el valor de haber introducido la percepción en el ámbito de la filosofía reflexiva. A pesar de la duda metódica que en un cierto sentido aleja de una verdadera comprensión de la percepción, porque para Descartes, así como para Locke, percibir significa "pensar de percibir"[15], "tener una idea de percepción", "estar consciente de percibir", Merleau-Ponty reconoce que el discurso cartesiano abre el camino hacia la investigación de un ámbito prerreflexivo que resultará estructurado en sí y que puede ser objeto de un discurso reflexivo, con la ayuda de la ciencia y de la hermenéutica fenomenológica que nuestro autor llama "existencialista".

Este último punto nos introduce al segundo aspecto. La teoría existencialista de Merleau-Ponty se contrapone al sistema conceptual de la filosofía moderna porque propone dirigirse al estudio del hombre desde adentro, es decir a partir de su comercio cotidiano con el mundo. Objeto central de esta teoría, en la versión muy peculiar de Merleau-Ponty, será el cuerpo, que en varias partes de su *Fenomenología de la Percepción* dejará de ser el cuerpo visto y objetivado por la ciencia y empezará a ser el cuerpo propio, el cuerpo vivido, sobre el cual nuestro autor logrará un discurso amplio y comprensivo, sin perderse en un estilo literario o metafórico. En este lenguaje atento a las cosas mismas y que no trata de sobreponer una interpretación a la experiencia, sino que deja hablar el sentido haciéndose, estriba, pensamos, la radicalidad de su reflexión.

De esta forma, recorriendo el análisis merleaupontiano de la corporalidad como única manera de ser del hombre, es decir como "ser del mundo", llegaremos a evidenciar el sentido de las dos primeras

---

15   Cfr., Benítez, L., *La percepción sensible en Rene* Descartes, en Benítez, L., Robles, J. A. (compiladores), *Percepción: colores*, UNAM, México, 1993, p. 33.

obras de este autor. En toda gran obra filosófica existe un fondo que podríamos decir "obscuro", sobre el cual se proyecta con toda claridad aquel sistema conceptual que cada autor teje en su discurso. Cada gran obra se puede juzgar por la resonancia que dicho fondo obscuro deja, y no solo por el contenido efectivo que la compone. Por esta razón, no amamos el Hegel adulto en comparación al joven y romántico de la *Fenomenología del Espíritu*, porque a excepción de este último, el otro no deja abierta ninguna posibilidad de un fondo obscuro, que de alguna forma pueda revertir todo lo antedicho.

Dentro de esta visión, entonces, cabe la tarea que hemos decidido empezar y el tamaño de su importancia. Fijar la mirada en la obscuridad del discurso abierto por el primer Merleau-Ponty, buscar en el gesto de apertura de sus primeros trabajos la continuidad de un proceso histórico que va más allá de su misma obra y que refleja el poder de un discurso filosófico que nunca está destinado a descansar, y justamente en esto estriba nuestro concepto de fenomenología.

1. EL NACIMIENTO DE LA "METAFISICA DEL SUJETO"

Quien estudia la filosofía de la época moderna aprende pronto en dónde colocar su inicio. Resulta casi automático reconocer la obra de Descartes como el punto sensible de un nuevo inicio que afecta tanto la metodología de la investigación como numerosas nociones clásicas de la filosofía, como el concepto moderno de sujeto.

Es verdad que solo algunos filósofos –entre ellos Maine de Biran, Kierkegaard y Nietzsche– y los pensadores posestructuralistas y posmodernistas lograron imponer un cambio de mirada capaz de reformular desde sus fundamentos el discurso sobre el sujeto. Sin embargo, no cabe duda de que, si bien de la conocida "revolución" cartesiana se ha escrito mucho, a favor o en contra, aun así, sigue siendo un tema central de la especulación filosófica. Esto se debe, en parte, al mismo Descartes, quien, sobre todo en sus cartas, dejaría entrever ciertas dificultades, mientras trataba de parchear las "fallas" encontradas en sus obras por los mayores estudiosos de su tiempo.

Desde nuestro punto de vista, es evidente que se trató de un pensamiento nuevo, y que el poder de su alcance representó, en aquellos años, la mayor razón del miedo inspirado por su propuesta.

La obra de Descartes representa aquí, por tanto, el primer tema de nuestro discurso que tiene como objetivo la definición de aquellos elementos que crearon las bases de la "metafísica del sujeto", verdadero *leit motiv* de la filosofía de los últimos trecientos años. De esta manera será posible entender mejor el sentido de las primeras investigaciones de Maurice Merleau-Ponty.

Existe un primer punto de partida para nuestro discurso. Descartes fue el filósofo que con mayor fuerza impulsó la transformación moderna de la noción de razón. Mientras la filosofía medioeval[16] había fundado la racionalidad, entendida como la principal facultad del alma, en el horizonte de la *veritas* emanada por el intelecto divino, el Verbo, del cual se desprendía toda ciencia, Descartes introdujo las coordenadas filosóficas para concebir la razón como órgano autónomo, específicamente humano y totalmente anclado el sujeto que piensa y en este sentido independiente de cualquier marco racional ajeno a la mente misma[17].

Ahora bien, en la lectura cartesiana del acto cognoscitivo, el garante o la medida de la verdad de todo conocimiento no era Dios[18] o la tradición, como para la filosofía neoplatónica, o una supuesta realidad trascendente ajena al alma, como para los antiguos, sino la evidencia con la cual el sujeto que piensa se hace completamente transparente a sí mismo frente a la verdad indudable que suena de esta manera: «ya que no puedo dudar de que estoy dudando y dudar es pensar, entonces soy esencialmente un ser que piensa». Para Descartes, esta afirmación fundamentaba la verdad de nuestro conocimiento[19] y finalmente de ella se desprendía toda posibilidad de raciocinio.

---

16   En particular la escuela neoplatónica agustiniana. Sin embargo, la lectura escolástica del proceso cognoscitivo, con su amplia referencia a la obra aristotélica y en particular el concepto de intelecto activo, reproduce la misma problemática de la fundamentación del conocimiento individual en el *Verbum* o intelecto divino.

17   En este aspecto, Descartes no se diferencia de Santo Tomas, el cual también sostiene la potencia cognoscitiva de la razón humana.

18   Aunque como dice Stephen Priest en *Teorías y filosofías de la mente* (cfr. Priest, S., *Teorías y filosofías de la mente*, Cátedra, Madrid, 1994, p. 127), la posibilidad de negar la existencia del cuerpo no es solo una posibilidad lógica sino también teológica, es decir fundamentada en la misma fe. Sobre la doble fundamentación, que llevaría a un círculo vicioso, Cfr. Mijaíl Malishev, artículo citado y la reflexión contenida sobre Cottingham, J., *Descartes*, UNAM, México, 1995.

19   A Descartes le interesaba "un ser cuyo conocimiento fuera tan cierto que pudiera servir de punto de partida para todo otro conocimiento" (Cfr. cartas a Clerselier de junio-julio en ed. Adam-Tannery, t. IV, pp. 443-445).

A pesar de una innegable dificultad en trazar una conexión necesaria entre *cogito* y conocimiento cierto, del cual se tratará más adelante, la descrita fundamentación del acto racional en el interior del pensamiento reflexivo abre el camino en filosofía a la idea moderna de una razón totalmente humana, entendida como un órgano autónomo respecto a cualquier supuesto ente o verdad metafísicos. En Descartes la autonomía de la razón respecto al mundo se proporciona justamente cuando al equilibrio o compenetración entre alma racional y *anima mundi* –que caracteriza en general la visión filosófica antigua y medioeval– se contrapone una reducción del problema de la verdad al garante principal del acto cognoscitivo, es decir el sujeto que piensa. Por lo tanto, mientras que en la antigüedad y edad media no existía diferencia entre fundamento y objeto del conocimiento y se seguía la idea de una continuidad formal y una perfecta correspondencia gnoseológica entre alma y mundo[20] –en la cual ningún sujeto autónomo podía sobresalir y en donde la teología unía física, metafísica y gnoseología en un único discurso ordenador– en Descartes esta compenetración ya no es necesaria o fundamental, y el mismo proceder racional se arroga el derecho de ser autónomo con respecto a cualquier otra cuestión de natura física o hasta metafísica[21].

En el libro *Mente y Conocimiento*, Vicente Sanfelix proporciona una interpretación del descrito giro especulativo cartesiano en relación con la noción misma de metafísica. Sanfelix sostiene que la divergencia central entre la investigación de Aristóteles y aquella de Descartes consiste en una diferencia de intereses que atañe a los dos. "Para Aristóteles" nos dice "se tratará de determinar los principios y causas del ente; en tanto que para Descartes se trata de los principios del

---

20   Sería correcto decir que el intelecto podía conocer un objeto porque la regla de su conocimiento estaba presente en el primero como posibilidad y en el segundo como realidad.

21   En este sentido, el mundo se conoce solo a partir del pensamiento del sujeto y cualquier juicio deberá pasar por el filtro de la evidencia.

conocimiento. La metafísica ha devenido entonces meditación sobre los principios del conocimiento"[22].

Mientras que para el primero el discurso filosófico se dirige fundamentalmente hacia el sentido de lo que hay, el segundo lo problematiza hasta reducir la cuestión de lo que hay al "yo" que lo piensa. De esta manera, es correcto afirmar que Descartes introdujo un giro subjetivo en la metafísica. Las cuestiones epistemológicas ("¿qué es lo que podemos conocer a ciencia cierta?" y "¿cuál es la garantía de la verdad de nuestro conocimiento, la garantía que no nos estamos equivocando?") se sobrepusieron por valor e importancia a la cuestión ontológica (¿qué es lo que hay?), a la cual, finalmente Descartes reconduce por deducción las substancias *res cogitans*, *res extensa* y Dios.

A pesar de llevar a cabo la descrita revolución subjetivista, en Descartes la liberación del sistema especulativo escolástico aún no logra separarse completamente de la terminología tradicional de la metafísica, como se refleja en la presencia persistente del concepto de "substancia". Esto no pasará, en cambio, con Locke[23] que romperá con la tradición negando la posibilidad de probar la existencia de los referentes a los cuales se dirige dicha noción (como *res cogitans* o *extensa*, según la conocida distinción de Descartes). Sin embargo, existen algunas diferencias relevantes en la definición cartesiana de dicho concepto. En efecto, si por ejemplo nos referimos al alma, entre las consecuencias que se desprenden de la novedosa propuesta del filósofo de La Haye, la más relevante es la concepción que considera dicho ente no como –aristotélicamente– un principio formal interno sino, más bien, *por su esencia* una "substancia que piensa". No hay duda de que ya la Escolástica había hablado de las funciones o las actividades del alma, abriendo el camino a una substancia anímica

---

22 Sanfelix, V., *Mente y conocimiento*, Biblioteca Nueva, Madrid, 2003, p. 141.

23 Cfr. Locke, J., *An Essay Concerning Human Understanding*, London, 1836, Book II, Chapter XXIII, pp. 191-193.

proyectada e intencional. Sin embargo, concluyendo un camino de transformación, Descartes introduce en el panorama filosófico occidental la idea de que la existencia del alma no es anterior o independiente de su actividad, el pensar, sino que aquella "es", justo porque piensa. De esta manera, el filósofo de La Haye nos da la pauta para entender el sujeto epistémico como un ser que, en su esencia, piensa y no puede dejar de hacerlo. Como consecuencia, Descartes transforma el discurso sobre un ente, el alma, que en lugar de ser un principio que participa a la formación y desarrollo del organismo, es por su esencia una función, un acto, el pensar.

Como esta concepción represente un punto central en la definición del concepto moderno de sujeto, verdadero objeto del presente trabajo, lo veremos en seguida.

*   *

Debemos reconocer que en la novedosa descripción cartesiana de la racionalidad se sienta un concepto que representa, en su autonomía substancial, el verdadero centro epistemológico y *leit motiv* de toda la filosofía de los últimos cuatro siglos. Nos referimos al concepto de sujeto. Sin embargo, es justo leer esta novedosa concepción a partir del contexto histórico y filosófico en el cual Descartes desarrolla su planteamiento: por un lado el filósofo de La Haye está, directamente o indirectamente, en deuda tanto con la tradición estoica[24] y neoplatónica como con la mística cristiana, sobre todo por el acento puesto por estas escuelas en el acto introspectivo; por el otro, sería poco fructuoso y particularmente limitado si tratáramos de entender la propuesta de Descartes sin considerar el panorama histórico en el cual se proyecta

---

24   Sobre la influencia de los estoicos y de manera particular Epíteto y Seneca véase: Ariewen, R., "What Descartes Read: His Intellectual Background", en S. Nadler, T. M. Schmaltz y D. A. Mahut (Eds.), *The Oxford Handbook of Descartes and Cartesianism*, Oxford University Press, UK, Online Publication Date: May 2019, p. 46.

su obra y que en particular se conecta con la paulatina independencia del intelectual implementada en la época humanista y renacentista respecto a la tradición teológica y metafísica.

Como se dijo, con Descartes se introduce en filosofía un nuevo concepto de razón. Este planteamiento, aunque fluctúe en los autores posteriores entre una polaridad más dogmática y otra más problemática, en todas sus expresiones se enfrenta con la cuestión –que se volverá un tema central para la epistemología moderna– de la objetividad del conocimiento; en efecto, si ya Dios no es el garante fundamental del mismo, el camino moderno sería la búsqueda de un nuevo garante.

Para ahondar un poco más en esto, recordemos que en la antigüedad encontramos el acto introspectivo en particular en la filosofía estoica, de la cual Descartes retoma el concepto de *lux naturalis* que guía el hombre en la búsqueda de la verdad gnoseológica y sobre todo en su actuar moral. También en la tradición filosófica y literaria medioeval, el recorrer a la búsqueda de la verdad última a partir de un acto introspectivo era muy común, en particular en los ambientes neoplatónicos[25] ya desde Plotino y San Agustín. En el bajo Medioevo este gesto había encontrado lugar en particular en la poesía religiosa[26] y en las meditaciones de los místicos. Estos últimos consideraban el camino de la interioridad la ruta privilegiada para lograr en etapas separadas de elevación, el encuentro con Dios y llegar a su perfecto conocimiento. El pasaje de lo particular al universal tenía como condición el paulatino alejamiento de la materia, concebido como una liberación de las pasiones y los deseos. Todo esto era un residuo de la antigua concepción órfica y gimnosofista de la vida, que pasando por Platón y Plotino había llegado a Occidente. Claro está, en este contexto la ciencia divina se consideraba inalcanzable para el limitado

---

25   Como dice san Agustín: «Noli foras ire, in te ipsum redi. In interiore homine habitat veritas».

26   Como en el caso de S. Francisco de Asís, y en particular de las obras religiosas de F. Petrarca, otra figura esencial en el desarrollo del paradigma "clásico" de la Razón.

intelecto humano. Para los místicos más extremos, las verdades últimas podían ser solo objeto de fe, y se lograrían en un contacto directo e intuitivo con la divinidad, o incluso, como decía Plotino, solo en sueño[27]. Sin embargo, también el camino especulativo que, en el Renacimiento, había mezclado neoplatonismo, neopitagorismo, lógica y matemáticas –teniendo amplia influencia hasta en la técnica artística de la perspectiva que trataba de equiparar la perfección de la visión del mundo a aquella de la visión interior– permite de contextualizar de forma particularmente clara la necesidad cartesiana de buscar la verdad ultima en un acto de introspección.

A pesar de que en Descartes se encuentran influencias de diferentes escuelas si comparamos los objetivos de la investigación cartesiana y de la tradición neoplatónica y la mística cristiana, el común interés hacia la introspección llevaba los dos caminos en direcciones diferentes. Para Descartes, no se trataba de perderse en la infinita contemplación de Dios, ni de analizar minuciosamente las debilidades individuales para alcanzar la conversión o el crecimiento espiritual. Tampoco la introspección podía servir para indagar el funcionamiento anímico, a partir de un principio racional –el alma– que representaba el marco de referencia dentro del cual interpretar, reduciéndola, la amplia gama de funciones psíquicas. Todos los caminos descritos partían de la fundamentación de su búsqueda en la idea de Dios, y finalmente una teoría teológica de la realidad. Hasta la visión interior que caracteriza la actividad de los excelentes matemáticos neopitagóricos del Renacimiento excluye los poderes de una razón humana totalmente autónoma, sino se basa en la gracia recibida por medio de una vida dedicada a la oración y la renuncia. Para Descartes, en cambio, se trataba de seguir el método introspectivo para encontrar el fundamento y el camino más seguros hacia una verdad indudable y esto implicaba solo en un segundo momento la justificación religiosa.

---

27   Plotino, *Eneadas*, UNAM, México, 1988, p. 46.

Por su parte, en Descartes si el encuentro con la evidencia del *cogito* a través de la introspección representa uno de los descubrimientos más fructuosos de la historia de la filosofía, esto es porque la verdad ya no sería revelación o *adaequatio*, sino el resultado del poder de una visión interior capaz de reducir todo fenómeno y arrastrar toda duda: el saberse, con evidencia, un ser que piensa y constatar que solo lo que puede reducirse a un acto de pensar puede considerarse como cierto, representó el descubrimiento del poder autónomo de la razón humana. En este sentido, el principio del *cogito* se transformaba en aquella garantía y verdad anterior a cualquier otra, inclusive anterior a la evidencia que se generaba en las clásicas pruebas a priori sobre la existencia de Dios.

Por tanto, a diferencia de filósofos y místicos neoplatónicos que usaban la introspección como camino especulativo para un fin diferente, es decir el encuentro con la Razón revelada, Descartes hace del mismo acto reflexivo el motor de la especulación que proporciona la regla y el más poderoso instrumento que nunca haya sido creado para legitimar la verdad de nuestros conocimientos: la intuición de una evidencia indubitable.

Por otra parte, junto con la vía introspectiva elegida por Descartes, la centralidad de la noción de sujeto tiene su fundamento en la tradición escolástica. Sin embargo, si en este marco la fuerza de la razón puede alcanzar cierto conocimiento a través de las argumentaciones, la filosofía sigue siendo limitada respecto a la verdad revelada por medio de la fe[28]. Por su parte, en cambio, para Descartes no hay duda del poder de la razón que descanse sus argumentaciones en la evidencia del *cogito* y en este marco, justo la noción de sujeto, entendido como aquel que está consciente que es un ser que piensa, adquiere un valor central.

Para una contextualización general de esta idea, la propuesta cartesiana puede conectarse por un lado con la figura social del burgués que aparece en el mundo occidental a partir del siglo XII como nuevo

---

28   Copleston, F.C., *El pensamiento de Santo Tomás*, FCE, México, 1960, p. 40.

actor económico que se inserta lentamente en el escenario político. Por pura especulación, es posible trazar una conexión entre este último –que, desde sus primeras expresiones, que ahondan en el mercader antiguo que comerciaba por el mediterráneo, se autodefine como un ser libre, capaz de escoger su vida y determinar su destino[29]– y el sujeto cartesiano, que fonda su conocimiento en sí mismo. Por otra parte, como hombre de su tiempo, con su obra Descartes actúa como instrumento para la consolidación de un nuevo paradigma: el del libre pensador, posiblemente ajeno a los poderes de su tiempo, que fundamenta sobre sí mismo y su interioridad (conciencia) las certezas de sus ideas (ciencia). En este sentido, la atención cartesiana hacia el poder de pensamiento y de la razón humana se conecta con el movimiento humanista que a mediados del siglo XIV había minado la dependencia medioeval de la filosofía respecto a la teología[30].

Sin embargo, no tratamos de sentar el sujeto cartesiano sobre los dos fenómenos históricos que hemos descrito. Existe más bien una reciprocidad entre la figura del hombre burgués y el pensador humanista, por un lado, y el sujeto cartesiano por el otro que podemos resumir en la imagen del hombre moderno –consciente de sí como ser autónomo, crítico y libre. La evidente relación entre eventos históricos y el concepto cartesiano de sujeto representa solo una clave de lectura y no llena totalmente la comprensión de los aspectos constitutivos de dicho concepto, que finalmente puede ser reducido a las categorías de autonomía epistemológica descrita y a la cual seguirá con el tiempo una similar libertad moral.

---

29   Sobre este tema se podría aportar una lista amplia de personajes que adquirieron cargos políticos de alta relevancia a pesar de sus orígenes pobres (por ejemplo, Francisco Sforza) o populares (Pietro De Medici, Can Grande de la Scala etc..). En general la estructuración política italiana en *signorie* representa el lugar con mayores casos de este tipo.

30   Desde el pensamiento de Erasmo de Rotterdam y Pico de la Mirandola, es posible trazar una línea que atraviesa las vidas de aquellos pensadores del Cuatrocientos y Quinientos que fueron expresiones de una evidente voluntad de poner el poder de la razón humana al centro del discurso filosófico, como Tommaso Campanella, Giordano Bruno y Galileo Galilei.

Con el descubrimiento de la evidencia del *cogito*, Descartes hubiera podido terminar su obra, dejando toda deducción siguiente (de Dios y del Mundo) a la ociosidad de los teólogos. Sin embargo, la decisión de seguir en el camino ontológico se debió a la dificultad de que la iluminante verdad epistemológica del *cogito* no garantizaba el paso necesario de la conciencia individual, que ve con certeza, a la ciencia como conocimiento objetivo.

Este problema estaba conectado a otro. A pesar del interés cartesiano para justificar en el seno de la lógica el carácter de validez y verdad de sus afirmaciones, la evidencia del *cogito* no se proponía, sin embargo, como una incuestionable verdad lógica[31] y su fuerza explicativa descansaba en la *viva presentación* de la implicación entre el acto de pensar y la existencia. Por esta razón el *cogito* cartesiano es más cercano a una *experiencia personal* –que hoy diríamos psicológica– que a un razonamiento lógico. Si queremos describirlo de forma más puntual, este puede presentarse solo "en la primera persona", porque no tendría sentido afirmarlo de alguien más (piensas luego eres) ya que ¿cómo podría yo estar seguro de manera evidente que también el otro está dudando o pensando? Finalmente, puede valer solo para mí, que produzco el juicio «pienso luego soy», porque solo yo sé que estoy dudando de verdad.

Ocuparse de la existencia de Dios y del mundo, por tanto, para Descartes no significaba solo cerrar el discurso abierto con el *cogito* y que, en cambio, se habría quedado incumplido según las clásicas exigencias de la tradición escolástica. La razón última de un discurso dirigido a los demás entes reales, las otras dos substancias a un lado de la *res cogitans*, nacía de la necesidad de elevar el tema de la evidencia del *cogito* al mundo objetivo, cerrando la distancia entre

---

31   Cfr. nota 10 pg.58 de la versión de Risieri Frondizi: "A Gassendi, y a quienes compartían su crítica, les aclaró Descartes que la verdad <<Pienso, luego soy>> no supone ningún razonamiento, sino que es una verdad que se presenta en forma directa e inmediata al espíritu".

epistemología y ontología. De hecho, las preocupaciones cartesianas sobre la mejor metodología de investigación son anteriores a sus cuestionamientos metafísicos, pero necesitaron de estos para obtener su justificación teórica.

Conciencia individual y ciencia colectiva

La reducción del alma a su función, el pensar, y la autonomía de la razón que la caracteriza, no son los únicos aspectos relevantes de la propuesta epistemológica cartesiana. Como es sabido, para Descartes el pensamiento corresponde a "todo lo que ocurre en nosotros cuando estamos conscientes y hasta donde hay en nosotros de esos hechos. De manera que no solo comprender, querer, imaginar, sino también sentir, significan aquí lo mismo que pensar"[32]. De esta forma toda experiencia anímica se incluye en el acto general de pensar. Además, a esta actividad el autor agrega otra propiedad esencial: para Descartes el pensar se encuentra conectado siempre a una idea. Cuando comprendo, quiero, imagino, siento etc., tengo una idea; es decir, lo que comprendo, quiero, imagino, siento etc., está en mí como idea.

Un tercer punto tiene que ver, además, con la conexión necesaria que Descartes traza entre tener una idea y estar consciente de ella. De hecho, a pesar de la criticas de Arnauld, este punto representa un verdadero pilar de la propuesta cartesiana, según la cual pensar significa necesariamente estar consciente de una idea. Sin embargo, la propuesta cartesiana relativa a la noción de conciencia no alcanza a vislumbrar la complejidad de la situación que se presenta frente a la mirada especulativa. En efecto, en su discurso queda pendiente la distinción entre dos posibles maneras de estar consciente durante el

____

32   Descartes, R., *Principios de la Filosofía*, I, cap. 9, en *Obras*, op. cit. p. 7.

acto de pensar: la primera es la descrita, por la cual cuando pensamos estamos conscientes del objeto al cual se refiere nuestro pensamiento; la segunda, en cambio, tiene que ver con el acto autoreflexivo por el cual quien piensa en algo se sabe contemporáneamente como el autor de sus pensamientos, y que podemos definir en general como autoconciencia. Según lo que se puede intuir de la obra de Descartes, dicha autoconciencia que acompaña todo pensamiento –y que será central para Kant– corresponde, de cierta forma, a la intuición nacida durante el *cogito*, mediante el cual, pensando, llego a ser consciente que soy un ser que piensa. Como si del acto autoreflexivo del *Cogito* podría pensarse una versión menos clara (hoy diríamos inconsciente) que está presente mientras pensamos en alguna idea[33]. Sin embargo, una posible lectura de la relación entre la autoconciencia que acompaña el pensamiento y la forma más elaborada del *Cogito*, tiene que ver con la forma en la cual para Descartes el *Cogito* llega a representar la condición que garantiza –como una especie de instrumento de medición– el valor de verdad de los pensamientos que mediante ello se expresan. El filósofo de La Haye sostiene que la consciencia de quien piensa puede justificarse por el hecho de que pensar es en sí mismo un estar consciente, mientras esto no acontece cuando veo o camino; en efecto, estos actos no pueden decirse ciertos porque se llevan a cabo por medio del cuerpo, pero si los reduzco al acto del pensamiento de ver o de caminar, entonces alcanzan el carácter de verdad.

Es evidente que las cosas no son tan sencillas. Puedo estar consciente con toda certeza que soy un ser que piensa, pero esta evidencia no me ayuda de la misma manera cuando trato de comprobar la verdad de aquellos pensamientos que dirijo al conocimiento del mundo exterior. Si la evidencia del *cogito* se acerca a aquella que nace de los juicios

---

33   Correspondiente a lo que en las recientes teorías de fenomenología de la mente se conoce como "minimal self" (Cfr., D. Zahavi, "Consciousness and (minimal) selfhood: Getting clearer on for-me-ness and mineness", en U. Kriegel (ed.), *The Oxford Handbook of the Philosophy of Consciousness*, Oxford University Press, 2019).

tautológicos o en los axiomáticos, ¿cómo alcanzarla en la comprensión de los fenómenos de la realidad exterior, como los naturales?

Si consideramos la relación entre la conciencia reflexiva –que se vislumbra en la evidencia del *cogito*– y la naturaleza del conocimiento cierto, Descartes sostiene que la evidencia es el canon o modelo de transparencia que debe guiarnos en todas nuestras especulaciones[34], ante todo las filosóficas. Sin embargo, en el ámbito de la investigación científica la regla de la evidencia no llega a los fenómenos físicos, sino se queda en la mera introspección o en los fenómenos psíquicos que, finalmente, es lo único del cual puede hablar el filósofo de La Haye. ¿De qué manera, entonces, a partir de la principal evidencia filosófica, la del *Cogito*, es posible llegar a un conocimiento claro y evidente sobre el mundo natural? No cabe duda de que fundamentar el valor de un acto cognoscitivo en una experiencia autoreflexiva –y finalmente psicológica– pone en riesgo el valor de verdad que debe acompañar necesariamente todo juicio que pretenda ser científico.

Descartes busca solucionar este punto abogándose al método y sucesivamente, como se ha visto, regresando a los viejos caminos de la fundamentación metafísica. La fuerza con la cual se presenta la evidencia del *cogito* tenía que ser necesariamente comunicable y universalmente compartible, siendo todo hombre dotado de *lux naturalis*.

Definida la primera certeza del *Cogito*, quedaba el problema de la relación entre dicha certeza, que se puede decir subjetiva pero universal, y las certezas de los juicios que se refieren al mundo. Para superar este problema Descartes introduce un método que, justo por

---

34   Véase por ejemplo la nota 37 del *Discurso sobre el método* en la traducción y notas de Risieri Frondizi (Cfr. R. Descartes, *Discurso sobre el método*, Terramar, La plata, 2004, p. 37): "La evidencia se opone a la probabilidad y a la verosimilitud. Descartes no admite ningún grado válido intermedio entre la certidumbre absoluta y la ignorancia [...] La evidencia se define por dos caracteres esenciales: la claridad y la distinción. La intuición, a su vez, es el acto del entendimiento por el cual alcanzamos un conocimiento evidente. De ahí que la evidencia sea inmediata y no se requiera ninguna otra operación del espíritu para que el objeto se nos revele en su plenitud".

su aplicación universal, representa el común camino de la humanidad para permitir que la conciencia individual, que emerge de la evidencia del cogito, se transforme en una conciencia colectiva, una evidencia de grupo. De esta forma es posible llegar a una misma certeza mediante la reducción del mundo externo a caracteres analíticos y geométricos.

Una característica nueva de la ciencia moderna era justamente ese método empírico, propugnado por Bacon y reforzado por Galileo. El nuevo paradigma científico veía el mundo como una realidad conveniente con un entendimiento que tenía en sí mismo las condiciones para elaborar y dar un sentido a los datos externos, los cuales, sin embargo, eran reconocidos como fuente principal del conocimiento mismo.

Descartes, que sigue el mismo camino, ve frente a sí un mundo reducible a relaciones geométricas, en una palabra: cuantificable. Este evidente misticismo matemático –que era una expresión nueva del platonismo del siglo XV y que está presente también en la obra de Kepler y Copérnico, llegando hasta Newton– representa para Descartes la solución de toda disputa sobre la producción de afirmaciones objetivamente verdaderas. Para nosotros, en cambio, representa el residuo del paradigma teológico y genera un problema indudablemente complejo sobre la relación entre *res extensa* y substancia divina, como Spinoza haría notar con mucha agudeza años después.

Antes de interesarse de la verdad presente en la especulación científica, Descartes, por tanto, busca la forma de poner en una fructuosa relación la verdad del *cogito*, con su origen individual y la verdad objetiva o colectiva de la ciencia. Porque, como ya dijimos, el método representaba solo un aspecto de la cuestión. Para hacerlo, este autor se apoya en la fundamentación metafísica.

Tradicionalmente las cuestiones metafísicas representaban el punto de partida que preparaba e introducía al discurso sobre el mundo, para la física y la astronomía y sobre el alma, para la ética y la gnoseología y sobre Dios para la teología.

Por este mismo camino tenía que pasar también Descartes. Sin embargo, a diferencia de los autores anteriores, los cuales habían considerado intocable la puesta en duda de la existencia del alma, del mundo y de Dios, Descartes puso entre paréntesis todo lo que en sí podríamos llamar "mundo objetivo", que incluimos en los tres pilares descritos de la ontología clásica.

De este trabajo de despojamiento de todas las certezas objetivas, como sabemos, lo único que apareció a la superficie fue la cosa más objetiva que hay: la intuición de la función anímica, o mental, del pensamiento. El hecho de pensar, tan sutil y silencioso, que acompaña toda actividad interior humana, representaba entonces aquel principio que debía justificar no solo la existencia de las realidades principales, sino un discurso sobre la naturaleza de los entes mundanos que según la costumbre de la época llamaría "cuerpos" y del alma, entendida como ente cuya esencia es el *cogito* mismo[35].

Organizada la realidad en su clave metafísica –según la conciencia reflexiva– resultó evidente el objetivo que se proponía Descartes. Para llegar a la realidad, al objeto de la ciencia, este autor proporcionó un método que partía desde adentro, es decir, de la interioridad de la conciencia, para descubrir en la naturaleza del mismo método el sentido de su investigación. La reflexión sobre sí mismo, o autoreflexión, deducía el *cogito* como verdadera esencia del hombre y verdad última de todo conocimiento. Sobre esta se fundamentaba toda investigación posible, hasta la misma ontología que en lugar de fundamentar ahora estaba en el extraño nivel de ser fundamentada.

Para lo que se refiere a las ciencias naturales, el resultado del recorrido cartesiano es el reconocimiento de que los cuerpos del mundo existen y que no son esenciales para el alma, la cual existiría sin pro-

---

35   A partir de este descubrimiento, Descartes empieza el discurso metafísico, que tiene como objetivo principal recuperar la objetividad dejada entre paréntesis en el primer paso de la duda metódica

blemas sin ellos, incluido el mismo cuerpo humano. Sin embargo, se puede tener ciencia de ellos y la razón se encuentra en el hecho de que todo cuerpo se puede reducir a la noción general de *res extensa*, que finalmente significa para Descartes dos cosas: forma geométrica y cantidad medible. Las ciencias de los cuerpos, como la moderna física y la revolucionada astronomía, son entonces totalmente posibles por la intrínseca naturaleza matemática del mundo. En cambio, sobre una supuesta ciencia del alma, la psicología, Descartes abre indudablemente un camino especulativo, con todos los problemas que deja abiertos, como veremos en el curso de este trabajo[36].

*   *

Por otra parte, aunque Descartes nos proporcione una nueva concepción de racionalidad, cuyo despliegue se encuentra totalmente anclado y fundamentado en el novedoso sujeto cognoscitivo y auto-reflexivo, la explicación proporcionada por este autor, quien reduce el mundo objetivo a relaciones geométricas y cantidades medibles, no parece tan consistente como se quisiera.

La inconsistencia depende de que, si quisiéramos describir con mayor propiedad el acto introspectivo en el cual emerge el *cogito*, deberíamos considerarlo como una vivencia interior más entre las otras, donde el objeto principal es el mismo dudar que inicialmente el autor dirige a sus experiencias. Descartes, en cambio, si bien no lo reconoce, separa la evidencia del cogito, que emerge de forma intuitiva de las otras actividades anímicas, tanto aquellas que dependen de algún órgano del cuerpo (caminar, ver, etc.) como aquellas que

---

36   En primer lugar está la cuestión sobre el valor de verdad de las experiencias interiores que, finalmente, resultan de un acto de introspección individual y que pueden ser comunicadas pero no experimentadas. En segundo lugar, otro grande problema será la relación entre eventos físicos o exteriores y eventos psíquicos o mentales, cuestión que nos introducirá a la problematización del mismo sentido de la investigación psicológica.

son necesariamente actos psíquicos (comprender, querer, imaginar etc.); en efecto, entre el cogito y todas estas no hay aquella relación necesaria que Descartes quiere ver.

Si esto no fuera todo, el filósofo de La Haye nos deja con una enorme falta de discurso sobre aquellas funciones del alma que, como hemos dicho, dependen del cuerpo, como por ejemplo las sensaciones, las emociones[37], el dolor o el placer, las cuales se originan, según Descartes, de la interacción entre el alma y el cuerpo.

De esta manera, y lamentablemente, el autor deja entre paréntesis una gran variedad de fenómenos psíquicos que existen solo si, reduciéndose en al marco del pensamiento, llegan a ser objeto de la conciencia. El mismo Locke caerá en este error.

Aquel que sin duda es el principio que introduce la concepción moderna de "sujeto", que por la importancia que representa en la filosofía de los últimos cuatrocientos años, podemos definir "clásica", es la reducción cartesiana y luego lockeana del pensar a un "estar consciente de una idea", en donde en términos escolásticos, la sensación sería "en potencia" lo que la conciencia de aquella sería "en acto". Esta teoría tiene sus limitaciones más grandes en considerar que cualquier fenómeno interior se pueda reconducir a un sujeto neutro y trascendental, que no se mezcla con el mundo, y que sigue la conocida idea medieval del Intelecto Activo, que según Avicena es el único principio inmortal y que llega hasta el ego trascendental de *Ideen* de Husserl. En todos estos autores, como aclarará Merleau-Ponty[38], parece sin importancia el hecho de que un determinado evento psíquico revela y describe la estructura misma de la relación entre la mente y el mundo.

El primado de la auto-reflexión dentro del discurso cartesiano no toma en cuenta que la introspección representa solo una de las posibles

---

37   Cfr. Damasio, A., *El error de Descartes*, Andrés Bello ed., 1999.

38   En el curso de este trabajo (cfr. cap. 4, *infra*) desarrollaremos con amplitud la postura merleaupontiana.

actividades mentales humanas y que deberían todas caer bajo un único concepto general de conciencia. Por esta razón, no existe ninguna prueba que reflexionar sobre sí mismo –el pensar de pensar– sea una función que fundamenta y posibilita a las otras, en lugar de ser simplemente una entre las otras. Esta idea reduce el supuesto descubrimiento realizado por Descartes de una verdad última que fundamenta el conocimiento de toda la realidad. Como ya se dijo y se sostendrá a lo largo de este trabajo, la luz perfecta del *cogito* es solo el reflejo de una vivencia, que representa uno de los posibles fenómenos psíquicos de la mente, que en cambio no puede ser reducida a la función introspectiva fundamental, y que debe necesariamente abogar al mundo para ser *conciencia* y, por ende, *ciencia* de algo.

Con base en esta concepción, el método cartesiano carecería de aquel carácter de universalidad que Descartes le ve, justo porque la auto-reflexión representa solo una de las posibles vivencias interiores del alma y una facultad que no puede ser condición suficiente para la ciencia y la filosofía. Esto se da en particular cuando saliendo al mundo, queremos ver las cosas de manera clara y distinta. La reducción de la corporalidad a la extensión no garantiza que las dos polaridades substancialmente separadas, el cuerpo y el alma, no necesiten el uno de la otra para su existencia, problema que dará vida a las especulaciones de los filósofos sucesivos.

Se quedará entonces excluido, en Descartes, el conocimiento de toda actividad externa y no subsumible a la conciencia[39]. Este aspecto representa una de las mayores limitaciones del concepto clásico de sujeto, y por tanto de conciencia, del cual se buscará en el siglo XX una relectura que tome en cuenta la experiencia subjetiva e intersubjetiva de la misma, y no solo la función epistemológica. Como veremos, a

---

39   Mientras, como veremos, en Kant es posible pensar en principios externos a la categorización del intelecto, como en el caso del "Yo pienso" y de la idea de libertad, aunque no lleguen a ser conocidos en el sentido de una intuición intelectual y tampoco mediante la experiencia.

un lado de la conciencia clásica, que suporta el concepto moderno de individuo, verdadero pilar del nuevo mundo democratizado, se propondrá por un lado una sombra, el mundo del inconsciente humano, y por el otro la despersonalización, sucesiva a la perdida de consistencia de aquellos fundamentos ideológicos que confirmaban la existencia de una identidad personal, y a la cual la filosofía moderna opondrá la especulación sobre la voluntad, la libertad y el destino individual.

Por otra parte, en cambio, Locke dará un paso adelante en la descripción de aquella apercepción continua que tengo de mí mismo y que acompaña cada una de mis actividades mentales. Esta función puede ser pensada como origen mismo de identidad personal que, si bien está excluida de toda nuestra posibilidad de conocimiento empírico, nos permite hablar de un sujeto "autor" de los pensamientos y no solo "responsable" de las acciones.

Según el significado latino, para los antiguos el conocer tenía que ver con una participación cognoscitiva (cum-scientia) entre los que hoy llamamos sujeto y objeto del conocimiento, porque la comprensión de los fenómenos físicos se basaba en un modelo explicativo que subrayaba una relación final (o intencional) intrínseca a la realidad. Este aspecto se entiende más si consideramos que *conscientia* significaba también co-participación o compartir el conocimiento (cum-alius-scientia) que representaba perfectamente el hecho de que para los antiguos el verdadero lugar en donde se sentaba el conocimiento no era dentro del sujeto, sino en el mismo significado desplegado por la relación simbólica entre el hombre y el mundo.

Con Descartes esos dos aspectos centrales del término conciencia se van perdiendo en lugar de una nueva acepción que en parte Locke buscará reconstruir. La conciencia es la estática certeza auto-reflexiva que acompaña siempre cualquier acto de pensar y de la cual es excluido cualquier reconocimiento de correlación simbólica entre mente y mundo. En Descartes la ruptura entre *cogito* y *cogitatum* es total e irremediable y a la distancia epistemológica, que subsume el objeto al sujeto, sigue la más profunda separación, la substancial u ontológica. A partir de este autor, la separación substancial entre mente y mundo agrava la distinción epistemológica, introduciendo una evidente relación de dependencia del *cogitatum*, concepción que abrirá las puertas al idealismo moderno y a partir de la cual es común hablar de una teoría *representativa* del conocimiento, en lugar de la clásica teoría *informativa* o de la *adequatio*.

Esta reducción del mundo conocido a una actividad representativa de la cual se hace cargo el sujeto epistemológico produce el paso más importante hacia el solipsismo, que representa la consecuencia más extrema de la revolución cartesiana.

La liberacion cartesiana del cuerpo

Otro aspecto notable de la filosofía cartesiana[40] es su propuesta de ruptura especulativa entre mente y cuerpo. Diríamos que es justamente la radicalidad del planteamiento cartesiano sobre este tema lo que ha generado hoy en día la mayor repulsión y crítica y ha abonado el terreno para una noción de conciencia más fructuosa, más allá de la acepción que la reduce a la sola actividad del sujeto que reflexiona.

Es verdad que la separación sustancial entre espíritu y materia produjo un freno poderoso para el estudio de la participación de otras facultades humanas como la imaginación en el proceso cognoscitivo, y en particular para una descripción del concepto de conciencia que aclare las cuestiones dejadas abiertas por los filósofos modernos y para la cual tendremos que esperar el siglo XX.

---

40   Vale la pena recordar al lector el hecho de que según nuestra lectura la filosofía cartesiana representa el portavoz de un nuevo paradigma que influye de forma contundente sobre el sentido de las investigaciones filosóficas de los últimos trecientos cincuentas años en su definición de sujeto y racionalidad, razón por la cual nos parece conveniente ahondar un poco más en los aspectos revolucionarios de la obra de este autor.

En su libro "Infancia e Historia" el filósofo italiano Giorgio Agamben (1978, p. 45) considera que el mundo moderno se haya alejado de la verdadera vivencia de experiencias. Mientras en el mundo antiguo y también en la Edad Media cada día se caracterizaba por la posibilidad de vivir una experiencia, la cual luego se podía transformar en un relato mágico y simbólico, la rápida propagación del discurso científico dirigido al mundo natural ha despojado lentamente de su sentido originario al término "experiencia" reduciéndolo a la vivencia neutra de un sujeto epistemológico.

Sin embargo, leyendo las *Meditaciones* nos damos cuenta de que el filósofo de La Haye no pone al centro de su trabajo solo el fenómeno del *cogito* y de *tener ciencia* cierta, que al fin lleva a la definición del hombre como *res cogitans*, sino tiene el valor indudable de concentrar su atención sobre el sentido de la corporalidad en general, es decir sobre el uso del término "cuerpo", con un sentido totalmente novedoso.

Pensamos que Descartes proporciona una subsunción en el horizonte del pensamiento y de la idealidad, de esa propiedad, el ser cuerpo, que no solo se refiere a esta máquina corpórea que yo muevo, sino también a cualquier cosa dotada de espacialidad, quitándole la garantía de su libertad ontológica.

Como ha sido señalado por García Baró[41], en la dinámica de la duda metódica, Descartes no excluye totalmente el discurso sobre el mundo, sino lo procrastina y lo recupera después de haber fundado su sistema especulativo en el *cogito* y en la idea de Dios. Lo que vuelve particularmente interesante el trabajo de Descartes de fundamentación de toda ciencia sobre un método seguro y sobre una separación cierta entre la mente y el mundo, confiriéndole a la primera el carácter de fundamento del conocimiento y al segundo el lugar de eventos mecánicos perfectamente medibles, es el hecho de que inconscientemente este autor pone en marcha el camino de liberación simbólica del cuerpo.

---

41   García Baró, M., *Introducción a la teoría de la verdad*, Síntesis, Madrid, 1999.

Aquí vale la pena recordar que la filosofía no es solo una búsqueda de la verdad, sino el lento proceso de acercamiento a la misma, a través de diferentes propuestas. Aunque se tuvo que esperar trescientos años para que al cuerpo se le diera la atención que merece, dentro de una teoría de la conciencia que tomara en cuenta su participación en la relación entre mente y mundo, hay que reconocer que el trabajo de Descartes lleva a cabo un acto histórico importantísimo.

Entre las mayores preocupaciones de los teólogos medioevales, estaba la necesidad de confirmar y reproducir la teoría que el mal y el pecado estaban conectados al influjo de la materia sobre el espíritu. El mito platónico del carro alado confirmaba la idea que solo la naturaleza racional del alma podía poner un freno a las pasiones producidas dentro de las funciones inferiores de las almas. Con base en la especulación clásica, la simbología medioeval –con fuerte influencia neoplatónica– había inscrito la realidad en un marco axiológico que parecía un verdadero campo de fuerza bipolar del cual nada se salvaba. El sistema de referencia más general era representado por conceptos como Alma, Cielo, Luz, Superior, Bien, Dios contra conceptos como Materia, Tierra, Obscuridad, Mal, Naturaleza, Satanás. En este segundo lugar se quedaba el cuerpo, dividido ulteriormente entre partes y funciones altas y bajas del mismo.

En sus reflexiones Descartes parece confirmar la separación axiológica que la teología medioeval había hecho del universo. Sin embargo, caemos en un error si pensamos que de verdad la especulación cartesiana va hacia esta dirección. Si consideramos en particular la manera en la cual Descartes reduce el mundo objetivo, y por ende el cuerpo humano, al concepto de extensión, nos damos cuenta de que las acusaciones de mucha filosofía de haber separado de manera irremediable la mente del cuerpo, relegando este último a un mero corolario de la física, no resaltan otro aspecto, tal vez más interesante, de la nueva teoría cartesiana.

Sabemos muy bien que para la edad media el cuerpo humano, aunque separado del alma, no era del hombre, sino de Dios. Para

Descartes en cambio el cuerpo ya no los es, sino es de la ciencia. La reducción descrita del cuerpo humano a la única propiedad de la extensión tiene como consecuencia su liberación del marco axiológico al cual el discurso separativo del Medioevo lo había relegado. En este gesto de neutralización semántica, Descartes entrega el cuerpo a la ciencia y, más importante, pone en marcha un discurso especulativo que llegará a ser cuestionado solo en las reflexiones epistemológicas de los últimos dos siglos, en donde el valor del cuerpo y de la corporalidad será recuperado dentro de una más completa teoría relacional de la mente con el mundo. En efecto, la liberación o neutralización del cuerpo humano puesta en marcha por Descartes tendrá que esperar el siglo veinte para que el cuerpo humano adquiera una nueva naturaleza, aquella de cuerpo propio, es decir este mismo cuerpo que yo soy. Obviamente, el camino pasará por el rechazo de la visión científica del cuerpo en lugar del cual se propondrá una lectura que lo volverá a poner en relación con la complejidad de la vida anímica, hasta el reconocimiento[42] que las verdades del mundo se constituyen a partir de la experiencia original del cuerpo propio.

De todas maneras, debemos reconocer el importante aporte de Descartes, que en una extraña paradoja, reduciendo el cuerpo a la extensión, contemporáneamente lo libera de su vinculación con la simbología medioeval, dejándolo abierto a un nuevo horizonte de sentido que solo siglos después será cuestionado.

Coda: la parabola de la conciencia

Después de esta breve reseña de algunos temas centrales del pensamiento cartesiano, sigue la necesaria definición del sentido de discurso que hemos llevado a cabo.

---

42   Como será el caso de Merleau-Ponty (cfr. cap. 4, *infra*).

El concepto cartesiano de sujeto –que encuentra dentro de sí la verdad última y más cierta– proporciona las coordenadas para una nueva acepción de este concepto, que desde la posición secundaria que posee en la tradición teológica y filosófica medieval adquiere un lugar central en la época moderna. Su nacimiento seguirá hacia la idea kantiana, y luego husserliana, de un sujeto puro, un yo totalmente transparente a sí mismo que reflexiona y mediante su reflexión lo reflexionado aparece como ente. Es este sentido que hablaremos aquí de una "Metafísica del sujeto".

Lo que en cambio todavía representa una limitación en la especulación cartesiana es la idea de alma que para este autor coincide con su misma función, el acto de pensar. Sin embargo, la idea de conciencia de Descartes es una idea estática: así como no se puede dejar de pensar, para este autor es imposible dejar de ser consciente de una idea. Locke, en cambio, contrapondrá una conciencia móvil, sumamente anclada a la continuidad dictada por la memoria del pasado, emergente en las percepciones presentes[43], y atada a una lábil intuición de sí mismo. De esta forma, el filósofo inglés nos dejará la idea de un sujeto que depende del mundo para su conocimiento y que, sin embargo, es consciente de sí de manera intuitiva y del mundo a través de las ideas.

Sin embargo, estamos todavía dentro de un paradigma clásico de conciencia. Solo la modernidad nos regalará la idea que no estamos conscientes de ideas, sino de un mundo que habitamos. Ser consciente de algo será sinónimo de habitarlo. Mientras tantos, podemos reco-

---

43   El "teatro del mundo" de Hume (cfr. "Hume, D., *Trattato sulla natura umana*, Bompiani, Milano, 2009, libro I, cap. IV, sec. 6, p. 262: "La mente es una especie de teatro, en el que distintas percepciones se presentan en forma sucesiva; pasan, vuelven a pasar, se desvanecen y mezclan en una variedad infinita de posturas y situaciones. [...] La comparación con del teatro no debe confundirnos: son solamente las percepciones las que constituyen la mente, de modo que no tenemos ni la noción más remota del lugar en que se representan esas escenas, ni tampoco de los materiales de que están compuestas" (trad. mía).

nocer el valor de la propuesta cartesiana. En ella se pone en marcha
el giro metafísico del sujeto, que suplanta el paradigma clásico por el
cual la razón humana dependía necesariamente de lo trascendente.
Pensar ya no sería un acto que se inscribe en el marco de la intuición
de una verdad que promana desde afuera del hombre. Sería, en cambio, un acto que empieza y termina en la mente humana y por eso,
suficiente para fundar en la verdad de su evidencia la verdad de sus
juicios. En estos términos, el sujeto es todavía un ente metafísico que,
en la transparencia de un sí mismo ajeno a la experiencia, se dirige al
mundo con toda la fuerza de la verdad.

Veremos cómo, con pequeñas modificaciones, la Metafísica del
Sujeto sobrevivirá a las grandes revoluciones filosóficas, entregándose
a las especulaciones que en la primera mitad del siglo XX tratarán de
encontrar un nuevo camino para esta disciplina.

EL MUNDO Y EL INDIVIDUO EN JOHN LOCKE

Dentro del recorrido por algunos temas centrales de la obra de Descartes se han subrayado los aportes de este autor para el nacimiento del concepto moderno de sujeto y sobre todo su relación con la idea epistemológica de conciencia. Ahora se vuelve necesario introducir otro pensador que desarrollando el pensamiento del filósofo de La Haye lleva en el mundo al sujeto y su forma de estar consciente. Su nombre es John Locke.

El trabajo de este autor representa una aportación fundamental para la moderna teoría del conocimiento. En términos generales Locke supo balancear la propuesta cartesiana sobre el principio autoreflexivo del *cogito* con una postura que fundaba el sentido último del conocimiento en el contacto sensible entre la mente y el mundo. De esta manera, en su obra más importante, *Ensayo sobre el Entendimiento Humano*, Locke lograría poner en tela de juicio la mayoría de las afirmaciones dogmáticas –relativas la posibilidad del conocimiento– que basaban su discurso en una razón humana todopoderosa y en una idea substancial de alma.

Si por un lado el filósofo inglés sostuvo la imposibilidad que la razón llegue a un conocimiento cierto, derrumbando las creencias cartesianas, por el otro, recuperó el concepto de fundamentación, pero ampliando a la experiencia sensible los límites del territorio sobre el cual se extiende la actividad cognoscitiva. Por esta razón, mientras para Descartes la evidencia del *cogito* es el primer paso a partir del cual el filósofo puede construir su sistema especulativo, para Locke ningún pensamiento sería posible sin el contacto perceptivo con el mundo exterior. La sensación representa, en este sentido, el verdadero punto de partida de la teoría del conocimiento lockeana.

Por otra parte, existe un aspecto en común entre los dos filósofos que consiste en la concepción básica del acto interior de pensar. Para Locke, así como para Descartes, pensar significa estar consciente de una idea, aunque, como dijimos, los dos entienden de manera diferente el lugar en donde se originan dichas ideas. Para el filósofo de La Haye las ideas son principalmente innatas, mientras que, para el filósofo inglés, las ideas son casi totalmente producto del contacto de la mente con el mundo mediante los sentidos.

A pesar de dicha cercanía, la concepción común sobre el acto de pensar permite a Locke desarrollar una teoría novedosa sobre el conocimiento, llevándolo más allá de las limitaciones presentes en la obra cartesiana. En efecto, es verdad que "tener una idea" en la acepción de ambos, significaba antes que todo 'percibirla', en el sentido de una percepción interior que correspondía a un "estar consciente de"[44]. Era común, entonces, para ambos reconducir toda actividad mental, como pensar, creer, dudar, etc., a un acto de conciencia, sin el cual no era posible hablar de la presencia de una idea cualquiera en la mente de un hombre. Sin embargo, dentro del mismo tema de la conciencia, los aspectos por los cuales difieren los dos filósofos son indudablemente de mayor valor.

En efecto, es un hecho que, para Locke, la conciencia, como principio que acompaña todo acto y operación mental lleva consigo no solo una referencia al objeto pensado, la idea, sino también una continua referencia al yo empírico que finalmente es el sujeto del pensamiento. Es decir, cuando pienso en algo, no solo estoy consciente de lo que estoy pensando, sino también del hecho de que *yo mismo* soy quien lo está haciendo. Para Locke esta conciencia, que va de la mano con el concepto de percibir, descansa en la memoria, es decir en *la posibili-*

---

44   Para este acto Locke usa la palabra *awareness*.

dad de que, en un momento del pasado, me acuerde que pensé en ese objeto. En este sentido la conciencia de un objeto debe acompañarse necesariamente con la conciencia de que en el presente lo estoy pensando y posteriormente, en el pasado, que *yo soy el mismo que lo pensó.*

En cambio, en Descartes este aspecto no fue desarrollado. Esta problemática encuentra su mejor formulación si se considera la concepción cartesiana según la cual el alma no puede dejar de pensar. Para Locke este hecho no es comprobable, porque resultaría imposible llegar a saber qué hace el alma durante el sueño. La mayor dificultad para el filósofo inglés es entender cómo es posible que en la noche el alma siga pensando si bien el sujeto que coincide con dicha alma no esté consciente de ello. Y finalmente, no lo está porque de ello no tiene recuerdo.

De esta primera diferencia emerge un aspecto central de la obra de Locke. La teoría lockeana se dirige a una individualidad personal, que podemos llamar 'psicológica', que en Descartes se había quedado todavía escondida detrás del concepto de alma, y que este último concebía solo en relación con el contexto práctico de la moral.

Según Locke, todo evento material, que del exterior choque con nuestros órganos sensitivos puede transformarse en un fenómeno perceptivo (*perception*), que consiste en "el enterarse" o "estar consciente" de una idea[45]. En la realidad está presente un poder, que él llama, tal vez de manera demasiado apresurada, "cualidades objetuales" que van adquiriendo el carácter de idea dentro del sujeto. Siguiendo la distinción antigua –ya presente en san Agustin– y recuperada por Galileo Galilei, Locke diferencia los estímulos externos en cualidades primarias y secundarias. Si bien tiene sus raíces en la tradición antigua, la fundamentación empírica del conocimiento implementada por este

---

45   "Which is such an impression or motion made in some part of the body, as produces some perception in the understanding", cfr. Locke, J., *An Essay Concerning Human Understanding*, London, 1836, printed for T. Tegg and son, 73, Cheapside, Book II, chapter I, p. 60.

filósofo representa una revolución importante y necesaria, en vista de teorías posteriores que sabrían aprovechar lo justo y suficiente de sus ideas[46].

Si pensar corresponde a percibir o estar consciente de una idea, Locke complica su especulación al momento de tratar de explicar el origen de aquellas ideas que no derivan directamente de una sensación y que llama "ideas de reflexión".

Para explicar mejor este aspecto debemos regresar al inicio de la obra en donde el filósofo inglés nos proporciona la llave de lectura del texto. ¿Cuál es el alcance y cuáles son los límites del conocimiento? [47], se pregunta el autor. La respuesta a estas primeras preguntas depende, según Locke, de una investigación más originaria, la cual vierte sobre el origen y la naturaleza de los objetos del conocimiento, que como hemos visto son las ideas. Aunque Locke no considere de mayor importancia el discurso sobre los aspectos subjetivos que participan en el conocimiento, derivándolos de percepciones interiores y que finalmente encuentran sus bases en las ideas recabadas de la percepción del mundo exterior, en el libro II, capitulo 4, el autor introduce el concepto de "sentido interior" que corresponde a una versión interna de lo que externamente corresponde al sentido exterior, afectado por el contacto con el mundo.

Aquí el discurso se complica tremendamente. Según el filósofo, el sentido interior estaría afectado por las operaciones de la mente, cuya existencia debería ser percibida por el mismo sujeto. Esta operación básica, Locke la define *reflection* y es considerada por algunos autores como un tipo de introspección[48]. A través de ella se produce esa clase de ideas que no llegan directamente de una sensación exterior, es

---

46   Como es obviamente el caso de Kant.

47   En particular, la finalidad de la obra sería: "to enquire into de original, certainty, and extent of human knowledge together with the grounds and degrees of belief, opinion and assent", cfr., Locke, J., *En Essay Concerning…*, op. cit., Book I, chapter I, p. 1.

48   Cfr. O'Connor, D. J., *John Locke*, Penguin Books, Harmondsworth, 1952.

decir las ideas de *percepción, pensamiento, duda, creencia, razonamiento, conocimiento, las voliciones,* etc.

Locke define el término *reflection* como "esa conciencia que la mente tiene de sus propias operaciones"[49], es decir, la reflexión lleva el sujeto a estar consciente de las operaciones mismas de la mente. Así como cuando el sujeto percibe las diferentes cualidades de los objetos, las está percibiendo en ideas y, según lo que vimos, está consciente de ellas, lo mismo pasa en la reflexión, en donde la actividad reflexiva transforma las operaciones en contenidos, permitiendo así definirlas como cosas, *quidditas* que toman en Locke la forma de ideas (de reflexión).

No hay duda alguna que la teoría lockeana sobre la actividad reflexiva del intelecto humano proporciona el sello decisivo para el nacimiento de la filosofía de la reflexión. Este aspecto se vuelve particularmente evidente en relación con el concepto de conciencia. Desde Descartes y, a través de él, en Locke la filosofía hablará del conocimiento solo a partir y dentro de los alcances del entendimiento humano determinados por una conciencia, empírica o trascendental.

Sin embargo, si comparamos las dos actividades fundamentales del intelecto según Locke, sensación y reflexión, parece difícil usar la teoría de la 'impresión', presente en la primera, para la explicación de la manera con la cual se crea y se mantiene la segunda clase de ideas.

En general, habría que señalar el carácter activo de la mente en su empleo reflexivo, en contraste con la pasividad de la misma durante la sensación[50]. De hecho, Locke afirma que la reflexión está en

---

49   Locke nos dice: "By reflection then, in the following part of this discourse, I would be understood to mean, *that notice which the mind takes of its own operations,* and the manner of them, by reason whereof there come to be ideas of these operations in the understanding" (Cfr. Locke, J., *An Essay Concerning...,* op. cit., p.51). La traducción en español del término inglés "take notice of" con "estar consciente de", no permite aclarar quizás un punto importante de la teoría de las ideas de reflexión. Tomando en cuenta que las operaciones son avisos, signos de sí mismas, perece que la mente las perciba como algo separado que entra en el horizonte de la conciencia a través de dicho acto reflexivo en forma de ideas.

50   Cfr. D. J. O'Connor, *John Locke...,* op. cit.

una relación de dependencia respecto a la sensación, porque en esta última se producen esas ideas sobre las cuales luego se concentran las operaciones mentales, que finalmente son objeto de la actividad reflexiva. Sin embargo, justo el punto en donde Locke parece más seguro, el acto mediante el cual nos enteramos de o percibimos una idea de reflexión representa el aspecto más débil de su teoría. Según el filósofo inglés, el acto de percibir la idea de rojo y el de percibir la idea de pensamiento tienen la misma naturaleza, siendo que ambos están fundados en un mismo acto de conciencia, un "enterarse de" que se presenta de forma inmediata y que como vimos acompaña de esta manera toda idea. Sin embargo, Locke no reconoce que la actividad introspectiva de la cual se originan las ideas reflexivas tiene que ver necesariamente con el crear una *distancia* reflexiva en el mismo proceso reflexivo dirigido hacia nuestras facultades mentales, mientras que esto no sucede para las ideas de sensación. De esta forma, aunque consideramos la reflexión como dependiente del contenido proporcionado por la sensación, no es posible afirmar que la operación que "ocupa" nuestra mente sea un acto inmediato, como en cambio lo es la percepción de la idea de un objeto real. Esto llevaría a pensar que también la reflexión es una operación mental sobre la cual se podría estar consciente y así en adelante, dando vida a una regresión infinita.

Dentro de este discurso, lo que más nos interesa es la interpretación del acto de enterarse ("take notice of") de la mente respecto a sus operaciones mentales. Porque, si seguimos la traducción del término 'reflexión' como "esa conciencia que la mente tiene de sus propias operaciones", deberíamos pensar la relación entre operación mental (acto individual de pensar, por ejemplo) e idea (el concepto de 'pensamiento'), como una idea que se presenta de manera inmediata y que, además, excluye la participación del sujeto, haciendo caer el acto reflexivo al nivel de función pasiva de la mente.

Si consideramos en cambio el concepto de *"notice"*, como 'aviso' (por extensión, también 'indicio' o 'signo') la reflexión se podría interpretar como la facultad de la mente de distanciarse de sus propios actos mentales, para enterarse en un segundo tiempo de ellos[51].

Parece que Locke no haya querido desarrollar demasiado este punto, tal vez por las indudables aporías que iban presentándose en el transcurso de la especulación. Por nuestra parte, podríamos intentar explicar la actividad reflexiva de la mente dando al discurso lockeano la siguiente forma. Locke parece decir:

Yo pienso que sea mejor salir con paraguas en un día de lluvia.

Yo pienso que (A) sea signo de la actividad de pensar y que esta operación sea una facultad de mi mente.

De esta manera el discurso lockeano caería en la primera hipótesis de inmediatez entre operación mental individual e idea (de reflexión) de la misma.

Sería más correcto sostener una segunda hipótesis agregando unos pasajes más:

(A) Yo pienso que sea mejor salir con paraguas en un día de lluvia.

(B) Yo pienso que he pensado que (A) hace algunos minutos.

(C) Yo pienso que (A) es signo de la actividad de pensar y que esta operación sea una facultad de mi mente.

(D) A esta operación le doy el nombre general de facultad y el específico de *pensamiento*.

Por tanto, si queremos construir una línea filogenética entre acto de pensar y el concepto 'pensamiento' tenemos que concebir este último como el resultado de una actividad introspectiva fundada sobre más funciones de la mente, como por ejemplo la memoria (B), la conceptualización (C), y el reconocimiento en el lenguaje común (D). De hecho, la

____

51   Tal vez estamos interpretando de manera inapropiada el significado de este término, pero el hecho de que Locke ponga *notice* como sujeto de la frase, nos permite separar el significado del término como sustantivo ("aviso", y tal vez, "signo") del significado del término dentro la expresión "take notice of" ("enterarse de").

misma idea de 'pensamiento' podría tener su origen en un "enterarse" a través del lenguaje y no necesariamente en una introspección real sobre nuestras actividades mentales.

Ahora, más allá de interesarnos en una crítica en sí de la teoría lockeana de las ideas de reflexión, nuestro discurso se inserta en el sentido de este trabajo de la siguiente manera. La acentuación puesta por Locke sobre el carácter inmediato de la conciencia que se dirige a su objeto de forma directa, aun cuando se trata de ideas de reflexión, participa en la constitución de un concepto, que es justamente el paradigma moderno de 'conciencia' del cual ya dijimos, que reduce e integra todas la funciones mentales, sensibles y reflexivas, y que por otro lado desconoce la posibilidad que exista algún 'evento interior' que pueda caer afuera de ella.

De esta forma, la "consciousness" de Locke, siguiendo la postura cartesiana en la reducción de todo fenómeno psíquico al pensar y al estar consciente de una idea, no reconoce la posibilidad de un conocimiento afuera de su campo de acción. Sin embargo, esto no prueba que no pueda haber una actividad mental que salga del horizonte de la conciencia, así como ha sido definida, es decir en su doble significado de percepción de una idea y de autoconciencia, como percepción de percibir una idea[52].

Lo que sobresale de estas consideraciones epistemológicas es el hecho de que dentro del *Essay* lockeano se introduce una nueva noción, a saber: la idea de *consciousness*, sumamente diferente del concepto clásico de *conscience*, que traduce el significado moral que tenía la palabra latina "conscientia". Ahora, la conciencia representará ese concepto estrictamente epistemológico que se había empezado a despegar del contexto moral gracias a la obra cartesiana. Esta idea regresará en Kant, cuando encontraremos el concepto de *Bewusstsein*, aunque en Kant se quede abierta la cuestión de la naturaleza racional de la conciencia moral y de su relación con la conciencia epistemológica. De hecho, esa misma relación representa un problema de menor importancia para Locke el

---

52   J., Locke, *Ensayo sobre el intelecto humano*, FCE, México, p. 318.

cual construye su teoría política a partir de aquella misma identidad personal que se fundamenta sobre el concepto teorético de conciencia, a pesar del hecho de que este mismo autor introducirá en la escena un Yo totalmente empírico.

La conciencia de sí y el concepto moderno de individuo

El segundo punto que se quiere tratar en este apartado tiene que ver con otro aspecto relacionado con el concepto de conciencia que se encuentra en la obra de Locke.

Como se sabe, el filósofo inglés es uno de los más fuertes críticos del concepto de substancia, siendo parte de esa escuela de fustigadores anglosajones de la tradición que desde Francis Bacon llegará a la postura más extrema de Hume.

Sobre la diferencia entre alma y cuerpo ya había hablado Descartes, definiendo la verdadera especificidad de cada uno de los dos. Sin embargo, como aquí se ha sostenido, siguiendo el camino abierto por la escolástica medioeval Descartes transformó el discurso clásico sobre un ente real, el alma, en un discurso sobre un acto, aunque igualmente real, el pensar, hasta que se volvió imposible distinguir entre el ente y su función.

Locke parte de la misma concepción. Si para el filósofo de La Haye el pensamiento representa la verdadera esencia del individuo, para el autor inglés no necesitamos conocer algo que no se pueda percibir empíricamente, el alma, si tenemos con toda evidencia interior su misma esencia, el acto de pensar, que finalmente es la percepción o conciencia de una idea, de sensación o de reflexión. Sin embargo, así como no es posible conocer la substancia[53], porque no es un objeto

---

53   Será Kant que distinguirá el "pensar" del "conocer", diciendo que se puede pensar el "yo pienso" pero no conocerlo. Lo mismo pasará con la teoría de la conciencia más moderna, que sigue el camino kantiano.

para los sentidos, tampoco podemos pensar en general sin una experiencia anterior del mundo, ya que las ideas derivan siempre de una sensación previa. Sí para Descartes pensar es una constante humana, mientras el razonar, o pensar correctamente, es una posibilidad que se realiza solo por medio de la reflexión, para Locke el pensar no depende de la mera reflexión, si bien con esta podemos conocer el funcionamiento de nuestro intelecto.

Subrayando el carácter limitado del pensamiento, Locke trata de resaltar aquel territorio en el cual la racionalidad, finalmente autónoma en su funcionamiento, produce juicios verdaderos relacionados con el mundo exterior. En efecto, respecto a Descartes, quien limitaba el poder del pensamiento al mundo de la especulación, excluyendo de ello la experiencia sensible, Locke mira más a un conocimiento probable que conlleva igualmente una idea de Razón la cual representa la garantía de alcanzar un conocimiento certero.

El concepto lockeano de pensamiento está directamente conectado con la idea de conciencia. Como dijimos, partiendo del *Cogito* cartesiano, Locke introduce la idea que pensar significa "estar consciente de una idea". Sin embargo, en su *Essay* el filósofo inglés amplía el significado del término conciencia. No es posible pensar, es decir "estar conscientes de una idea" sin que exista una "conciencia de sí" que se comporte como principio individual y punto de referencia de cada pensamiento. Para Locke entonces la conciencia epistemológica produce aquella unidad personal que todos experimentamos durante la vida. Esto significa que la conciencia que acompaña todo nuestro pensamiento, o *awareness*, es decir el estar despierto, es lo que permite que el sujeto que piensa se refiera –sin tematizarlo– siempre a ese mismo "yo" que él es y este tipo particular de conciencia garantiza en Locke esa continuidad personal que constituye la persona.

Si para Locke no es posible fundamentar la identidad personal en una substancia anímica, cada hombre puede explicar ese fenómeno que es la percepción de una identidad en la variedad de experiencias, abogándose a la continuidad con la cual la conciencia se aplica a las ideas en el pensamiento. Sin embargo, hay que reconocer que las mismas limitaciones del conocimiento presentadas desde la perspectiva epistemológica, regresan también al hablar del valor de la conciencia en la formación de la identidad personal. Si consideramos que para Locke la conciencia de sí se da justo en el acto de pensar, entonces como en el caso del mismo pensamiento también la identidad personal dependerá necesariamente de un contacto con el mundo.

Así como, en la perspectiva del filósofo inglés, no es posible conocer de manera cierta, también la limitación de la conciencia al mero acto de pensar nos introduce una identidad personal sumamente inconstante y fragmentada, y sobre todo dependiente de su relación con la objetualidad percibida.

Este problema, de grandísimo valor especulativo, es solucionado por Locke a partir de la idea de que la falta de continuidad en la conciencia no es en el orden del tiempo interior que sigue siendo continuo sino en aquello del tiempo exterior. Si en la noche el sujeto deja de pensar, esto no significa que el día siguiente será otra persona, mientras haya continuidad en la conciencia de su pasado. Igualmente, si un individuo pudiera pasar de su cuerpo a otro, manteniendo el recuerdo de su pasado, no sería otra persona, a pesar de perder su original apariencia. También, si "por hipótesis, dos individuos separados en el tiempo por siglos o por milenios, pudieran reunir sus recuerdos en el interior de una única conciencia, serian la misma persona"[54].

Sin embargo, la idea lockeana de identidad personal, fuertemente anclada al concepto de conciencia fue objeto de numerosas críticas de sus contemporáneos, justamente con relación a la participación descrita de la memoria[55] en la fusión de las experiencias personales alrededor

---

54 Bodei, R., *Destinos personales* (trad. de S. Sánchez), El cuenco de plata, Buenos Aires, 2006, p. 56.

55 El término *Mind* o "mente", del latino *mens*, posee la misma raíz de *memini*, "recordar".

de un único centro, el yo. Entre dichas criticas[56] sobresalen las de Joseph Butler (de 1736) y de Thomas Reid (de 1785). Mientras para el primero "a través del hilo de la memoria cada uno puede conjugar dos episodios de su vida, precisamente porque ha permanecido siendo el mismo (y no viceversa)", para el segundo el problema se presenta si formulamos la hipótesis "de que un oficial se haya sentido frustrado en su juventud por haber robado fruta y que, en su primera batalla, haya mostrado un extraordinario valor. Más tarde esta misma persona es nombrada general. Cuando era joven oficial, este hombre recordaba sus frustraciones, mientras que siendo ya un viejo general las ha olvidado. ¿Se trata de dos individuos diversos? Según Locke, quien ha estado frustrado en la escuela es el mismo que ha cumplido la acción de valor y éste es el mismo que ha sido nombrado general. Se sigue de ello que el general es la misma persona que se sentía frustrada en la escuela. Pero el general no tiene ya más conciencia de haberse sentido frustrado, por lo tanto, es y no es la misma persona"[57]. Sin embargo, la razón de esta aparente paradoja es "hay diferencia entre ser los mismos y saber que lo somos"[58].

A pesar de las críticas descritas, es posible entonces regresar al tema de nuestro trabajo relacionado en este punto con el concepto, que hemos definido "clásico" de conciencia. Con esta reflexión sobre el valor de la memoria en la construcción de la identidad personal dentro de la misma conciencia de sí, es posible decir, siguiendo la idea de Remo Bodei (2002) que "'la invención de la conciencia como concepto filosófico' corresponde a Locke, y no a Descartes[59], dado que, para este

<hr>

56   Sobre la identificación de conciencia y memoria, cfr. Flew, A., *Locke and the problem of personal Identity*, en Philosophy, 1951, XXVI, pp.53-68 (publicado también en *Locke y Berkeley. A Collection of critical Essays*, Martin C.B. y Amstrong, D. M. (editores), Melbourne, 1968.

57   Cfr. Bodei, R. op. cit., p. 61.

58   Ídem.

59   Cfr. Balibar, E., *Introducción. Le traité lockien de l'identité* en *Locke, J., Identité et difference. L'invention de la conscience*, Présenté, traduit et commenté par É. Balibar, Paris, 1998, pp. 11,13. Contra Descartes, Locke niega además que el espíritu no pueda pensar sin saber que piensa.

último, 'el alma piensa siempre'. En cambio, Locke introduce en la mente el elemento temporal e histórico, la discontinuidad y el esfuerzo por superarla, por establecer un nexo entre los diversos estados de conciencia – recuperados por la memoria, que lo mide después de que han sido medidos por la duración – a lo largo de un flujo, *train* o *succession*. Locke sustituye el horizonte de simultaneidad de la conciencia por la serialidad del tiempo, por el sensato sucederse de momentos"[60].

Sobre la importancia del tiempo para describir con propiedad el funcionamiento de la conciencia regresaremos en muchas partes de nuestro trabajo más adelante. Sin embargo, aquí nos interesa concentrarnos en particular en el siguiente aspecto, a saber, cómo a partir de la concepción cartesiana de hombre como ser que piensa siempre, Locke redefine el concepto de conciencia para concebir una realidad epistemológica, la del pensamiento, que no depende de una substancia, sino de la misma actividad que la caracteriza. En la obra de este filósofo entonces se describe de manera mucho más efectiva que en Descartes aquel sujeto que definimos "clásico", que representa por un lado el individuo moderno, así como se entiende en las teorías sobre el derecho y la justicia que los ilustradores construirán a partir del iusnaturalismo lockeano, y por el otro el hombre moderno representante de una nueva clase que iba alcanzando mayor poder económico en los ambientes políticos gobernados todavía por la clase noble.

Para los dos puntos, se entiende entonces la manera en la cual el concepto lockeano de conciencia, que abarca principalmente un significado epistemológico en el *Essay*, se conecta con facilidad a los escritos morales y políticos del mismo autor. En este sentido, Locke tiene el indudable valor de haber problematizado el significado de la relación entre sujeto cognoscitivo y sujeto moral a partir justamente de la manera característica en la cual la conciencia se aplica en el conocimiento como conciencia de sí.

---

60   Bodei, R., op. cit., p. 57.

La conciencia individual que participa en nuestro pensamiento es la misma que acompaña toda nuestra acción y que no se despliega solo en la forma específica de la memoria. En Locke resulta muy fuerte la presencia del *concern of*, la preocupación o el cuidado por la propia felicidad eterna. Siguiendo esta idea, Bodei agrega "es erróneo reducir la conciencia a la sucesión de los recuerdos borrando la idea de una responsabilidad del "individuo", que no concierne solo a la punibilidad de las acciones pasadas, sino también a su presentación ante Dios el día del Juicio universal (la resurrección concierne a la misma conciencia y no necesariamente al mismo cuerpo)[61].

Es dentro de estas coordenadas que la identidad personal se introduce en la actividad práctica dando al concepto de individuo una acepción de "ser" para el cual las libertades enajenables se balancean con las responsabilidades personales. Sin embargo, es justamente sobre este aspecto de responsabilidad individual que empezará a ejercer su poder la Ley. Ya no será el cuerpo a ser objeto de punición, como en la edad media, en la cual, como sabemos el cuerpo se consideraba ajeno al hombre y solo propiedad de Dios[62]. Consecuentemente la justicia humana, representada por el emperador y sus representantes, siendo una continuación de la divina, se aplicaba a la materia, el cuerpo, reflejando el castigo que la justicia divina aplicaría al alma en el más allá. Se entiende por tanto porque, después de Locke, el castigo ya no llegaría a punir el cuerpo sino se dirigiría a la conciencia, quitándole aquella libertad que, aunque sea un derecho inalienable, el sujeto culpable usó de manera irresponsable.

La crítica total de las penas corporales que encontramos en la Ilustración refleja justamente el giro epistemológico empezado por Descartes y continuado por Locke. Si el primero había hecho del cuerpo

---

61   *Ibid.*, p. 55.

62   El tradicional principio del derecho canónico suena así: "nemo dominus est membrorum suorum" (nadie es dueño de su cuerpo).

un objeto neutral, exterior a toda simbología axiológica medioeval, el segundo, lo excluye no solo del horizonte ético sino también del político y legislativo. Haciendo de la conciencia el verdadero centro del "sí mismo"[63] el filósofo inglés llega a reformular no solo el significado de sujeto como ser único que se reconoce en su pasado y que tiene un futuro que crear con responsabilidad, sino logra redefinir el mismo concepto de culpa y de punición. Desde entonces, se entiende cómo las acciones pueden ser imputadas solo si son conscientes[64] y este hecho nos explica también porque, con el tiempo, las conductas de las personas que hoy llamamos locos se empiezan a considerar en el marco de la noción de autoconciencia que, faltando, ya no puede generar punición alguna, sino el encierro y la mirada interesada de la investigación científica.

De esta forma, la línea que une las obras de Descartes y Locke permite tender un puente entre el sujeto lógico cartesiano y el sujeto moral[65] a través justamente de aquella naturaleza empírica de la conciencia. En efecto, el trabajo epistemológico lockeano describe una individualidad inalienable que representa también la principal posesión del sujeto[66]. A la propiedad de sí mismo como ser pensante y agente se conecta finalmente la libertad personal, como verdadero centro conceptual de la obra de Locke y que regresará con toda su fuerza en la época ilustrada. La conciencia de la individualidad que se había despertado en Descartes tiene entonces como consecuencia

---

63   Locke introduce por primero el uso de *Self* como sustantivo.

64   Cfr. Locke, J., *An Essay Concerning...*, op. cit. p. 256.

65   Aunque el primer escritor que haya utilizado *consciousness* parece haber sido el estudioso de Platón Ralph Cudworth, de Cambridge, en su tratado contra Hobbes y los 'materialistas': *The True Intellectual System of the Universe*, publicado en el 1678, es un hecho de que el significado presente en la filosofía moderna fue introducido por Locke, en su *Essay*, para diferenciar el significado de conciencia epistemológica de aquello representado por el termino *conscience*, que en inglés tenía la clásica acepción moral.

66   Siguiendo a Bodei (Cfr. Bodei, R., Destinos..., op. cit.), aquí nos referimos al "individualismo propietario" del cual habla Macpherson en su *The Political Theory of Possessive Individualism: Hobbes to Locke* (Cfr. Macpherson, C. B., *The Political Theory of Possessive Individualism: Hobbes to Locke*, Oxford, 1962).

en Locke la conciencia de "mi libertad", con respecto en particular al Estado, del cual Locke redimensionará las prerrogativas autoritarias.

Otra vez, Remo Bodei nos proporciona una interesante concepción de las secuelas producidas por la crítica lockeana al concepto de substancia y el nacimiento consiguiente del individuo como hijo de sí mismo:

> Es como sí el individuo, sin confiarse en la herencia recibida, se declarara hijo de sí mismo, del proprio entendimiento, que lo lleva a transferirse adonde se encuentra el trabajo, el que se vuelve de este modo una nueva forma de cuidado de sí. De sedentaria y ligada a determinados parámetros sociales, políticos y geográficos, la identidad se vuelve móvil, se desplaza a donde quiera que cada cual pueda realizarse mejor a sí mismo[67].

Por esta razón, Locke no solo describió en sus obras el nuevo hombre nacido de las cenizas de la Edad Media; sería conveniente considerar su trabajo como una expresión más del paradigma de sujeto que hemos definido "clásico", dejando al siglo XX la tarea de recompilar el significado de la individualidad y del concepto moderno de conciencia a partir de una nueva lectura de la relación de la mente con el cuerpo. En efecto, así como la fundamentación epistemológica de Descartes parecía demasiado limitada para describir de forma clara los cambios que el individuo renacentista estaba produciendo en el mundo, también la fundamentación lockeana del individuo a partir del concepto de identidad personal proporcionada por la conciencia de sí se quedaba todavía limitada. La vida psíquica en Locke no era aún el reflejo de un sentido personal, sino representaba todavía la presencia de aquella *lux naturalis* que subsumía todo experiencia en

---

67   Bodei, R., *Destinos...*, op. cit., p. 58.

un único marco de referencia, aquel del pensar como "estar consciente de una idea". De hecho, si en la primera parte de este apartado hemos criticado la idea lockeana de reflexión, sugiriendo que fuera entendida como una operación más de la mente y que básicamente corresponde a una actividad de atención sobre nuestros procesos interiores, en esta segunda parte hemos subrayado que Locke pone la conciencia de sí, que acompaña cualquier acto de la mente, en una posición más comprensiva y general con respecto a dicho acto focalizado de atención.

Tal vez es esta acepción lockeana de conciencia que no solo organiza un mundo en un sentido estrictamente epistemológico, sino también se presenta como un *principio individuationis* que define el ser humano en su vida práctica, el cual representa un punto fuerte y novedoso respecto a la acepción cartesiana. Además, quizás, aquí podríamos encontrar también un aspecto ponderable que nos muestre el verdadero valor de la obra de Locke para una teoría general de la conciencia: el hecho de haberla considerado como ese principio que acompaña toda actividad mental y que extiende su fuerza afuera de los límites del solo pensar, hasta el mismo acto del percibir el mundo exterior. Claramente, si fuera así, deberíamos postular la existencia, en Locke, de una actividad del espíritu ajena al pensamiento, cosa que de verdad en este autor no está presente.

Sin embargo, es indudable que la fundamentación lockeana del conocimiento en la percepción del mundo nos proporciona un horizonte. Es hacia el mundo que Locke, aunque sin quererlo, dirige la conciencia. A pesar de que esta última acompañe solamente ideas, y no cosas, los conceptos son el resultado de un contacto que necesariamente se da con ese "quid", el mundo, que empieza a reclamar su presencia, saliendo del silencio impuesto por Descartes.

Finalmente, se puede agregar que Locke indicó un concepto fuerte, en su teoría del conocimiento, tal vez más de su fundamentación en la percepción. Si en su teoría la razón salía débil y dependiente de las ideas, que finalmente eran producto de un acto perceptivo, Locke descubre una conciencia que garantiza esa unidad del conocimiento en general, del mundo exterior por un lado y de los procesos interiores por el otro. En este sentido, la importante apertura al mundo de la teoría del conocimiento lockeana representa para nosotros un verdadero cambio de ruta, de coordenadas explicativas, cuyo resultado descansará finalmente en el concepto kantiano de "Yo Pienso".

De esta forma, la noción de sujeto adquirirá un nuevo punto, un elemento fuerte, la autoconciencia que, de ahí en adelante, ampliará el horizonte de aquella que hasta ahora hemos definido "Metafísica del Sujeto".

EL ENCUMBRAMIENTO DE LA FILOSOFÍA DE LA REFLEXION: A PROPOSITO DE KANT

Caracteristicas de la conciencia epistemologica kantiana

Partimos del significativo giro epistemológico introducido por la obra de Descartes y llegamos después a los escritos de Locke subrayando en este autor el desplegarse de aquel concepto de conciencia, que definimos "clásico", que se caracterizaba por aceptar la idea del pensamiento como esencia del alma introducida por el filósofo de La Haye y al mismo tiempo por una lectura original de la *conciencia de sí*, que tendía un puente con el concepto moderno de individuo y de yo empírico que nace y se desarrolla mediante su experiencia del mundo.

Ahora, el tercer momento de la parábola que comienza con Descartes es representado por las aportaciones que el filósofo alemán Immanuel Kant dirige hacia este tema. Una característica notable del trabajo de este autor es la radicalización de aquella polarización subjetivista que hemos encontrado en el nuevo concepto de razón introducido por el filósofo de La Haye y al mismo tiempo la importante participación de Locke en la desubstancialización del concepto antiguo de alma.

Se puede decir que si Descartes transforma el alma en mente, manteniendo sus características substanciales, por su parte Locke se concentra sobre el aspecto subjetivo y empírico de la mente. Finalmente, donándole un carácter individual dentro del concepto de autoconciencia, pero absolutamente no substancial, Kant amplifica el aspecto volátil y etéreo del pensamiento humano, que no se puede pensar separado de la mirada unificadora del Yo-Pienso, transformándolo en un acto englobante y trascendente[68] al mismo tiempo dirigido, sin embargo, a un mundo que antes de ser *cogitatum* es *perceptum*.

En algunos trabajos históricos[69] resalta el conocido "año de la gran luz", el 1769, durante el cual Kant logró reformular las cuestiones epistemológicas introducidas por Descartes y desarrolladas por Locke y Hume dentro de una nueva concepción que él mismo paragonaba a la revolución que Copérnico había introducido en astronomía. Según Kant, no era correcto pensar en una adecuación del sujeto al objeto al fin de conocerlo, sino al revés, el objeto era finalmente el que se adecua a las posibilidades y condiciones cognoscitivas del sujeto.

Sin embargo, a pesar del valor indudable del cambio de ruta presente en la obra kantiana, hay que reconocer que, en el ámbito epistemológico, probablemente este no habría sido posible si Kant no hubiese encontrado un valioso fundamento en la especulación cartesiana sobre la conciencia reflexiva que en Descartes "acompaña todos mis pensamientos". En este sentido, la filosofía kantiana participa activamente a la sedimentación de aquel concepto canónico de conciencia, autofundante y autónoma, y sobre todo universal, que se repite a modo de variación de un tema en la filosofía de los últimos trescientos años y que refleja la idea de sujeto libre y proyectante, dueño de su destino y autodeterminante.

Por otro lado, en cambio, la obra lockeana había introducido la idea de que el hombre está arrojado en una existencia *in fieri*, en continuo movimiento, en donde en lugar de estar constituido de manera monolítica y sin posibilidad de forjar su destino, lucha para los derechos que tiene por naturaleza, para mejorar sus condiciones de vida y finalmente se encuentra insertado en una existencia que

---

68   Este aspecto será, como veremos, el punto de partida de la teoría brentaniana de la intencionalidad de la conciencia (cfr. cap. 2.1, *infra*).

69   Reale, G., Antiseri, D., *Historia de la filosofía*, Herder, Madrid, 2002.

él mismo forja. A pesar de las diferencias descritas, por las cuales se podría hablar de un sujeto culturalmente diferente, entre Europa continental y aquella del norte insular, es justamente la búsqueda de una mediación entre las dos posiciones el aspecto que caracteriza la obra kantiana, en un afán de explicar la naturaleza humana en su totalidad, en su lado cognoscitivo así como en su actuar práctico y su proferir valorativo, que abre el camino, como se sabe, a la temporada de los sistemas filosóficos del ochocientos.

La *Kritik der Reinen Vernuft* se inscribe en dicho programa. Sin embargo, si tomamos en cuenta la descripción del sujeto que Kant hace en su primera crítica, lo que sobresale no es aquel yo empírico al cual se dirige el trabajo de Locke, y se puede decir sin problema que en este autor prevalece el lado racionalista que proviene de la obra cartesiana, así como había sido "digerida" por Leibniz, Wollf y la Ilustración alemana.

El sujeto que Kant describe es el yo epistemológico cartesiano, pero en una acepción que resalta el valor y la originalidad de su especulación, es decir el yo "trascendental", que para Kant refleja la condición universal del hombre que piensa y conoce, independientemente de sus características individuales o psicológicas que en sí no interesan a este autor, sobre todo en su especulación epistemológica. En pocas palabras, en la obra de Kant emerge en toda su fuerza aquel sujeto puro que es la condición fundamental de todo pensar y que regresará luego en la obra de Husserl, aunque con unas substanciales diferencias[70].

Por otro lado, además, en la especulación kantiana emerge un aspecto más, tal vez menos importante para los estudiosos. Atrás de la humana facultad de razonar que Kant nos describe, este autor exalta, indirectamente, también la figura del filósofo y su acto, que debe a Descartes su descubrimiento, de doblarse sobre sí mismo y dar vida a una investigación con el sello de cientificidad dirigida a

---

70   Véase la concepción sartreana en el capítulo 2 del presente trabajo.

los elementos puros del conocimiento, es decir independientes de cualquier contenido empírico, que fundamentan *pro jure* el conocimiento en general.

En la articulada especulación kantiana existen cuatro conceptos fundamentales que nos pueden acompañar como temas que organizan esquemáticamente nuestro discurso: las formas puras de la sensibilidad, el fenómeno, el Yo pienso y la imaginación. A partir de estos temas, llegaremos a dilucidar la función de la conciencia reflexiva dentro del sistema kantiano.

Por lo que se refiere al primer punto, es decir, la teoría kantiana de las formas puras de la sensibilidad, es justo considerar Kant como el primer filosofo que supo reconocer al mismo tiempo el sentido y la importancia de la especulación cartesiana sobre el *Cogito* y que sin embargo dio valor a las soluciones de Locke y también de D. Hume[71] para resolver los problemas epistemológicos que Descartes había dejado abiertos.

Sabemos en efecto que mientras para este último la razón fundamentaba la verdad de sus juicios sobre el principio indudable del *Cogito*, para Locke no era absolutamente posible hablar de certeza del conocimiento, mientras en cambio se podía proponer una verdad probable, abogando por un principio de comunicabilidad y consenso intersubjetivo. Para el filósofo inglés existían afirmaciones más seguras que otras, pero nunca se podía hablar para él de lograr una certeza universal o apodíctica sobre algo[72].

---

71   La obra de D. Hume fue voluntariamente excluida de este estudio, por su carácter de repetición en una forma más "extrema" de aquellas ideas que se han evidenciado en la obra de Locke, sobre el origen empírico del conocimiento y el valor de la conciencia reflexiva en la formación del concepto moderno de individuo. De esta manera, el escepticismo "fuerte" de Hume que pone en duda toda posibilidad de alcanzar una verdad cognoscitiva última, excluye de forma tajante la posibilidad de un sujeto epistemológico, que en cambio es el punto de partida de la crítica merleaupontiana sobre el concepto moderno de conciencia, objeto del cuarto capítulo. Por esta razón es suficiente la reflexión sobre la obra de Locke para entender la dirección de nuestro trabajo.

72   A excepción, de las ideas innatas, que sabemos que para este autor se reducen a unas cuantas, como la de Dios.

Por su parte, Kant ve la necesidad de hacer una teoría única de los problemas fundamentales que preocupaban sus dos predecesores. Por un lado, Descartes se preguntaba ¿en qué (¿*worin*?) se puede fundar el conocimiento cierto? y por el otro, Locke se interesaba mas ¿de dónde (¿*woraus*?) viene el conocimiento?[73], con el fin dar vida a una crítica del conocimiento que permitiera entender los límites y las posibilidades del intelecto humano. En su primera *Crítica*, Kant se encamina perfectamente en una línea teórica que respeta las aportaciones más importantes de ambos autores. Por un lado, para el filósofo de Königsberg era de máxima importancia seguir dentro de aquel espíritu racionalista de carácter dogmático que a través de C. A. Crusius lo conectaba a C. Wolff y antes todavía a G. W. Leibniz. Sin embargo, más que interesarle una especulación racionalista que permitiera estructurar un sistema metafísico perfecto, Kant recupera uno de los aspectos centrales de la obra de Locke, que refleja a su vez el carácter original de la especulación cartesiana que hemos subrayado a través del atento análisis de Vicente Sanfelix[74]. Descartes, como dijimos, trasforma lo que originalmente era el problema metafísico sobre "lo que hay" en un hecho epistemológico, es decir: si 'yo que pienso' soy lo único que hay, todo lo que yo pienso del mundo de alguna manera dependerá de mí, sujeto pensante, dando la pauta para una interiorización de la racionalidad y finalmente, de las condiciones de posibilidad de conocer con verdad. Como subrayamos en la primera parte de este capítulo, la mayor dificultad de Descartes fue la explicación del pasaje de la evidencia del cogito, con el poderoso efecto de verdad que emana de la conciencia individual de sí, a la evidencia de los pensamientos dirigidos al ser del mundo, lo que llamamos ciencia colectiva, para el cual en cambio Descartes tuvo que reintroducir el concepto ontológico de "res", en este caso "extensa".

---

73   Bilbeny, N., *Kant y el tribunal de la conciencia*, Gedisa, Barcelona, 1995.

74   Cfr. cap. 1.1, p. 7, *infra*.

Locke había transformado esta solución concentrándose, antes que sobre un supuesto conocimiento cierto, sobre ¿cuáles son los límites y la extensión del entendimiento humano?, dando importancia principalmente al conocer en general, y no necesariamente al de la ciencia.

El discurso kantiano agregaba, en el escenario del problema, la relación entre el conocer en general y el conocimiento cierto[75]. Kant no encuentra esta conexión en un método seguro que permita aclarar mediante una poderosa y bien dirigida fuerza reflexiva una verdad objetiva, sino en la misma naturaleza racional humana que representa un aspecto contemporáneamente individual y universal, siendo una facultad indudablemente presente en todos los hombres por la común naturaleza de estos últimos[76]. Sin embargo, en Kant se agrega un aspecto más y de fuerte valor histórico; este autor se encontraba abrumado por los enormes avances científicos de su siglo al punto de poner al centro de su especulación justamente la forma de conocer presente en la actividad de los científicos modernos. En este sentido la filosofía toma en Kant el significado de una especulación sobre los límites y las condiciones de posibilidad de la investigación de la ciencia moderna, entendida como el único sistema de investigación que había introducido el hombre a verdades universales, a pesar de fundamentarse en datos de origen empírico.

Acercándonos más en la teoría kantiana expuesta en la *Critica de la Razón Pura*[77], si para Descartes y Locke pensar significaba tener una idea, Kant articula la cuestión en un sentido más lógico. La conceptualización para Kant es el resultado de una facultad más amplia del

---

75   En este aspecto Kant parece revertir aquella distinción histórica que empezó con la separación de Parménides entre el camino del día y el camino de la noche, la *doxa* y la *episteme* platónica, y que llega hasta Husserl con su conocida reducción fenomenológica. Sin embargo, como veremos, la supuesta falta en Kant de dicha distinción conceptual es solo aparente.

76   En este aspecto es posible reconocer más que el cualquier otro el Kant "ilustrador".

77   Kant, I., *Critica de la Razón Pura*, Alfaguara, Madrid, 1999.

espíritu: el juzgar[78]. Al pensar en general Kant sobrepone la facultad de juzgar, que unifica bajo una representación común una multiplicidad percibida. De esta concepción se desprende el discurso kantiano sobre la naturaleza específica del conocimiento científico. Como sabemos, lo característico de la ciencia es producir juicios que lleven consigo una pretensión de universalidad y que al mismo tiempo también se dirigen hacia eventos observados en el mundo, cuya naturaleza es en cambio individual y finalmente subjetiva.

Ahora, el mayor interés kantiano era determinar cómo es posible que la ciencia produzca juicios universales que se refieran a eventos que por su naturaleza se encuentran limitados en el tiempo y en el espacio y filtrados por la percepción, que finalmente reduce dichos juicios en el horizonte de una experiencia irremediablemente subjetiva.

En la búsqueda de los elementos puros que posibilitan el conocimiento Kant sigue aquel canon que representa el *leit motiv* de la especulación filosófica de los últimos trescientos cincuenta años, es decir la imagen de un sujeto-centro por medio del cual lo reflexionado adviene como ente y que representa aquella que hemos definido una "metafísica del sujeto". Sin embargo, el trabajo de Kant va todavía más allá. La descrita necesidad de investigar las reglas que unen los eventos que ocurren en el mundo exterior, sin reducirlo cartesianamente a la extensión "geometrizada", lleva a este autor a la idea de que antes de estar presentes allí en donde el científico las encuentra, dichas reglas reflejan la misma manera en la cual el sujeto en general se dirige el mundo, representándolo. En este sentido, Kant radicaliza el subjetivismo introducido por Descartes y desarrollado luego por Locke. Del mundo hecho de cosas y personas para la edad media, no solo se pasa a un mundo hecho de cantidades medibles como para Descartes, o de cualidades primarias como en Galileo y Locke; con Kant se llega a una realidad estructurada gracias a un acto de

---

78   García Morente, M. *La Filosofía de Kant*, Espasa-Calpe, Madrid, 1982.

conciencia individual, que representa el apogeo de la "metafísica del sujeto". El idealismo alemán, abierto por la sistematización de Reihnardt de la filosofía trascendental kantiana, transformará el sujeto epistemológico en un momento de un proceso que recupera la realidad en todas sus formas de despliegue, real o posible. Ya no se podrá hablar de "metafísica del sujeto", sino más bien, con Hegel, de un "sujeto metafísico" que se coloca en un lugar profundamente distante respecto al arco temático abierto por Descartes.

Regresando a Kant, la peculiaridad de su obra depende también de la participación que, para este autor, tiene la sensibilidad en su teoría del conocimiento. En la primera parte de la *Critica de la Razón Pura*, Kant introduce el concepto de "intuición", que representa la facultad previa del espíritu de transformar las sensaciones que se originan en el contacto con el mundo en material para el conocimiento. Más bien, la intuición es el "conocimiento inmediato de los objetos"[79]. Esta actividad, se conforma como en parte pasiva y en parte activa. Si por un lado se encuentra sumamente independiente del pensamiento, por el otro no podría entrar en el horizonte de lo pensable si en el espíritu humano no actuara también una facultad *a priori* de organización de lo que es *dado* en la intuición a unas "formas" pre-reflexivas que modelan el material de la sensibilidad dentro de un "sentido" precipuo y que básicamente para Kant corresponde al sentido general de la espacialidad y de la temporalidad[80].

Esta interpretación, que va en contra de la idea de pasividad del sujeto cognoscitivo, introducida por Locke y desarrollada por Hume, representa una primera importante aportación de la obra kantiana para nuestro tema. Kant no se opone en su totalidad al empirismo, sino propone una lectura que respete también el origen perceptivo

---

79   Cfr., Kant, I., *Critica...*, op. cit., p. 65.

80   Como veremos, hay analogías entre esta teoría y aquellas desarrolladas por algunos filósofos sucesivos, como es el caso del concepto de "representación" presente en la obra de F. Brentano.

del acto cognoscitivo. Sabemos que en diferentes partes de su obra repite que no puede haber conocimiento sin sensaciones. Sin embargo, con la introducción del concepto de "forma pura de la intuición" del espacio y del tiempo, Kant abre el discurso sobre un supuesto horizonte prerreflexivo e intuitivo que, a pesar de sobreponer este último al material de la sensación, introduce la posibilidad de una facultad distinta con respecto a la cognoscitiva que opera en aquella y que sin embargo la fundamenta y que llegará hasta Husserl, y a través de él, como veremos a Merleau-Ponty.

Si, por tanto, el conocimiento necesita de un contenido y lo obtiene del encuentro sensible con el mundo, de todas maneras, no podemos decir que la facultad cognoscitiva empiece y termine ahí. En efecto, lo que esta teoría circunscribe de manera definitiva es el territorio sobre el cual se puede dar el conocimiento, es decir, el mundo del fenómeno, entendido como todo lo que aparece a los sentidos. Finalmente, a pesar de la reducción kantiana del conocimiento a las reglas puestas por las categorías presentes en el sujeto que conoce, para este autor no se daría ningún conocimiento sin el contacto sensible con el mundo[81].

Por esta razón, el concepto de fenómeno representa el segundo punto notable de la teoría kantiana. Como hemos visto, la moderna teoría del conocimiento vierte alrededor de la idea de *Vorstellung*. Esta concepción desarrollada antes en la especulación cartesiana, con la noción de "idea", y luego en las obras de Locke y Hume encuentra su mayor confirmación en el descrito giro copernicano instituido por Kant. Sin embargo, es justo reconocer que la idea kantiana de fenómeno permite mantener abierta una relación con el mundo contra las teorías que introducen la idea de una función intuitiva del intelecto, como será en Fichte, en donde el mundo no solo es una representación mía, sino es, *en sí*, mi producción. Es decir, el pensar se sobrepondrá completamente al ser.

---

81   "No hay duda alguna de que todo nuestro conocimiento comienza con la experiencia", Cfr. I. Kant, op. cit., p. 27.

En Kant en cambio el pensar, así como el conocer, siguen dependiendo necesariamente de un contenido que es proporcionado por la experiencia. Para él el intelecto nunca será intuitivo, mientras solo la sensibilidad nos puede proporcionar un contenido intuitivo. Aunque el fenómeno represente en sí un concepto que "desde abajo" se fundamenta en la intuición sensible, parece claro que la manera específica con la cual este se da al sujeto circunscribe el territorio sobre el cual se aplica el conocimiento.

La razón de la particular caracterización de los límites del conocimiento nace de que, para Kant, todo lo que cae bajo nuestra sensibilidad como fenómeno, es organizado por el sujeto, el cual transforma el contenido de la intuición en una información dotada de sentido, una representación. Finalmente, para Kant no es posible tener conocimiento de algo sin que este haya sido organizado previamente por las condiciones subjetivas mediante las cuales el objeto aparece a la conciencia. En la primera *Crítica* kantiana, existe un concepto que se propone indirectamente como una versión renovada del *cogito* cartesiano, el conocido principio del "Yo Pienso". Kant lo describe como la "unidad sintética de la conciencia" que "es una condición objetiva de todo conocimiento"[82]. Esto significa que todo juicio tiene como condición un principio interior que lo acompaña necesariamente.

Para Kant las leyes de la ciencia son percibidas como realmente existentes, sin embargo, la relación entre las representaciones no es real, sino expresión de la misma manera en la cual el intelecto estructura el material que llega de la intuición[83]. Además, mientras que las formas puras de la sensibilidad siguen teniendo un carácter subjetivo, son "formas del Sujeto"[84], las categorías en cambio son funciones[85] con base

---

82   Kant, I, op. cit., p. 99.

83   "El orden y la regularidad de los objetos de la naturaleza es el orden que el Sujeto, pensando, introduce en la naturaleza". Cfr., G. Reale, op. cit., versión italiana, vol. 6, p. 560.

84   Kant, I, op. cit., p. 99.

85   Ídem.

en las cuales el intelecto ordena lo fenoménico bajo representaciones comunes. A esta actividad Kant le da el nombre de síntesis. En este marco, adquiere particular interés justo la manera en la cual la actividad sintética logra aquella unión de las representaciones que a nivel del conocimiento se constituye como la unidad del objeto de experiencia.

Ahora, para Kant no sería posible la síntesis de las representaciones en el intelecto sin un punto fijo que, por su característica de unidad originaria, representa el fondo sobre el cual toda representación es estructurada por el intelecto[86]. A esta unidad, Kant le da el nombre de unidad pura de la autoconciencia o apercepción trascendental. El concepto de conciencia al cual se refiere Kant no es la conciencia empírica que reflexiona sobre la unidad de las representaciones que están bajo el mismo yo que las piensa. En su primera Crítica este autor se ocupa de una idea pura de conciencia, que representa la condición universal que debe acompañar cualquier tipo de representación para que pueda ser pensada. Lo que se prefigura, por tanto, es la idea de que el Yo Pienso kantiano no representa nada en particular, y en sí no puede ser objeto de ningún conocimiento, mientras que, en cambio, consiste en la "forma" mediante la cual es posible representarse al mundo.

Desde otro punto de vista, Kant distingue la apercepción pura de una apercepción que define "originaria" y que corresponde a un acto de representación por el cual el sujeto *se da cuenta* de que está afectado por un objeto[87]. Este último aspecto propone el significado más complejo del concepto de conciencia presente en Kant, donde la síntesis de la intuición bajo las categorías del intelecto pasa por la apercepción del sujeto de estar "afectado por un objeto". En este sentido la conciencia pasa de su carácter trascendental a ser con-

---

86 "Una síntesis de las representaciones [...] no es posible sino por medio de la conciencia de la síntesis", I., Kant, *La Critica de la Razón* Pura, op. cit., p. 132.

87 De Muralt, A., *La conscience trascendentale dans le criticisme kantien*, Aubier, Paris, 1958, pp. 23-25, p. 187 ss.

temporáneamente "psicológicamente inconsciente"[88]; por tanto, no solo consiste en la actividad que une todas las representaciones bajo un único yo que las piensa, sino también es la garantía de la misma objetividad de lo que yo me represento.

Finalmente, el discurso kantiano nos lleva hacia dos ideas principales: por un lado, no habría un mundo que conocer sin un centro catalizador, el Yo originario que intuye; por el otro, no podría haber ningún Yo pienso o conciencia trascendental sin la capacidad trascendental del sujeto de atribuirse toda representación a sí mismo. Este aspecto es lo que propiamente define la autoconciencia kantiana.

Sin embargo, vale la pena señalar algunos aspectos más de esta cuestión. Cuando Kant propone el "Yo Pienso" como la condición que posibilita todos los objetos como objetos del conocimiento, tiene en la mente una explicación que sigue un orden legal y no el de los hechos. Dicha conciencia trascendental se puede justificar por derecho (*quid juris*), mientras resulta imposible probar su presencia en un discurso empírico (*quid facti*). En este sentido, es posible evidenciar el límite intrínseco que se presenta en Kant y que Husserl mismo tratará de superar. La investigación vuelta hacia una descripción pura de la razón, como será la reducción de este último al ego trascendental de *Ideas I*, parte de una concepción general de ambos autores según la cual la filosofía debe mirar a los límites superiores del conocimiento, al "hasta donde", más que al "de dónde". Esto significa que, para ambos, hablar de conciencia significa proponer un concepto puro que, finalmente, no llega a ser objeto de conocimiento, porque lo presupone. De hecho, en esta particular posición intermedia estriba, como sabemos, el mismo concepto de "trascendental".

Un último punto de la teoría kantiana que tiene relevancia para nuestro objetivo es representado por la introducción de una facultad

---

88   Ídem.

que, aunque no sea nueva en teoría del conocimiento[89], representa
para este autor una pieza fundamental de su sistema especulativo: la
imaginación. Para Kant esta función representa la facultad que permite
el pasaje de las formas puras de la sensibilidad a las categorías del
entendimiento, a través del conocido esquematismo trascendental[90].
Sin embargo, más allá de ser una simple facultad, entre las actividades del espíritu la imaginación representa aquel puente entre el
sujeto epistemológico, que hemos visto reconocerse en la síntesis del
conocimiento aportada por el "Yo Pienso", y aquella conciencia de
sí como ser temporalmente determinado que hemos encontrado en
Locke y que finalmente participa, como sujeto empírico, al mundo
intersubjetivo. El mismo Kant, como hemos dicho, reconoce la existencia de una apercepción empírica u originaria, que tratamos de ver
como la intuición de "estar afectado por un objeto". Sin embargo, el
filósofo alemán le dona poca importancia reconociendo que "es en
sí dispersa y sin relación con la identidad del sujeto"[91].

Si, en cambio, consideramos la aportación de la imaginación en la
constitución empírica de la autoconsciencia, podemos evidenciar las
limitaciones de una teoría pura de la conciencia. En efecto, así como
para Locke la memoria y la previsión del futuro, son esenciales para
la formación y persistencia de una conciencia individual[92], la imaginación en Kant "es la condición de la memoria y es una facultad
mucho más comprensiva"[93]. En este sentido según Hannah Arendt,
la imaginación representa para Kant la facultad de la interioridad

---

89   No hay que olvidar la extrema importancia de esta facultad en la obra de
D. Hume.

90   Kant nos dice que "es la facultad de representar un objeto en la intuición
incluso cuando éste no se halla presente".

91   Kant, I., *La Critica de la Razón* Pura, op. cit., p. 132.

92   Cfr., *infra* p. 54.

93   Arendt, H., *Seminario sobre la Crítica del Juicio de Kant* impartido en la New
School for Social Research, otoño de 1970, en Escritos de Filosofía Política, Alianza,
Madrid, 2003, p. 144.

por excelencia al fin de adquirir "conciencia de [...] algo que no aparece"[94]. La reflexión de Arendt sobre el valor de la imaginación en la producción de un juicio como "este hombre tiene valor", dona mayor sentido a estas ideas. Para juzgarlo debemos tener presente algo que no aparece, algo que no está presente a la intuición, es decir "de nuevo es necesaria la imaginación"[95]. O come dice: "si decimos de alguien que es bueno tenemos en el fondo de nuestras mentes el ejemplo de Francisco de Asís o de Jesús de Nazaret"[96].

De hecho, es justamente dicha capacidad del espíritu de "hacer presente lo ausente"[97], que tal vez permite introducir una lectura diferente de la relación entre conciencia epistemológica, limitada a un conocimiento puro, pero sumamente abstracto, y la conciencia empírica de sí, que en cambio presupone un individuo que interactúa en el mundo, de la cual nos habla Locke. De esta manera, la apercepción trascendental, que en la propuesta kantiana representa el principio que permite la unión del material de la intuición y finalmente relaciona todas las representaciones a un solo Yo, se da justamente a partir de la interrelación entre el contenido de la intuición y las categorías, gestionada por la imaginación en el esquematismo trascendental. Pero, si esta interpretación es correcta, es menester agregar que, a pesar del hecho de que Kant considere al "Yo pienso" solo una condición deducida y sin posibilidad que se vuelva objeto de conocimiento, en la imaginación estriba aquella función del espíritu que, a un lado de la misma síntesis de la intuición proporcionada por las categorías, garantizaría *de hecho* que entre sujeto epistemológico y sujeto empírico exista una correlación esencial.

Parece creíble que el pasaje entre percepción e idea tenga que involucrar también una facultad reproductiva y productiva al mismo

---

94   *Ibid.*, p. 145.

95   *Ibid.*, p. 152.

96   Ídem.

97   Arendt, H., *La vida del espíritu*, Paidos, Barcelona, 2002, p. 98.

tiempo, que no solo encontramos atrás de la memoria o de la producción de imágenes mentales, y que como dice Hannah Arendt nos "hace presente lo ausente". Por tanto, si consideramos la actividad de la conciencia, ahora sí empírica, parece muy evidente que cualquier objeto que se encuentre en ella, tendrá que ser ya un ejemplo que nos enseña una regla, así como lo describe Kant hablando del esquematismo trascendental, es decir que ya tiene, en la misma conformación de su aparecer, de su "darse", las condiciones que guían su sentido. Sin embargo, aquí hace falta aquel concepto husserliano de intencionalidad de la conciencia que como veremos proporcionará la llave interpretativa para los problemas dejados abiertos por Kant y que, finalmente Merleau-Ponty retomará en un sentido abiertamente estético.

Poner la atención sobre el concepto de imaginación en Kant en el estudio de la idea de conciencia, significa subrayar el carácter creativo de esta actividad del hombre. Según Kant, "la imaginación proporciona una síntesis a priori que subyace en todos nuestros objetos del conocimiento"[98]. De esta manera, siguiendo el significado de imaginación en Tetens[99], Kant otorga a esta facultad no solo un carácter reproductivo, que en sí se fundamenta en la mera intuición sensible, sino también productivo. Como dice Stepanenko: "la imaginación –afirma Kant en B12– es una síntesis en parte productiva y en parte reproductiva. La primera hace posible la última"[100].

Además, si el aspecto reproductivo interesa al ámbito empírico, el aspecto productivo de la imaginación "lo involucra tanto en el campo de lo empírico, como en el de las intuiciones puras y en las condiciones de posibilidad de la experiencia"[101]. En este sentido,

---

98   Stepanenko, P., *Categorías y autoconciencia en Kant*, UNAM, México, 2000.
99   Cfr. Tetens, J.N., Philosophische Versuche.
100   Stepanenko, P., *Categorías...*, op. cit., p. 85.
101   Ibídem.

la pluralidad no puede pertenecer en general a una apercepción más que a través de la síntesis general de la imaginación y de las funciones de la misma en una conciencia. Esta unidad trascendental en la síntesis de la imaginación es, por lo tanto, una unidad *a priori* bajo la cual tienen que estar todos los fenómenos. Pero esas [funciones] son las categorías; por lo tanto, las categorías expresan la unidad necesaria de la apercepción, bajo la cual se hallan a priori y de manera necesaria todos los fenómenos en cuanto pertenecen a un conocimiento[102].

Queda claro entonces que, en su mayor obra epistemológica, Kant buscó conectar la síntesis operada por la imaginación mediante el esquematismo trascendental con el concepto de aquella unidad trascendental de la apercepción o autoconciencia que garantiza la aplicación de las reglas del intelecto a la multiplicidad proporcionada por la intuición. Finalmente, "Kant destaca el papel fundamental que desempeña la imaginación trascendental, como aquella facultad intermedia entre la unidad sintética de la apercepción (el "Yo Pienso", n.d.a.), la unidad a la cual debe adecuarse toda representación, y la pluralidad que nos proporcionan las intuiciones"[103].

El interesante comentario de Stepanenko va en la siguiente dirección: la identidad entre la unidad que conforman las categorías y la unidad que caracteriza la conciencia del sujeto que conoce, "es la que explica por qué Kant [...] sostiene simultáneamente que a través de la síntesis trascendental de la imaginación pensamos en un objeto en general que corresponde a lo que nos puede ser dado por la pluralidad sensible y que esta síntesis solo tiene que ver con la unidad de la apercepción, es decir, con la unidad de la

---

102   Kant, I., *Manuscriptos de Duisburg*, citado en Stepanenko, P., op. cit., p. 89.

103   Stepanenko, P., op. cit., pp. 153-154.

conciencia por la cual el sujeto sabe de sí mismo como agente del conocimiento[104]".

Si, por tanto, podemos afirmar con cierta seguridad que, en Kant, la imaginación participa como momento fundamental en la síntesis de las representaciones proporcionada por la apercepción trascendental, y que su origen es empírico y no solo puro o *quid iuris*, por otra parte, todavía no es posible pensar que la obra kantiana supera completamente la distancia entre sujeto epistemológico[105] y yo empírico, en una dirección que en cambio tomará la investigación fenomenológica. Queda claro de todas maneras que, con su autoridad, Kant dirige el interés especulativo hacia una facultad que, como se ha dicho, tiene un lugar central en la autoconciencia que acompaña el conocimiento, la cual no solo se adecuaría pasivamente a las reglas impuestas por el intelecto, sino llevaría consigo, como dijimos, aquellas condiciones que determinarían el mismo sentido de su interpretación. Lejos de introducir una lectura que supere el evidente racionalismo de su pensamiento[106], Kant deja abierto un discurso que será retomado y desarrollado algunos años después por Brentano, pero sobre todo por Husserl en particular con relación a la conciencia de imagen y a la noción de temporalidad[107].

---

104   *Ibid.*, p. 121.

105   Además, Kant mismo en su Dialéctica Trascendental querrá prevenir de una interpretación empírica del Yo Pienso, la misma que ha introducido en filosofía la idea de alma (cfr., Kant, *Critica…*, op. cit., p. 232.

106   Que en cambio será cuestionado en su *Critica del Juicio*, sobre todo con relación a la naturaleza del juicio de gusto.

107   Aquí sería importante agregar que no es necesariamente kantiana, como quiere G. Deleuze (cfr. *Diferencia y repetición*, Amorrortu, Buenos Aires, 2006, pp. 141-141) la introducción de la temporalidad en la teoría de la conciencia que se abre con la obra cartesiana. Sin embargo, sabiendo que el tiempo según Kant es la forma del sentido interior y que este participa activamente en el esquematismo trascendental que lleva a cabo la imaginación se queda abierta la dirección de un posible estudio que permita aclarar la relación entre la intuición del tiempo, que nos permite hablar de un yo empírico, y el Yo puro de la apercepción trascendental.

Consideraciones generales del capítulo

En este primer capítulo, básicamente, ha sido de nuestro interés la definición de un discurso: el que se abre con Descartes y su concepto de sujeto y el significado que el término "conciencia" toma tanto en su teoría, como en la obra de Locke y Kant. Por tanto, se ha buscado resaltar la presencia en estos tres autores de un hilo conductor que aquí hemos decidido llamar el concepto "clásico" de conciencia. En este sentido, a pesar de la distancia especulativa entre los tres filósofos, hemos subrayado las semejanzas que se pueden encontrar en la común fundamentación de sus teorías en la idea de un sujeto epistemológico entendido como "ser que incluye en sí mismo todo principio y condición de racionalidad de la objetividad en general" y que puede nombrarse "Metafísica del Sujeto".

La primera característica importante que hemos encontrado fue la reducción cartesiana del ser al pensar, es decir de la substancia anímica a un acto mental. Lo que sobresalió de esta lectura fue el descubrimiento de una actividad del sujeto que encuentra su ápice especulativo en la maniobra autoreflexiva que el principio del *cogito* vislumbra. La conciencia de sí como ser que piensa entonces representaba aquel principio puro mediante el cual era posible tender un puente entre sujeto y objeto, permitiendo salir de las limitaciones del escepticismo. Este camino trazado por Descartes fue recogido por la mayoría de los filósofos que lo siguieron. Para ellos si hay una garantía de conocer el mundo con verdad esta garantía está principalmente en la actividad pensante del sujeto.

Valdría la pena agregar que de esta manera Descartes institucionaliza una idea general de filosofía como reflexión y acto individual y autónomo, a través de la fundamentación del conocimiento en el autoevidencia del *Cogito*. Este aspecto seguirá siendo una concepción bastante reconocida en la historia del pensamiento moderno, hasta las expresiones más recientes de la fenomenología. Como veremos en los próximos capítulos, en esta última escuela se sintetizará aquel concepto de "filosofía de la conciencia" presente en las primeras obras de Merleau-Ponty.

Por otra parte, en este apartado se ha tratado de subrayar la manera en la cual Descartes siguió el camino antiguo y medioeval que separaba el lugar de la razón, el alma, de la materialidad del cuerpo, aunque finalmente desarrollaría una teoría de este último que, como dijimos, llevó a la importante liberación de la corporalidad de aquel sistema axiológico en el cual había sido inscrito en la edad media.

Tal vez Locke nos pareció el más crítico respecto el dogmatismo de Descartes. Sin embargo, en este capítulo hemos subrayado que, a pesar de su visión de una razón limitada, el mismo autor introduce por un lado una fuerza reflexiva que representa la herramienta fundamental de la filosofía; por el otro propone un concepto de conciencia que garantiza la continuidad del proceder racional que se había perdido en la exclusión del concepto de alma de su sistema especulativo. Finalmente, en la nueva idea lockeana de individuo, que se fundamenta en su conciencia de sí, se abre el horizonte de la vida intersubjetiva, de una comunidad de conciencias, en donde tiene un lugar la investigación científica como sistema de juicios cuya verdad se fundamenta sobre el consenso general y básicamente en el sentido común.

La certeza que surgía en el discurso cartesiano y que se quedaba entre paréntesis en el *Essay* de Locke, regresa en la definición kantiana de sujeto en donde asistimos a aquella radicalización del elemento subjetivo dentro de la relación entre mente y mundo. La conciencia en este caso se ha presentado como aquel principio trascendental que fundamenta la aplicación de las reglas del intelecto a las representaciones dadas en la intuición. Como hemos visto, en esta actividad de apercepción como sujeto que piensa, que en sí recuerda a Descartes –si no fuera por el carácter puro con el cual se vislumbra en la especulación kantiana y que aleja toda referencia al concepto de pensar o reflexionar– se da toda garantía de cientificidad de nuestros juicios, siendo la autoconciencia lo que finalmente proporciona las coordenadas para encontrar objetividad y necesidad en nuestras representaciones y en sus relaciones.

Finalmente, consideramos también la aportación de la imaginación en la misma apercepción trascendental, subrayando que no es posible un pasaje entre intuición e intelección sin la actividad sintética precategorial de la imaginación, aspecto que regresará, en términos diferentes, en la investigación fenomenológica.

Ahora bien, aclarada la dirección de nuestro discurso, vamos a seguir en nuestro recorrido por una lado, con la necesidad de la filosofía del final del siglo XIX de superar los límites de la filosofía cartesiana y kantiana sobre todo con relación a la definición de un sujeto que aún cuando piensa y juzga sobre el mundo, se encuentra todavía lejos de explicar la complejidad de la situación que lo ve como sujeto entre otros en la continua e inacabada tarea de interpretar la vida comunitaria y cultural que lo rodea. En este sentido, con Brentano y Husserl antes, y luego con Sartre y finalmente Merleau-Ponty, tomará forma un concepto moderno de conciencia que proporcionará una idea diferente de hombre en su relación con el mundo.

2. FENOMENOLOGIA: CONTINUACION Y SUPERACION DEL PARADIGMA CLASICO

Si la reflexión moderna sobre la conciencia epistemológica empieza con la novedosa obra de Descartes, parece ahora claro que este último no logró vislumbrar toda la complejidad de los problemas que el tema introducía. Una vez más es posible decir que el filósofo hace una pregunta y contestándole deja en la respuesta el germen de un problema, lleno de un sentido más profundo que la misma respuesta encontrada.

Por su parte, a pesar de la inquietud kantiana de dar forma a una teoría del conocimiento que pudiera dar cuenta al mismo tiempo de los intereses empiristas dirigidos al ¿de dónde se origina el conocimiento? y a la necesidad racionalista de una fundamentación del mismo en un principio que garantizara su verdad, la descripción de un *Yo Pienso* limitado al plano de derecho y no al de hecho, hizo entrever la fuerte infructuosidad de un discurso que excluía de su sistema epistemológico la idea de un yo empírico, puesto "en situación" dentro del mundo; en este caso, se hizo notar solo un camino que aparece en la *Critica de la Razón Pura*, que propone una posible superación de la teoría kantiana del Yo pienso por medio de la participación de la imaginación en la construcción de la identidad.

Particularmente interesados en esta temática, en el siglo XIX se encuentran otros filósofos cuyas obras representan importantes aportaciones para los cimentos de la filosofía de la conciencia. Sin olvidar aquellos que participaron a la fundamentación de una nueva teoría empirista –en estrecha relación con la moderna investigación psicológica– y tampoco de los neokantianos, que dejaron sus importantes aportes hasta la primera mitad del siglo XX, se deben recordar a tres autores esenciales para entender el camino conceptual del concepto moderno de conciencia: Dilthey, Brentano y Husserl. Cabe reconocer que con este último, al final del siglo XIX, empieza una investigación epistemológica que resultaría el movimiento filosófico más influyente del siglo veinte, el fenomenológico; se pondrían así las bases conceptuales y metodológicas que Sartre y Merleau-Ponty siguieron al fin de solucionar los problemas teóricos que Husserl había encontrado durante su camino especulativo, rebatiendo la concepción de un sujeto puro epistemológico, con la idea de un hombre que se encuentra en estrecha relación con el mundo en el cual vive, tema que además emerge de las últimas obras del mismo Husserl.

Este capítulo tiene como objetivos: describir los temas principales que en un cierto sentido "preparan a" las especulaciones husserlianas; introducir el núcleo principal de las aportaciones de este filósofo para una teoría fenomenológica de la conciencia y finalmente presentar las críticas y las propuestas sartreanas que abren el camino a la investigación del primer Merleau-Ponty sobre la percepción, argumento de los dos capítulos sucesivos.

Antecedentes historicos de la investigacion fenomenologica sobre la conciencia: Dilthey y Brentano

Como se ha notado anteriormente, el concepto moderno de conciencia se desprende de una acepción que proviene originariamente del uso que los primeros padres de la iglesia, sobre todo San Agustín, hicieron del término latín "cum-cientia", que tenía sus bases en el concepto estoico de *sindéresis*. Más allá de considerarse como un concepto puramente epistemológico, la "ciencia" a la cual remontaba esta palabra se refería al conocimiento intuitivo de la verdad divina, tanto de lo bueno y de lo malo, que se encontraba, por gracia recibida, al alcance de cada hombre bautizado, como de aquellos conocimientos para los cuales se necesitaba una atenta lectura de la Biblia y también el profundo estudio de las artes liberales.

Por su parte, la investigación cartesiana resaltó la autonomía del acto del pensar en la fundamentación de cualquiera verdad especulativa, hasta que las propuestas empiristas y kantianas, que –siendo totalmente libres de nociones de la tradición metafísica– se dirigieron a la aclaración de la naturaleza de dicho acto reflexivo y su lugar en el conocimiento[108]. Por su parte, el ochocientos es un siglo complejo, que frente al regreso idealista a la metafísica se dedica de igual forma a la comprensión de los componentes psíquicos de la conciencia. Para la segunda mitad de este mismo siglo, se asiste a los primeros intentos de hacer un estudio de los fenómenos psíquicos a partir de un presupuesto teórico, positivo y científico. Este tema se inscribía en el desarrollo de las investigaciones relacionadas con los estudios de la naturaleza química y electrofisiológica del cuerpo humano y su conexión con las representaciones que se forman en la mente. A nivel especulativo, el problema mayor era representado por el hecho de que aun cuando se podía comprobar científicamente la existencia de una relación matemática entre estímulo y sensación, fenómenos físicos y psíquicos, como en la conocida formula Fechner-Wundt, se quedaba sin resolución la cuestión, ya subrayada por Kant, sobre la participación de la conciencia en la unificación del material de la sensación.

Este problema llevó al regreso de teorías explicativas como el asociacionismo, que en la moderna reedición de Stuart Mill daba cuenta del ¿cómo? se unen las representaciones, pero dejaba afuera

---

108   Como se ha señalado, el abandono de la terminología metafísica, como los conceptos de esencia o alma, no borró del mapa la búsqueda filosófica de un principio fundante; en este sentido, aquella que hasta entonces había sido una metafísica del alma se transformó en una metafísica del sujeto.

otras cuestiones más, sobre todo relacionadas con la identificación de un principio puro unificador, necesariamente *a priori* y que debía distinguirse de la actividad llevada a cabo por el yo empírico; por tanto, en este marco teórico el punto fijo en la variabilidad continua de nuestras representaciones sería solo una consecuencia o un producto de nuestras mismas asociaciones y haría de la conciencia una experiencia débil y casual.

La segunda mitad del siglo XIX se caracteriza por algunos temas recurrentes en ámbito filosófico, sobre todo en Alemania. Uno de estos es el estudio de la relación entre psicología y filosofía. Mientras para la segunda, se trataba de proteger el antiguo sentido de su quehacer como ciencia primera, contra todas las injerencias y críticas provenientes de la nueva ola positivista que ponía en duda su misma existencia, la primera estaba todavía definiendo su campo de estudio, influenciada sobre todo por el neoempirismo inglés y la actitud científica propugnada por el positivismo.

No es casual que justamente la filosofía de aquella mitad de siglo buscaba su fundamentación en la psicología contemporánea, antes que el psicoanálisis abriera un cerco entre las dos, introduciendo la idea de que los fenómenos psíquicos son producciones simbólicas –es decir dotados de significado implícito– y un método interpretativo que le confería un sentido y un adecuado nivel de cientificidad a la psicología. De hecho, como se verá más en el detalle, para filósofos como Dilthey y Brentano la introducción de una nueva ciencia psicológica podía representar aquel regreso de la filosofía a su auge, como disciplina fundamental para el sistema de las ciencias.

El estudio dirigido a la cientificidad de la psicología estaba conectado con otro tema, central para la segunda mitad del siglo XIX y que, de hecho, ha tenido un eco muy fuerte hasta nuestros días, es decir la problemática de la determinación de la especificidad de las ciencias del espíritu respecto a las de la naturaleza. Sobre este tema se encuentran, notoriamente, las opuestas ideas introducidas por Rickert y Windelband[109], así como el análisis nietzscheano sobre la historia.

Uno de los filósofos alemanes del mismo período que trabajó en el área de frontera entre filosofía y psicología es Wilhelm Dilthey. De su obra queremos recordar el sentido del concepto de vivencia y la relación de esta noción con la conciencia. Es un hecho de que, a pesar de la participación de Dilthey en poner en marcha "el ocaso de la metafísica"[110], este filosofo elaboró un sistema de ideas que pusieron en crisis justamente las bases del mismo positivismo[111], provocando la reafirmación de la investigación filosófica como disciplina autónoma. Este aspecto emerge en sus estudios iniciales dirigidos a la relación entre el orden físico y el psíquico, cultura y naturaleza, tema mismo que luego regresará en la obra de Husserl y Merleau-Ponty.

Según Dilthey hay que empezar con la definición de la peculiaridad del hecho psíquico si queremos entender la especificad de las Ciencias del Espíritu. De aquí surge la idea que, siguiendo en esta dirección, la psicología podría llegar a ser la ciencia que fundamenta las mismas Ciencias del Espíritu, como el *corpus* de las "historias" particulares (la historia general, del derecho, del arte, de la economía etc.) y las demás disciplinas humanistas, como el derecho, la economía, la historia etc.

En su descripción histórica Dilthey se remonta a los estudios del empirismo inglés, sobre todo el ya citado J.S. Mill, para fundamentar las *moral sciences*[112] en una ciencia psicológica y reconoce un aspecto

---

109   Para una breve introducción al tema: mientras Heinrich Rickert consideraba que la diferencia entre ciencia del espíritu y ciencias de la naturaleza dependiera de una diferencia dentro del objeto de estudio, Windelband tomaba en cuenta la diferencia entre los actos, que en el caso de las primeras se dirigía en búsqueda de lo particular mientras para las segundas la búsqueda era de lo universal.

110   Civita A., *Filosofia del vissuto*, Milano: Unicopli, 1981.

111   Ídem.

112   Stuart Mill en el VI libro de su *Sistema de Lógica* ponía a la base de las *moral sciences*, la psicología, entendida como la ciencia general de la naturaleza humana, luego la etología, es decir la ciencia de la formación del carácter, pasando por las diferentes ramas de la sociología hasta llegar a la ciencia histórica.

negativo y uno positivo de dicha escuela. Si por un lado los empiristas llevaban a una "representación abstracta y fría de la naturaleza humana"[113], que no permitía una verdadera fundamentación gnoseológica de las ciencias morales, por el otro, resultaba de grande valor la atención que estos últimos habían puesto sobre la experiencia interior.

De esta forma, la intención del filósofo alemán era partir justamente del primado del análisis psicológico puesto bajo la lupa por el positivismo inglés, pero recorriendo un camino diferente, con respecto tanto a este último como a la misma tradición epistemológica moderna que ve en Kant su teórico principal. Mientras Locke y Kant tenían una idea de lo psíquico que vertía alrededor del acto cognoscitivo[114], es decir –en lo especifico– a la función del representar, a la cual se reconducía en segunda instancia la totalidad de la vida mental, Dilthey partió de la experiencia de la vida en general que incluye todo tipo de experiencia.

Afirmando que la relación con el mundo no solo se da como momento representativo-cognoscitivo, sino también volitivo y afectivo, Dilthey propuso un camino que buscaba unir necesidades positivistas con algunos temas típicos del vitalismo romántico, tratando de solucionar las limitaciones de las dos doctrinas, es decir la desconfianza del primero hacia las producciones del espíritu y la carencia de fundamentación lógico-científica del segundo, verdadera exigencia del discurso filosófico moderno. En la descripción diltheyana del fenómeno psíquico, el elemento interior emerge con toda su fuerza, cuando al mero representar, que se queda en el nivel de los fenómenos, el autor contrapone la naturaleza específica de la fusión entre representar, querer y sentir, que son interiores y dotados, en una reelaboración de la teoría cartesiana, de una verdad mucho más apodíctica:

---

113   Civita, op. cit., p. 173.

114   "[..] hasta ahora la teoría del conocimiento, lo mismo la empírica que la kantiana, ha explicado la experiencia y el conocimiento en la base de un hecho que pertenece al mero representar" (Cfr., Dilthey, W., *Introducción a las ciencias del espíritu* (trad. de E. Ímaz), Fondo de Cultura Económica, México, 1978, p. 6).

Para la mera representación el mundo exterior no es más que un fenómeno, mientras que para nuestro entero ser volitivo, afectivo y representativo se nos da, al mismo tiempo que nuestro yo y con tanta seguridad como éste, la realidad exterior (es decir, otra cosa independiente de nosotros, sean cuales fueren sus determinaciones espaciales); por lo tanto, se nos da como vida y no como mera representación. Sabemos de este mundo exterior, no en virtud de una conclusión que va de los efectos a las causas o de un proceso que correspondería a esta conclusión, sino que, por el contrario, estas nociones de efecto y causa no son más que abstracciones sacadas de la vida de nuestra voluntad[115].

El mundo al cual las "ciencias del espíritu" se dirigen es un mundo cargado de significados profundamente humanos, es el mundo de lo espiritual y cultural. Solo de esta forma, el mundo exterior se presenta "en nuestra experiencia como vida, como mundo vivido" y además "se impone con la misma certeza con la cual experimentamos nuestros estados interiores, nuestro yo"[116]. A un lado de los objetos naturales existen, por tanto, los objetos culturales, dotados de sentido porque productos de una objetivación de nuestras *Erlebenisse*, o vivencias interiores. Finalmente, en la obra de Dilthey sobresale la idea de un hombre entendido como un todo integrado en donde se unen y conviven las facultades representativa, volitiva y afectiva. Igualmente, si Descartes había restringido la experiencia de la certeza a un solo estado interior propiciado por el *Cogito*, con Dilthey encontramos uno de los primeros tentativos de construir un discurso razonado para tender el puente que desde el mundo interior llegue a determinar un horizonte de certeza dentro del mundo exterior.

---

115   Ídem.
116   Civita, A., obra cit., p. 175.

Según lo que se ha propuesto, la obra diltheyana aporta al discurso que se va desarrollando en este trabajo la idea fundamental que la verdad es, antes que todo, función de nuestra relación vivida con el mundo y no solo del horizonte reflexivo, que se despliega en la interioridad de nuestra conciencia. De esta forma la relación vivida con el mundo define una trascendencia de la conciencia, la cual, en lugar de estar encerrada en sí misma, ilumina al mundo siendo al mismo tiempo iluminada por aquel. Esta concepción influirá sobre numerosos filósofos sucesivos, entre los cual estarán Merleau-Ponty y Heidegger.

*   *

En los mismos años en que Dilthey escribe, otro estudioso, Franz Brentano, afirma su interés hacia los fenómenos psíquicos y físicos –en línea con el empirismo positivo introducido por Stuart Mill– y sobre todo se propone fundamentar, una vez por todas, la psicología como ciencia.

A pesar de ciertos puntos en común con la concepción diltheyana de la actividad psíquica, la investigación de Brentano parte de una noción de relación entre mente y mundo en parte distinta. De hecho, en su libro más conocido, *La psicología desde un punto de vista empírico*, que consta de dos volúmenes, Brentano empieza sosteniendo la misma intención que encontramos en Dilthey de poner los fundamentos de una nueva ciencia psicológica, así como Lavoisier hizo para la química y Galileo para la física[117] y para hacerlo el punto de partida es establecer un grupo de verdades fundamentales aceptadas por toda la comunidad científica.

Brentano nunca llegó a concluir el proyecto –dibujado en la introducción de la edición del 1874 de los primeros dos volúmenes– y

---

117   Brentano, F., *La psicología desde un punto de vista empírico*, Revista de Occidente: Madrid, 1937, p. 53.

según el cual a las dos partes iniciales seguirían cuatro trabajos más, dedicados a otros aspectos, como las leyes y las características de la representación, del juicio, de los estados afectivos y volitivos y, finalmente, de la relación entre cuerpo y mente; sin embargo, a pesar de no haber llevado a cabo su proyecto inicial, los primeros dos volúmenes de Brentano tienen la indudable importancia de introducir una serie de conceptos centrales que influirán sobre la concepción fenomenológica de la conciencia.

En *La psicología desde un punto de vista empírico* Brentano parte de una primera definición de la psicología como la ciencia de los fenómenos psíquicos. Según el autor, a través de estos se puede llegar a una verdad cierta a diferencia de los fenómenos físicos, que son objetos de las ciencias naturales y que, en cambio, nunca pueden alcanzar el mismo nivel de certeza apodíctica, ya que dependen de la percepción externa. Se puede dudar de lo que se ve, de lo que uno percibe, mientras dudar de escuchar, sentir, desear algo, sería un sin sentido. Como veremos, en la última sección de sus *Investigaciones Lógicas*, Husserl criticará dicha distinción brentaniana.

Le misma definición de la psicología nos lleva según Brentano a su peculiar método de investigación, es decir la experiencia interior, que este autor llama "percepción interna"[118] (*innere Wahrnehmung)* de los fenómenos psíquicos. Como primer punto, según Brentano dicha percepción se debe entender como la conciencia inmediata de todo fenómeno psíquico, mientras está en acto. De esta forma, considerando el hecho de que los datos de la misma percepción exterior finalmente están conectados *a un fenómeno psíquico, el autor llega a fundamentar la verdad perceptiva de los fenómenos físicos sobre el carácter de certeza que acompaña los fenómenos interiores.*

Permaneciendo en el nivel del ¿Cómo? se da la percepción interior, es decir, dentro de la inmediatez apodíctica de la interioridad, respecto

---

118 *Ibid.,* p. 20.

al ¿Qué?, es decir el contenido que emerge de la percepción, Brentano no juzga sobre la existencia del mundo, sino se queda en la sola evidencia proporcionada por la realidad de los fenómenos psíquicos[119].

Ahora, siguiendo el discurso lockeano –que se ha analizado en el capítulo anterior–pero excluyendo las dificultades del concepto de 'idea de reflexión', según Brentano cuando vemos o escuchamos algo, al mismo tiempo sabemos de escuchar, igualmente cuando deseamos sabemos de desear algo. De esta forma, existiría una conciencia continua de toda nuestra experiencia interior, basada en el acto de "percepción interna", que define lo que sabemos de nuestros movimientos interiores, así como de nuestra percepción del mundo exterior[120].

Este aspecto se vuelve muy relevante desde un punto de vista metodológico. Brentano está convencido que el análisis introspectivo, que es un método típico de la psicología empírica, no puede lograr la perfecta descripción de los fenómenos psíquicos. La observación interna se basaría en un distanciamiento reflexivo que en un cierto sentido "mataría" el mismo fenómeno psíquico, cuya naturaleza, en cambio, es el presentarse en la inmediatez de la conciencia[121]. Por su parte, Brentano contrapone al método introspectivo, el camino abierto por la percepción interior, que finalmente acompaña todo fenómeno psíquico, dando vida a una de las aportaciones más importantes de su sistema especulativo[122].

---

119   Es decir, aunque no estemos seguros que exista lo que vemos, podemos afirmar con seguridad que estamos viendo "algo". Podemos cuestionar lo que vemos en una alucinación pero no el hecho de estar alucinando.

120   Otra vez, según Brentano, se puede dudar de lo que se ve, pero no del hecho simple y puro de ver. En este sentido no puedo decir: "creía de ver, pero estaba escuchando". En efecto él mismo afirma que: "la percepción interna, prescindiendo de la singularidad de su objeto, tiene otra cosa que la distingue; a saber: aquella evidencia inmediata, infalible, que a ella sola le corresponde entre todos los modos de conocer objetos de experiencia" (cfr., Brentano, F., La Psicología..., op. cit. p. 86).

121   Una cosa es la ira vivida, y otra es la ira puesta bajo la lupa de la reflexión objetiva.

122   Civita, A., op. cit., p. 35.

Retomando a Stuart Mill, Brentano considera que, si la observación interior no es fructuosa para la investigación psicológica, lo es en cambio la percepción interna, cuando se mezcla por un lado con la posibilidad por parte del psicólogo de revivir en la memoria los fenómenos psíquicos pasados y por el otro con otras técnicas posibles como la descripción de los fenómenos psíquicos presentes en el uso cotidiano de la lengua, en la literatura y finalmente en los sujetos psíquicamente más simples, como los niños o los enfermos mentales.

Obviamente, Brentano está consciente de que, más que liberar el campo de los problemas, su idea de percepción interior introduce nuevas cuestiones[123] que este no logra solucionar completamente en su libro. Si el discurso metodológico lleva hacia una psicología genética, basada en la "percepción interior" que Brentano, como se ha visto, busca distinguir de la *reflection* lockeana, desde el punto de vista fundacional este autor quiere poner las bases conceptuales que definen la actividad psíquica, con el fin de lograr describir las leyes fundamentales de la misma.

En su esencia los fenómenos psíquicos, que como dijimos, son el objeto principal de la investigación psicológica[124], o son, según la clásica definición brentaniana, una representación (*Vorstellung*), o la tienen como fundamento. Esta afirmación nos lleva a una idea central de la obra de Brentano, que influirá ampliamente en la fenomenología de Husserl y finalmente sobre el concepto moderno de conciencia, es decir, la intencionalidad de la conciencia. Pero, antes de llegar a este punto, es necesario aclarar qué entendía Brentano por *Vorstellung*.

123　Un problema era el hecho de que la percepción interna así como el recuerdo no pueden ser considerados suficientemente seguros para fundamentar un discurso científico. En efecto, la primera seguía pareciendo una experiencia subjetiva, difícil de comparar con otras análogas; igualmente, el acto mnemónico podía considerarse como sumamente inseguro, demasiado personal e insuficiente para lograr un cierto grado de valor de objetividad.

124　Porque, como vimos, reducen toda experiencia posible.

Según el filósofo austriaco, este término representa la forma más básica y general de conciencia que se pueda tener de un objeto, es decir su simple presencia. Además, "representación" no significa lo que se representa sino el acto de representarlo. Esto nos permite distinguir entre los fenómenos psíquicos que son propiamente representaciones (o se basan en ellas) y los fenómenos físicos, que, en cambio, corresponden al objeto representado. Por ejemplo, si me imagino un paisaje, el acto imaginativo es el fenómeno psíquico y el paisaje imaginado es el fenómeno físico correspondiente.

La representación corresponde a una primera conciencia del objeto, pero, sin que esto implique necesariamente alguna toma de posición con respecto a su existencia o no existencia y en total ausencia de cualquiera tonalidad afectiva[125]. "Apenas necesitamos advertir" afirma "que una vez más entendemos por representación, no lo representado, sino el acto de representarlo. Este acto de representar forma el fundamento, no del juzgar meramente, sino del apetecer y de cualquier otro acto psíquico. Nada puede ser juzgado, nada tampoco apetecido, nada esperado o temido, si no es representado"[126].

Por tanto, para Brentano la *Vorstellung* corresponde o a un acto originario en el cual los objetos están mentados, puestos, de manera ante-predicativa y pre-afectiva o está necesariamente a la base del fenómeno psíquico. Sobre este último concepto Brentano agrega:

> Pero ese "estar-presente" de cada una de las cosas nombradas, es precisamente un "estar-representado" en nuestro sentido. Y un "estar- representado" semejante se halla dondequiera aparece algo a la conciencia; ya sea amado, odiado o considerado con indiferencia; ya sea reconocido, rechazado o-no sé expresarme mejor que diciendo-: representado, en una

125   Civita, A., op. cit., p. 43.
126   Brentano, F., *La Psicología*, op. cit., p. 65.

completa abstención de juicio. Tal como nosotros usamos la palabra "representar", puede decirse que "ser representado" vale tanto como "aparecer", "ser fenómeno"[127].

Sucesivamente, en un parágrafo que se ha vuelto clásico en los estudios psicológicos y filosóficos de teoría de la mente, Brentano agrega:

Todo fenómeno psíquico está caracterizado por lo que los escolásticos de la Edad Media han llamado la inexistencia intencional (o mental) de un objeto [*Gegenstand*, n.d.a.] y que nosotros llamaríamos, si bien con expresiones no enteramente inequívocas, la referencia a un contenido, la dirección hacia un objeto (por el cual no hay que entender aquí una realidad), o la objetividad inmanente[128].

Según Brentano, todo fenómeno psíquico se dirige a un objeto. Aquí, como pasará por el mismo Husserl, la intencionalidad no es un simple puente entre mente y mundo, sino el sentido mismo del objeto está determinado en los límites del fenómeno psíquico; en este sentido todo objeto existe en el fenómeno psíquico como objeto intencional.

Sobre la naturaleza de la referencia intencional, Brentano abre el campo que el discurso cartesiano había reducido a un genérico "acto de pensar" y a la referencia a una idea, mientras fue la noción kantiana de representación el punto de pasaje para dejar el término clásico de idea y proporcionar la base gnoseológica para una teoría de la objetualidad en general que, además, tuvo un gran impacto en la psicología alemana del ochocientos.

En el acto intencional, la relación al objeto no será siempre la misma, ya que todo "fenómeno psíquico contiene en sí algo como su

---

127   *Ibid.*, p. 68.
128   *Ibid.*, p. 81.

objeto, si bien no todos del mismo modo. En la representación hay algo representado; en el juicio hay algo admitido o rechazado; en el amor, amado; en el odio, odiado; en el apetito, apetecido, etc,"[129].

De esta manera, cada fenómeno psíquico tendrá una modalidad específica de referencia a su objeto, lo que en su momento Husserl llamará "calidad del acto intencional". Sin embargo, aquí el discurso de Brentano debe entenderse en el marco de la noción de *Vorstellung*. Si en la imaginación, imaginamos algo, en el amor amamos a alguien, todos estos actos presuponen una representación previa como condición de su "presencia" ante nosotros, antes de toda referencia intencional. Se podría hablar de una referencia representativa.

El regreso de Brentano a la teoría medioeval de la *intentio* tiene la importancia indudable de reconducir a un término general, el de acto intencional, la totalidad de las vivencias interiores, superando la confusión que podía generar el término "pensar", usado por Descartes para agrupar actos similares. Además, como se ha visto, Brentano considera las vivencias interiores como fenómenos muchos más evidentes respecto a los fenómenos físicos y a la misma transparencia del *Cogito* cartesiano; por esta razón, ya no solo son el resultado de un acto introspectivo y de la reducción a un yo puro en el cual el ser del hombre se reconoce como pensamiento, sino condición o la esencia verdadera de todo fenómeno psíquico.

Todo fenómeno psíquico es, por tanto, un acto intencional. Esta definición nos lleva a una descripción muy peculiar del acto cognoscitivo: por un lado, estaría la intencionalidad de la conciencia entendida como pura función dirigida hacia una objetualidad, representada en general, con su naturaleza específica, es decir su cualidad o tesis del acto, en el lenguaje husserliano; por el otro, está el objeto intencional que, de forma individual, es el contenido que emerge de una vivencia específica. Si deseo algo, el objeto deseado es ese objeto que el acto

---

129   *Ibid.*, p. 82.

intencional "ilumina". Igualmente, lo es la imagen en el imaginar, el objeto amado en el amar, el odiado en el odiar.

Por otra parte, los actos relacionados con sentimientos, que por tanto se viven de forma inmediata, pueden poner en tela de juicio la idea de que todos los fenómenos psíquicos se refieren necesariamente a un objeto. En este sentido Brentano cita a Hamilton, el cual niega al sentimiento toda inexistencia intencional[130]. Por su parte, en cambio, el filósofo alemán reitera su planteamiento: la inexistencia intencional de un objeto es la propiedad general de los fenómenos psíquicos y esto incluye también las experiencias límite de los sentimientos. De esta forma, Brentano amplia la inexistencia intencional a toda experiencia, tanto la mediata o reflexiva, como la inmediata. Como veremos, Sartre y Merleau-Ponty se interesarán precisamente de recuperar el sentido de una investigación dirigida a la experiencia en su etapa pre-reflexiva, poniendo particular atención en la afectividad. Es aquí en donde, la teoría de Brentano alcanza sus mayores limitaciones con relación al concepto de conciencia en su significado clásico que acompaña necesariamente a la representación como un "estar consciente de".

Husserl: el nexo entre acto intuitivo y conocimiento en la investigacion fenomenologica

El valor de la fenomenología no solo puede medirse por los problemas de orden fundacional que Husserl introduce en sus obras. El valor que podríamos definir "extrínseco" de la fenomenología reside en el carácter de guía, o directriz, que esta escuela representó, y sigue representando para diferentes disciplinas filosóficas, como ética, estética, filosofía política y del derecho, y la influencia que tuvo en

---

130 Cfr., ibid. p. 83.

general sobre otras ciencias del espíritu como psicología, psiquiatría, historia, economía y derecho.

No creemos que aquí sea útil y fructuoso concentrarnos sobre las líneas teóricas y los principios básicos de la fenomenología, aunque en su momento se necesitará una cierta familiaridad con los términos y los conceptos desarrollados en el seno de dicho movimiento para entender plenamente el sentido de nuestro discurso. Por esta razón, nos disculpamos de antemano con el lector si algunas ideas y temas fenomenológicos los daremos por supuestos.

Si se trata de encontrar, en el *corpus* de la obra de Husserl, un problema que en un sentido jerárquico represente el principal objetivo de su especulación, podríamos decir que el primer cometido de este autor fue poner las bases de una rigurosa doctrina filosófica de la conciencia, entendiendo esta última como el fundamento último de la relación intencional entre mente y mundo. En ella y por ella se despliega el sentido de toda experiencia real o posible.

Para analizar los planteamientos husserlianos que van en esta dirección es necesario considerar algunos conceptos específicos que de forma general y a menudo repetidos están presentes en las mayores obras de este autor.

Como se sabe, Husserl fue alumno de Brentano, en la Universidad de Viena, y de las ideas centrales de este último, que acabamos de introducir, parte su teoría filosófica. En el libro que lo consagró entre los mayores filósofos del siglo XX, *Investigaciones Lógicas*, a pesar de demostrarse en profunda deuda con su maestro, Husserl desarrolla un discurso autónomo que le permite deslindarse del psicologismo, una doctrina que él mismo había apoyado inicialmente.

En un sentido general, en dicha obra, la necesidad principal de Husserl es encontrar el camino explicativo que nos permita dar razón de la verdad producida en los enunciados lógicos, científicos y filosóficos. Su intención era "penetrar en la esencia de los modos de cognición que entran en juego cuando se realizan proposiciones de este género [las lógicas, n. d. a.], penetrar en su atribución de sentido y en las validaciones objetivas que constituyen"[131], o en un sentido general, "la aclaración epistemológica"[132] de la lógica misma.

Este tema, ya presente en la obra de sus antecesores, como Kant, representaba el argumento más importante de la epistemología del siglo XIX. El valor de una investigación similar no solo cuestionaba los límites y las posibilidades de toda ciencia, sino también ponía en tela de juicio el sentido principal y la misma existencia de la filosofía, entendida en su significado antiguo de "ciencia primera", pero ahora dirigida a investigar los fundamentos del acto cognoscitivo en general. De esta forma, Husserl se inscribía perfectamente en la tradición filosófica de sus últimos doscientos cincuenta años.

Como se sabe el problema tenía raíces antiguas. En la metafísica de Aristóteles, por ejemplo, se encuentra la misma tendencia a elegir un camino puro, es decir una especulación que toma como objeto de estudio no lo que "yo veo y escucho", sino lo que debe considerarse la condición de posibilidad de la realidad percibida, dirigiéndose a la investigación del ser en general.

Sin embargo, mientras que para los antiguos el problema gnoseológico, de manera general, se acota en el interior de coordenadas ontológicas, algo bastante diferente pasa en la edad moderna. No es posible entender los problemas de fundación que atañan a Husserl sin tomar en cuenta las obras de Locke, Hume, Kant, Dilthey y Brentano, autores que finalmente siguen aquella filosofía de la reflexión[133] abierta por Descartes en su obra.

---

131   Husserl, E., *Investigaciones Lógicas*, Alianza ed., Madrid, 1985, Introducción cap. 1, pp. 1-2

132   *Ibid.*, p. 386.

133   Aquí, se debe reiterar que con esta fórmula entendemos la idea según que Descartes propuso en filosofía el primado de la reflexión a nivel metodológico vuelta a describir un yo puro, no mezclado con el mundo.

Descartes produjo un cambio fundamental en la especulación filosófica, cuando hizo de la ontología una extensión de la epistemología. Consecuentemente, Locke primero, con su idea de *reflection*[134] y Kant después, con la conocida "deducción trascendental", habían sostenido el primado de la razón reflexiva en filosofía, en orden de llegar con el segundo a un sujeto puro, entendido como la condición de posibilidad general de todo conocimiento afuera del cual se extendía el territorio "anestético" de la *ding an sich*.

De esta manera el problema del fundamento, desde una originaria atención al sentido escondido detrás del mundo percibido, pasa a la esfera de lo trascendental, es decir de aquellas condiciones de posibilidad subjetivas que hacen aparecer el mundo en la forma de juicios, cada día ante nosotros. Es justamente en este último caso que el problema de la evidencia de la verdad de los juicios, introducido por el cogito cartesiano y desarrollado después por Kant, se vuelve de sumo interés para la metodología filosófica.

En este marco, el problema de lograr fundamentar la validez y verdad de los juicios científicos estribaba en los "límites inferiores" de toda gnoseología es decir en aquel contacto con el mundo que dependía necesariamente de un acto de percepción individual, con todo el carácter de relatividad que conllevan los sentidos.

En esta tradición se instaura el trabajo de Husserl. Si Descartes había encontrado en la universalidad del método y en el presupuesto de una *mathesis universalis*, de un mundo extenso totalmente cuantificable y reducible a un discurso racional, la posibilidad de relacionar la evidencia interior del *cogito* al conocimiento cierto de la realidad, la consciencia individual a la ciencia colectiva, Husserl considera que la solución cartesiana carecía de una descripción más detallada de los fenómenos psíquicos y en particular de la manera en la cual la conciencia que se dirige al mundo los engloba en un único principio.

134　Ídem.

Husserl hereda este problema de su maestro, Franz Brentano, aunque se aleja de algunos principios de su sistema[135]. En el *Apéndice* de sus *Investigaciones Lógicas*, intitulado *Percepción externa e interna. Fenómenos físicos y psíquicos*, el primero se confronta con el segundo justamente sobre dos temas, que como se ha visto, representan las principales aportaciones de Brentano, es decir la distinción entre fenómenos psíquicos y físicos y la naturaleza específica de la percepción interior, como método para un estudio científico de los fenómenos psíquicos.

Con relación al primer punto, Husserl considera antes que todo que la distinción entre percepción interna y externa no sea tan fácil de determinar, afectando finalmente la determinación de una diferencia especifica entre fenómenos psíquicos y físicos[136]; según este autor, la idea brentaniana por la cual, en la apercepción de los fenómenos psíquicos, existe una forma de evidencia –de manera opuesta a lo que sucede en presencia de fenómenos físicos, que en cambio carecerían de la misma[137]– no es comprobable, ya que por empezar existen tipos de apercepciones cuya evidencia puede ser considerada dudosa[138].

En cambio, el problema que Husserl levanta podríamos describirlo en estos términos: ¿Cuál es el valor epistemológico de la percepción interior? ¿De qué manera puede ser un instrumento del conocimiento? Y más aún ¿Es justificado hablar del primado de la percepción interior sobre la percepción exterior?

---

135   Sin embargo, vale la pena subrayar otra vez que el discurso de Husserl está en deuda con una tradición que como ya hemos analizado en este capítulo se dirige a la fundamentación de una nueva ciencia psicológica basada sobre la introspección individual.

136   "Es claro que no pueden ser evidentes las más de las percepciones de estados psíquicos, pues que éstos son percibidos localizados corporalmente. Percibo que la angustia me oprime la garganta, que el dolor me taladra el diente, que la pena me roe el corazón, exactamente en el mismo sentido en que percibo que el viento sacude los árboles, que esta caja es cuadrada y de color pardo, etc. En el presente caso coexisten con las percepciones internas otras externas" (Cfr., Husserl, E. *Investigaciones...*, op. cit., p. 770)

137   De esta manera Brentano sigue evidentemente el discurso cartesiano.

138   Husserl, E., *Investigaciones...*, op. cit., p. 771.

Como se sabe, parte de las *Investigaciones Lógicas* está dirigida a la crítica del psicologismo brentaniano, sobre todo en su pretensión de fundar la psicología a partir de un análisis interior que difícilmente puede distinguirse de una lectura introspectiva, así como había pasado también en la obra de Dilthey. Por dicha razón, el reproche más duro que Husserl hace a su maestro se refiere justamente a su método empírico, es decir al querer partir de hechos individuales para determinar los principios psicológicos básicos.

El método fenomenológico que Husserl introduce en dicho libro representa en cambio una propuesta novedosa y diferente. De hecho, este autor invita a ir en la dirección contraria, es decir hacia las esencias (*eidos*) que emergen de forma espontánea del análisis reflexivo de los mismos hechos, físicos o psíquicos que los digamos. En este sentido Husserl no se cuestiona la falibilidad de la percepción externa, como hizo Brentano, sino sostiene su lugar fundamental en toda experiencia, real o posible:

> Cuando se percibe un objeto externo (la casa), *en esta* percepción son vividas las sensaciones presentantes, pero no percibidas. Si nos engañamos sobre la existencia de la casa, no nos engañamos sobre la existencia de los contenidos sensibles vividos, sencillamente porque no juzgamos sobre ellos, o no lo percibimos en esta percepción. [...] Puedo dudar que exista un objeto externo, o que sea exacta percepción alguna referente a tal objeto; pero no puedo dudar del *contenido sensible* de la percepción *vivido* en cada caso – naturalmente, siempre que <<reflexione>> sobre él y lo *intuya* simplemente *como lo que es*[139].

Con estas palabras Husserl quiere acercar el lector al método de la *epojé*, que será luego profundizado en *Ideas*, invitando a todo filósofo

---

139   *Ibid.*, p. 773.

a que haga abstracción de la vida, de lo que se conoce como existente y no existente, para llegar a ponerse en relación con un mundo de puros fenómenos.

A pesar de presentarse como un acto sumamente reflexivo[140], que continua en la rienda de la que llamamos "filosofía de la reflexión", la epojé fenomenológica se caracteriza por una tendencia particularmente novedosa, que más que hacernos pensar en un regreso al escepticismo, se caracteriza por el amplio poder explicativo que conlleva. Más en detalle, podemos hablar de tres aspectos novedosos que sobresalen de dicha "puesta entre paréntesis". El primero: la epojé husserliana evita sobreponer una interpretación o significación subjetiva a un fenómeno, poniendo fuera de juego las debilidades del psicologismo y del naturalismo. De esta forma, además, Husserl busca encontrar un punto medio entre la condición demasiado abstracta y distante de la introspección psicológica –que reduce a un objeto "muerto" los fenómenos psíquicos, para poderlos observar– y la percepción interior introducida por Brentano, que era demasiado incierta porque dependiente de factores subjetivos.

El segundo aspecto es el hecho de que, a diferencia del escepticismo clásico y también de la duda cartesiana[141], la reducción fenomenológica lleva al puro fenómeno sin excluir la existencia del mundo; el horizonte en el cual se mueve la fenomenología nace del mismo contacto con el mundo y la evidencia de que dicho contacto se lleva a cabo no es menos clara y distinta de la evidencia de las esencias que emergen de la reflexión dirigida a los mismos actos intencionales.

---

140   Para este punto véase Ideas (cfr. Husserl, E., *Ideas relativas a una fenomenología pura y una filosofía fenomenológica. Libro primero* (trad. de José Gaos), FCE, México, 1997, cap.77, p. 172). En este caso, Husserl parece recriminar a Descartes (Cfr. también, Husserl, E., *Investigaciones...*, op. cit., V investigación, cap. 6, p. 483), el hecho de no haber llevado el *cogito* hasta la reducción a una conciencia pura, moviéndose siempre en el ámbito de un yo empírico reducido.

141   Husserl subraya con determinación las diferencias esenciales entre la duda metódica cartesiana y la epojé fenomenológica en Ideas (cfr. op. cit., véase nota 33).

Consecuentemente, un tercer aspecto que justifica y hace de la reducción fenomenológica un método plenamente practicable, es el hecho de que la intuición categorial, que es el objetivo de la reducción, permite hablar de las cosas mismas también en aquel ámbito sumamente complejo representado por los actos de percepción.

Para explicar este último punto se tiene que tomar en cuenta, más en el detalle, el origen de la que hemos definido "filosofía de la reflexión". Con Descartes y Kant el discurso filosófico había puesto al centro de su interés la relación entre sujeto y objeto, en donde el acto reflexivo se volvía el único garante de la verdad filosófica, mediante la reducción de todo fenómeno psíquico a una representación producida por el intelecto[142]. Fue Locke, quien introdujo el primado epistemológico de la *reflection*, mientras Kant, después de unos años, fundó el conocimiento en el equilibrio entre dos facultades, la imaginación y el intelecto, y finalmente agregó a su discurso un elemento deducido, el yo pienso, que propiamente lleva a cabo la síntesis del conocimiento. De este quedaban distinguidos, pero en relación, el sentimiento y la volición.

Si la reflexión kantiana había determinado el conocimiento como el resultado de la actividad por la cual las categorías subjetivas y universales daban forma espontáneamente a una multiplicidad percibida, con Husserl se supera finalmente la distinción tradicional entre sensación y entendimiento. En efecto, este autor, como dice Levinas, "para distinguir la sensibilidad del entendimiento, no parte de una metafísica o de una antropología ingenuas, sino del sentido intrínseco de la vida sensible o categorial misma. Los objetos sensibles se dan de una manera directa, se constituyen <<*in schlichter Weise*>>"[143].

---

142   "La verdad y la apariencia no están en el objeto, en la medida en que es intuido, sino en los juicios sobre el mismo, en la medida en que es pensado" (Kant, E., *Critica de la Razón Pura*, obra cit. B, 87).

143   Levinas, E., *La teoría fenomenológica de la intuición*, Epidermis ed., México, op. cit., p. 108.

Para entender mejor este discurso, es necesario recordar el significado de la fenomenología para Husserl. Según este autor, la verdadera posibilidad de renovación de la filosofía debe buscarse en la naturaleza peculiar de esta disciplina, la cual no es propiamente empírica como otras disciplinas, porque se dirige a la producción de afirmaciones universales y al mismo tiempo no es reductible a una mera ontología formal, porque el mundo material, de las cosas y de la vida, es lo que atrae su mirada.

Por esta razón, la filosofía puede existir solo como ontología material, es decir una disciplina *a priori* material[144], en donde su objetivo principal es representado por la determinación de las estructuras y los vínculos esenciales mediante los cuales la conciencia se dirige al mundo. Por lo tanto, la naturaleza específica de la fenomenología, a la cual además Husserl confiere el valor de filosofía primera, consiste en que, a diferencia de las ciencias formales, como la geometría, el horizonte material en el cual la primera se mueve no es comparable para nada al mundo de los entes ideales que se encuentran en la segunda, que no pueden ser reducidos a la totalidad de las representaciones sensibles que se pueden tener[145].

Por esta razón, la experiencia perceptiva asume en Husserl un valor central y novedoso respecto a la teoría empirista. Las manifestaciones sensibles del mundo se dan en una continuidad de experiencias perceptivas donde el ¿cómo? un objeto se presenta debe ser totalmente distinto del ¿qué? se presenta. Yo percibo solo una parte de una casa (la fachada y parte del techo) pero lo que veo es una casa, es decir un todo. Para Husserl existe una actividad sintética de la conciencia, que ahonda en la naturaleza temporal de la misma, que permite unir

---

144 Civita, A., *Filosofía…*, op. cit., p. 402.

145 Es decir, el triángulo concreto, dibujado en el pizarrón, no puede ser de ninguna manera comparable al objeto ideal "triangulo" que representa una figura geométrica construida por un sistema deductivo a partir de un numero finito de axiomas y postulados.

las experiencias perceptivas presentes con las pasadas –que son retenidas– y las futuras –que son esperadas.

Por esta razón, también, es igualmente equivocado quitar a la filosofía la posibilidad de lograr el lugar de una disciplina apriorística, aunque no sea ni matemática ni formal. La respuesta de Husserl es la siguiente: a diferencia de la geometría, la fenomenología no se ocupará de entes ideales sino de las cosas mismas. Consideramos, antes que todo, la vida sensible. Esta, así como la entiende Husserl y en total desacuerdo con Descartes, se da de una forma muy específica, irreductible a cualquiera reflexión intelectual: «En la percepción sensible, la cosa nos aparece de un solo golpe, desde que nuestra mirada se fija en ella»[146].

A esta idea se agrega un aspecto más. Szilasi dice que Husserl nos enseña que "lo percibido sensorialmente se encuentra impregnado por elementos intuidos categorialmente"[147]. Esta concepción –es decir que no hay ruptura epistemológica entre actos categoriales e intuiciones– abre un punto muy delicado de la crítica del conocimiento. Hasta entonces, la teoría kantiana había sido la postura más relevante en las críticas al empirismo asociacionista, con su reducción genética del pensamiento al acto de percibir. Para Husserl, que corta de una vez la separación entre empirismo y racionalismo y que está interesado en cuestiones al mismo tiempo de fundamentación y genéticas –es decir de *construcción* del conocimiento– "no existen formas categoriales que [...] se impongan a los datos sensibles"[148], sino solo categorías que se intuyen directamente en el mismo acto de percibir los objetos. Intuición sensible y categorial forman una unidad y no es posible considerarlas aisladas o de cualquier forma

------

146   Husserl, E., *Investigaciones...*, Sexta inv., op. cit., § 46, p. 147 (Husserliana--XIX/2, p. 675).

147   Szilasi, W., *Introducción a la fenomenología de Husserl*, Amorrurtu editores, Buenos Aires, 1973, p. 48.

148   *Ibid.*, p. 49.

independientes. Como, de renovada cuenta, sostiene Szilasi, "nadie ha tenido jamás una impresión sensible aislada, y tampoco una percepción aislada. Lo que la descripción encuentra primariamente es un estado de cosas (*Sachverhalte*)"[149].

Con estas convicciones, frente a la distinción kantiana entre sensibilidad e intelecto, materia y forma, que requerían de un yo reflexivo unificador, Husserl prefiere investigar la relación inseparable entre sensibilidad y entendimiento[150] que se da toda vez que miramos hacia el mundo. De esta forma, no se dirige a las condiciones de posibilidad de la experiencia, sino a "la revelación del sentido del ente, tal como se constituye con anterioridad a la labor predicativa de la ciencia"[151].

El hecho de que la investigación fenomenológica sea posible, según Husserl es debido a la conformación especifica de los actos intencionales que como rayos se dirigen al mundo y hacia los cuales mira el fenomenólogo mediante la epojé. Si los juicios de la filosofía se dirigen al mundo de los entes percibidos y al mismo tiempo pueden aspirar a tener el valor de universalidad, esto es porque entre las varias categorías de juicios dirigidos al mundo existen unos que se enfrentan con la imposibilidad de ser traducidos en símbolos matemáticos –mediante una formalización lógica– y que igualmente pueden aspirar a la misma evidencia y universalidad de los juicios lógicos que Husserl llama analítico-formales.

Si dirigiéndome a una casa percibida, digo que el techo y las paredes son condiciones necesarias para la existencia de toda la casa, esta afirmación se puede formalizar sustituyendo los elementos materiales en una frase de un valor universal y necesario como: "la existencia del entero G ($a, b, c..$) incluye la existencia de sus partes $a, b, c, etc.$" Por otro lado, no puedo decir lo mismo de la frase "el color rojo que percibo

---

149   *Ibid.*, p. 65.

150   Husserl, E., *Investigaciones….*, op. cit., p. 19.

151   Villoro, L., *Estudios sobre Husserl*, UNAM, México, 1975, p. 106.

presupone la pared sobre la cual está pintado" en donde los aspectos materiales no pueden ser substituidos sin perder la verdad del juicio.

Sobre este tipo de juicios, que se pueden llamar analítico-materiales y que no se pueden formalizar, se dirigirá la labor descriptiva del fenomenólogo, el cual no buscará una verdad cognoscitiva a partir de la recopilación de hechos desconectados, sino irá siempre y solo hacía las cosas mismas. Si la fenomenología es una ciencia eidética, según Husserl se debe a que las únicas esencias verdaderas son materiales, es decir presentes "de carne y hueso" para la conciencia. Cuando a partir de la percepción de ese árbol ahí, yo pienso en el significado "árbol", el sentido que se genera no debe su razón de ser en una abstracción, porque la significación intencionante es totalmente distinguible de la intuición correspondiente. Yo no veo un árbol en general, sino justo aquel árbol ahí me confirma el significado "árbol". Diferente sería en cambio, si a partir del mismo árbol, yo lo pensara como "algo en general". Según Husserl esta última formalización sería especifica de las ciencias analítico-formales, como la matemática, la lógica, la geometría, etc. Es por esta razón que la fenomenología es una ciencia *a priori* material, que logra producir juicios universales, aunque su dirección sea el mundo contingente de los entes percibidos.

Esta consideración nos permite entender el significado específico de la epojé fenomenológica, la cual alcanza aquel cambio de ruta que hace emerger en una luz puramente fenoménica el ente y que la mirada diáfana del fenomenólogo puede alcanzar. Entre fenómenos psíquicos y físicos no hay diferencia porque ambos caen en el horizonte temático de la conciencia que por su naturaleza está orientada al fenómeno y para la cual este se encuentra siempre internamente estructurado.

Para profundizar más en la relación entre conciencia y mundo, es necesario recordar otro elemento central de la obra de Husserl, es decir la teoría de la significación presente en *Investigaciones Lógicas*. Husserl aclara que la percepción (o presentación, *Gegenwärtigung* en la terminología de *Ideas*) y la imaginación (incluida en los actos de presentificación, *Vergegenwärtigungen*) tienen la misma función en la actividad intencional de la conciencia, es decir la de "rellenar" (*Erfüllung*) el sentido al cual la intención significativa se dirige. Si la significación es solo un dirigirse vacío, un apuntar al mundo, la intuición sensible, y sobre todo la percepción, nos permite alcanzar un sentido "lleno" o "completo" (*Fülle*) de la objetividad. La percepción es "un acto intuitivo privilegiado", que nos ofrece el ser y se caracteriza por el hecho de tener delante de sí a su objeto <<en carne y hueso>> (*leibhaftig*).

En la *Sexta investigación*, la relación entre sentido ideal y *realización* mediante un acto intuitivo lleva el discurso de Husserl a entender la percepción no solo como un acto dirigido a una multitud sensible caótica y sin sentido, como en Kant, sino como un acto intuitivo dirigido a una datidad ya internamente estructurada. Sin embargo, esto no significa que en Husserl lo sensible fundamenta y pone las reglas de su intelección en un sentido empirista. Sino que todo acto intelectivo es simplemente fundado, es de segundo grado respecto al simple acto intuitivo.

> Essi non sono fondati soltanto per il fatto che si dirigono sugli oggetti degli atti fondanti; ma anche perché intanto possono operare la messa in forma categoriale, in quanto i dati percettivi già recano in sé, in modo implicito, le forme categoriali stesse. *In modo implicito* non significa che attraverso l'analisi del dato percettivo sia possibile reperire l'elemento categoriale, questo sarebbe assurdo: ma solo che con l'oggetto percettivo è data la possibilità, attraverso atti fondati, di portare questo elemento alla chiarezza intuitiva[152].

---

152   "Esos actos [los actos de segundo grado, n.d.t.] no están fundados solo por el hecho de que se dirigen a los objetos de los actos fundantes; sino también porque mientras tanto pueden operar la "puesta en forma" categorial, ya que los datos perceptivos ya llevan dentro de sí, de manera implícita, las mismas formas categoriales.

En el Husserl de las *Investigaciones*, entonces, el intelecto no crea el orden a partir de un material caótico, como en Kant, sino simplemente lo explicita, "construyendo objetos suprasensibles a partir de un universo perceptivo que tiene ya en sí mismo la posibilidad de dicha estructuración intelectual"[153].

Lo mismo pasaría en aquel momento epistemológico que hemos definido *realización* (Erfüllung) y que podríamos decir también *cumplimiento*, es decir cuando la intención significativa se "llena" en el encuentro perceptivo con el objeto "de carne y hueso". El acto intencional que nos da el "objeto mismo" en la intuición, se puede considerar como un acto fundante y primario, mientras el objeto intelectivo, suprasensible, se constituye a partir de actos secundarios y fundados, en donde el mismo *cumplimiento* es el resultado.

> Alla domanda che chiede che cosa voglia dire il fatto che i significati categorialmente fondati trovano un riempimento, che essi si confermano nella percezione, possiamo dare soltanto questa risposta: ciò non vuol dire altro se non che essi sono riferiti all'oggetto stesso nella sua messa in forma categoriale. L'oggetto con queste forme categoriali non è qui unicamente intenzionato, come nel caso in cui i significati hanno una funzione puramente simbolica, ma esso è posto di fronte ai nostri occhi in queste stesse forme; in altri termini, esso non è soltanto pensato, ma appunto intuito o percepito[154].

De manera implícita no significa que mediante el análisis del acto perceptivo sea posible encontrar el elemento categorial, eso sería absurdo: sino que con el objeto perceptivo está dada la posibilidad, a través de actos fundantes, de llevar este elemento a la clareza intuitiva". (cfr., Civita, A., *Filosofía...* op. cit., p. 429).

153   *Ibid.*, p. 430.

154   "A la pregunta sobre el significado de la afirmación que <<los significados categorialmente fundados encuentran un cumplimiento>>, que <<se confirman en la percepción>>, podemos dar solo esta respuesta: eso significa que aquellos son referidos al objeto mismo en su puesta en forma categorial. El objeto con estas formas categoriales aquí no solo es intencionado, como en el caso en donde los significados tienen

Este pasaje se llevaría a cabo justamente gracias a la intuición categorial que ya estaría presente en el nivel de la percepción y que sin embargo necesitaría de la explicitación, o "puesta en forma" (*Formung*) por parte de un acto intelectivo secundario y fundado, para volverse objeto de conocimiento. De hecho, Husserl llamará "intuición categorial" justamente a dichos actos fundados, pero se alejará de la teoría kantiana subrayando el carácter fundado de estos últimos.

Si se analiza en profundidad los dos tipos de actos –fundantes y fundados–, estos están vinculados con el elemento principal de la conciencia, es decir la intencionalidad. Este tema encuentra su primer desarrollo detallado justamente en la *Sexta investigación*, en donde Husserl parte de la reflexión brentaniana según la cual la conciencia es siempre conciencia de algo, es decir que habrá siempre en ella un objeto en el cual se explicita mediante una peculiar referencia intencional. Sin embargo, es durante las lecciones que Husserl dedica a la conciencia interna del tiempo, entre 1904 y 1905, en donde se introduce un estudio sumamente clarificador de la relación entre conciencia y mundo, sobre todo a partir de aquel acto intuitivo, que en *Ideas* sufrirá una drástica reducción al yo puro de la conciencia.

En este trabajo, Husserl nos describe una conciencia que es principalmente una corriente que se constituye en el tiempo[155]. Al mismo tiempo nos dice también que toda vivencia es consciente (Levinas, p. 65), es decir que pre-existe también una conciencia ya constituida en el tiempo y que fundamenta y "realiza" todo contenido intencional.

Estos dos aspectos, que a primera vista parecen opuestos, se vuelven conciliables en el programa fenomenológico a partir de su más profunda esencia, es decir la intencionalidad de la conciencia. Es esta lo que define a la conciencia como corriente consciente y unidad de

---

una función meramente simbólica, sino aquel es puesto frente a nuestros ojos en esas mismas formas;, en pocas palabras, aquel no solo es pensado sino también intuido, percibido" (citado en Civita, op. cit., p. 334).

155   Husserl, E., *Ideas*, op. cit., §81, p. 163.

una conciencia[156]. De esta manera, introduciendo la idea de una conciencia constituyente y constituida al mismo tiempo, Husserl habla de un sujeto que está en el mundo no solo como yo puro y teórico, sino también como yo empírico determinado. Es imposible llegar a una lectura positiva de la fenomenología si no se acepta que la relación entre los dos yoes, teorético y psicológico, propuesta por Husserl, no puede ser reducida a cualquier de las dos polaridades, y menos a la primera que desde los primeros momentos de la fenomenología parece atraer mayormente el interés de los estudiosos del filósofo moravo.

Con relación al concepto de intencionalidad, es necesario agregar una consideración histórica. A pesar de la distancia entre la noción substancialista cartesiana y la idea de intencionalidad que encontramos en Husserl, la visión de este último se encuentra en continuidad con la concepción del filósofo de la Haye el cual considera que la naturaleza específica del alma es el "cogitare", es decir tener ideas. Sin embargo, toda idea, que tanto para Descartes como para Locke no podría darse sin un correspondiente "estar consciente de", está presente en el pensamiento según un grado diferente de claridad y distinción dependiendo del acto reflexivo que se dirige a aquella.

Por su parte, si bien es un hecho de que Husserl retoma estas nociones, pasando justamente por Brentano, la naturaleza de la intencionalidad, considerada «un acto de auténtica trascendencia y el prototipo mismo de toda trascendencia»[157], modifica la manera de entender tanto la actividad de pensar como la noción de conciencia. El carácter novedoso de la teoría husserliana de la intencionalidad está en que, para él, esta última no es un mero puente entre sujeto y objeto, como una propiedad o posibilidad más de la conciencia de poderse salir de sí misma e ir hacia un mundo objetivamente existente. Como dice Szilasi, "Husserl rechaza la determinación esencial

---

156   *Ibid.*, cap. 84, p. 168.

157   Levinas, E., *La teoría…*, op. cit., p. 68.

cartesiana de la conciencia como *cogitatio*, con el argumento de que tal definición es incompleta, pues es preciso hacer visible la unidad de *cogito* y *cogitatum*. Esto quiere decir que la nota esencial de la conciencia no es el *cogito*, sino la intencionalidad"[158].

Si la conciencia no es un puente entre sujeto y objeto, es porque la intencionalidad, y no el pensar en general, es su única forma de ser[159], es decir caracteriza «el modo mismo de existir de la conciencia»[160]. En pocas palabras, es su esencia y no podría existir de otra forma. Por otra parte, el discurso husserliano sobre la conciencia gravita alrededor de la noción de sentido. El acto intencional está unido a su objeto intencional, de una forma sumamente intrínseca, porque el ¿cómo? de la referencia intencional determina la naturaleza misma del objeto intencional, que Husserl llama *calidad* del acto.

Esta concepción nos permite superar finalmente la idea de una conciencia substancialista, y logra también mostrar que el sujeto no existe ya anímicamente para luego relacionarse con los objetos, sino que está siempre y solo relacionado con un mundo de objetos intencionales trascendentes.

En el ciclo de lecciones del 1907 publicado con el título de *Ding und Raum* Husserl subraya, refiriéndose en lo específico a la percepción, el hecho de que "el rojo sentido es un momento efectivo de la misma percepción. Esta contiene el momento rojo, pero no es roja; rojo no es una "propiedad", no es una nota característica de la cosa percibida. La percepción, entonces, nunca puede ser definida como cosa"[161]. Lo mismo se puede decir de cualquier otro acto intencional que, como sabemos, caracteriza toda actividad de la conciencia, que sea perceptiva, intelectiva, imaginativa, etc. Todos estos actos no son para Husserl

---

158   Szilasi, W., *Introduccion….*, op. cit., p. 41.

159   Ídem.

160   Levinas, E., op. cit., p. 69.

161   Husserl, E., *La cosa e lo spazio*, Rubbettino, Soveria Mannelli, p. 53 (traducción al español del autor).

"algo", sin embargo, determinan el sentido de la referencia mediante la cual se constituye en su especificidad todo objeto intencional.

El yo, por otro lado, se define como trascendencia, y está sumamente determinado por su relación intencional con el mundo fenoménico.

El interés de la concepción husserliana consiste en haber puesto en el corazón mismo de la conciencia el contacto con el mundo[162]. Poner el punto sobre la intencionalidad de la conciencia significa, entonces, tratar de superar la distinción conceptual entre mundo objetivo y sujeto, introducida por Descartes, buscando en cambio una teoría unificadora alrededor del concepto de fenómeno.

En sus *Lecciones sobre la conciencia interna del tiempo*, Husserl logró describir una conciencia que se encuentra caracterizada como corriente que se constituye en el tiempo, durante las percepciones continuadas de los fenómenos auditivos –que este autor toma como ejemplo– y como ya constituida en un sentido general en calidad de principio ordenador de las mismas percepciones.

Este tema regresa en las conocidas lecciones sobre las síntesis pasivas y finalmente en una parte central de las *Meditaciones Cartesianas*[163], cuando Husserl dice: "El modo de enlace que unifica conciencia con conciencia puede caracterizarse como *síntesis*, en cuanto exclusivamente propio de la conciencia[164]".

Este libro, elaborado por Eugene Fink a partir de conferencias que Husserl dio en París en la Sorbona, representa uno de los materiales más importantes para aquella lectura muy peculiar de la fenomenología que se desarrolla en Francia con Levinas, Sartre y por supuesto Merleau-Ponty.

Husserl reitera el carácter específicamente sintético de la conciencia en varias partes del texto, sobre todo refiriéndose al acto perceptivo,

---

162   Ibídem, p. 71.

163   De particular importancia son los trabajos incluidos en el tomo XI de la Husserliana (Cfr. Husserl, E., *Analyzen zur passiven Synthese* (1918-1926), Nijhoff, La Haya, 1966).

164   Husserl, E., *Meditaciones Cartesianas*, Ediciones Paulinas, Madrid, 1979, p. 85.

aunque este último no agote para este autor aquel "cogito universal" que "abraza en sí de manera sintética toda vivencia particular que en cada caso se destaque en la conciencia"[165].

Como ya dijimos, desde sus *Investigaciones*, la atención de Husserl se dirijo hacia la aclaración de la forma en la cual la intuición en general, como presentación, participaba al conocimiento y a lo que sabemos del mundo. Este tema, profundizado en sus clases de los primeros años del novecientos había llevado a la conocida descripción de la "cosa" que Husserl reintroduce en sus *Meditaciones*, es decir a partir del concepto de *Abschattungen*, escorzos o variantes fenoménicas, que conforman los diferentes puntos de vista o perspectivas con las cuales todo objeto perceptivo nos aparece.

> Si, por ejemplo, tomo como tema de la descripción la percepción de este cubo, veo en la reflexión pura que *este* cubo es dado de manera continua como unidad objetiva en una multiplicidad mudable y multiforme de modos de aparición que le pertenecen de determinada manera [...]. El cubo, el cubo uno e idéntico, aparece ora en apariciones lejanas, en los cambiantes modos del *ahí* y el *allí* [...] aparece ora de este *lado*, ora de aquel[166].

La relación entre conciencia y estos escorzos es muy peculiar: "Estos modos de aparición, en su transcurrir, no son una mera sucesión inconexa de vivencias; transcurren, por el contrario, en la unidad de una síntesis, gracias a la cual llega a ser consciente siempre una y la misma cosa como lo que aparece en ello[167]".

Por tanto, la conciencia perceptiva proporciona la unidad del *perceptum*, que además hay que diferenciar de una conciencia sintética

---

165   Husserl E., *Meditaciones Cartesianas*, op. cit., p. 89.

166   *Ibid.*, p. 85.

167   Ídem.

de identidad, la cual no tiene como correlato la cosa misma o el *per-ceptum*, sino "pertenece a un estrato superior, y ciertamente al estrato específico del pensar[168]".

Dentro de este tema se destaca además la manera en la cual la conciencia perceptiva lleva a cabo la unidad sintética del objeto, es decir a partir de su específica constitución temporal.

> La conciencia de unidad que se constituye en el desenvolverse de la percepción es una inmediata fusión de fases no-independientes que no se yuxtaponen para dar la materia de una síntesis de identificación, sino que se substituyen unas a otras en una coincidencia continua según sucesión de las posiciones temporales. [...] En la vivencia perceptiva, las fases intuitivas, en cuanto representaciones puntuales, están unas con otras en una relación de fusión inmediata, que se procesa según la forma de la conciencia del tempo, y producen así [...] un acto uno y único en que las fases parciales se depositan y substituyen unas a otras, produciéndose como unidad temporal que va a lo largo de las fases siguientes y cuyo correlato es la continuada donación de algo como siendo lo mismo[169].

La peculiaridad de la conciencia perceptiva, por tanto, es su fusión con la conciencia interna del tiempo, en donde al proceso de síntesis del *perceptum* está conectado con la intuición del tiempo.

> [...] cada fase de una intuición del tiempo representa una fase objetiva. La intuición temporal total representa, entonces, el objeto

---

168   << [...] *das identitatbewusstein* [...], *das zur hoheren Stufe gehort, und zwar zu dem spezifischen* <<*denken*>> >> (cfr. Husserliana XXIV, *Einleitung in die Logik und Erkenntnistheorie. Vorlesungen 1906/07.* Publicado por Ullrich Melle, The Hague, Netherlands, 1985, p. 279).

169   Alves, P. M. S., *Fenomenología del tiempo y de la percepción*, Biblioteca Nueva, Madrid, 2010, p. 216.

temporalmente extendido en su todo, por ejemplo, la duración de
un sonido en oposición al punto sonoro. Pero esta complexión es
precisamente fusión, cuyos componentes elementales se destacan
apenas por medio de análisis y abstracción y carecen de toda
independencia y, por consiguiente, de concreción[170].

Así como en los escorzos de la percepción, el objeto aparece siempre
en una "paradójica unidad fluyente de lo presente con lo ausente", lo
mismo pasa en la fusión entre presente y pasado que caracteriza la
intuición del tiempo inmanente, en donde el recuerdo tiene la importante función de constante re-presentación no solo del objeto pasado
sino y sobre todo de la conciencia pasada de un objeto.

Esta referencia a la relación entre lo presente y lo ausente, nos
introduce a un aspecto más, que representa un tema que cobrará importancia en la obra de Merleau-Ponty, es decir la potencialidad de
la vida intencional de la conciencia perceptiva.

Husserl dedica un capítulo importante en su Segunda Meditación,
titulado *Actualidad y potencialidad de la vida intencional*, a este argumento.
"Toda actualidad implica sus potencialidades – nos dice – las cuales no
son posibilidades vacías, sino más bien posibilidades intencionalmente
predelineadas respecto de su contenido en la misma vivencia actual
correspondiente, y además provistas del carácter de posibilidades que
han de ser realizadas por el yo"[171].

De esta manera, en cada momento perceptivo, se abriría un campo
u horizonte intencional en donde "a toda percepción exterior pertenece
la referencia desde los lados efectivamente *percibidos* del objeto de
percepción a los *co-mentados*, todavía no percibidos, sino totalmente
anticipados a modo de expectativa"[172].

---

170   Husserl, E., Husserliana XXIV, *Einleitung in die Logik…, op. cit.,* p. 279.

171   Husserl, E., *Meditaciones…, op. cit.,* p. 90.

172   *Ibid.,* p. 91.

Además, la descrita potencialidad de la conciencia intencional no es solo una característica del acto perceptivo, aunque Husserl haga mayor hincapié sobre este aspecto. El sujeto en general, en su vida práctica, realiza hipótesis sobre sus acciones, sobre "un <<yo puedo>> y <<yo hago>>, o bien un <<yo puedo hacer otra cosa que la que hago>>"[173]. La importancia de esta característica potencial de la intencionalidad cobrará, como veremos, un significado decisivo en la obra de Merleau-Ponty. Lo que aquí nos interesa subrayar es el hecho de que con la introducción de los horizontes intencionales Husserl describe una conciencia que se encuentra en una relación de "apertura" con el mundo, en donde "este <<dejar-abiertas>>, antes de las efectivas determinaciones, más precisas, que quizás jamás lleguen a tener lugar, es un momento incluido a la conciencia misma del caso y es precisamente lo que constituye el *horizonte*"[174].

La temática que hemos venido exponiendo nos aclara finalmente el concepto de conciencia del cual partirá Merleau-Ponty en sus primeros libros.

A pesar del inevitable idealismo hacia el cual llevan algunas obras de Husserl, sobre todo *Ideas* I, algunos planteamientos de *Ideas* II y partes de las *Meditaciones Cartesianas*, es evidente que la cuestión de la conciencia perceptiva y de la relación entre mente y mundo –las cuales regresan continuamente en los cursos de este filósofo– abren a nuevas problemáticas y a cuestiones que Husserl a menudo considera particularmente difíciles.

Sin el afán de ahondar más en estos temas, nuestra descripción ha tratado de evidenciar las dos perspectivas centrales de la investigación fenomenológica sobre la conciencia, que además resultan internamente conectadas: la perspectiva trascendental, en la cual resalta el concepto de intencionalidad de la conciencia y la perspectiva genética, en

---

173   Ídem.

174   *Ibid.*, p. 92.

donde en cambio se resalta el "poder" sintético de la conciencia en su naturaleza específicamente temporal.

Existe, sin embargo, otro punto que nos interesa tratar. En sus últimas investigaciones Husserl buscará superar el solipsismo al cual lo había llevado el concepto de conciencia constituyente, abriendo la posibilidad de un estudio de aquella actitud natural que, desde los inicios de la fenomenología, como sabemos, se había puesto entre paréntesis. Vamos a ver cómo se lleva a cabo este cambio decisivo en la obra del filósofo alemán.

El problema del solipsismo y el nexo entre conciencia y mundo en el último Husserl

La fenomenología de Husserl fue objeto de diferentes críticas, entre las cuales estaba un supuesto regreso a la filosofía trascendental kantiana. Además, al padre de la fenomenología se le objetaba el hecho de haber introducido con su concepto de *eidos*, un nuevo idealismo en donde la conciencia teorética se volvía único y verdadero centro y garante de todo conocimiento posible.

Este problema, que en general se puede definir como "la cuestión del solipsismo", representó para Husserl una verdadera montaña con la cual se enfrentó numerosas veces en sus últimos trabajos. El problema puede ser entendido de esta forma: si se entiende la conciencia como polo egológico "constituyente", ¿no es correcto decir que todo acto intencional, que la conciencia lleva a cabo, representa la condición no solo de posibilidad sino empírica, factual, de la objetividad en general? En pocas palabras, ¿hasta que punto el sentido que aparece en la relación con el mundo, no es encontrado sino construido, creado?

Esta cuestión, que recuerda aquella que se había generado alrededor de la primera edición de la *Critica de la Razón Pura* kantiana sobre la "intuición intelectual", lograba problematizarse aún más si en el ámbito de los entes, entendidos en un sentido general como objetos de intelección, se introducía aquel universo de los sujetos que constituyen interrelaciones personales entre sí.

Este tema, encuentra su principal desarrollo en la quinta de sus *Meditaciones Cartesianas*. Como vimos, en el sistema husserliano la epojé fenomenológica es aquel acto de despojamiento de todas certezas sobre la realidad y existencia del mundo objetivo que, familiar a la duda cartesiana, hace emerger la única certeza apodíctica, es decir aquel Ego Trascendental que no puede ser reducido de ninguna manera a sus contenidos intencionales.

En sus conferencias en la Sorbona, Husserl reconoce el origen de aquella fundación metodológica de la fenomenología que es conocida como reducción justamente en las *Meditaciones Metafísicas* de Descartes. En los apuntes de dichas conferencias, inicialmente publicados en español como "Lecciones de Paris"[175], Husserl está ya consciente que el ego trascendental que emerge en la epojé se convierte en lo único que hay, es decir un *solus ipse*, y solo del cual se puede predicar la existencia y una certeza apodíctica.

Por lo tanto, frente al ego que emerge de esta reflexión, se vuelve difícil o imposible encontrar una certeza similar de la existencia del mundo y menos del otro que está frente de mí. De esta forma, no hay manera que la alteridad pueda ser entendida afuera de aquellas coordenadas interpretativas que finalmente son propias del ego mismo. Lo que esta situación introduce, es la dificultad de superar la inmanencia del ego trascendental para poder llegar a una filosofía que tenga en cuenta a la alteridad, sin afectar, contemporáneamente, la teoría de la intencionalidad de la conciencia, verdadero pilar de las contribuciones de la fenomenología de *Ideas*. Además, este problema pone en tela de juicio las posibilidades de alcances mismos de la misma fenomenología.

---

175   A esta edición faltará la Quinta meditación que en cambio será publicada junto con las otras cuatro en las conocidas *Meditaciones Cartesianas* (cfr. op. cit.).

La respuesta de Husserl se articula en dos momentos fundamentales: la ya citada quinta meditación y la serie de conferencias que fueron publicadas posteriormente bajo el título de *"Die Krisis der europaeischen Wissenschaften und die transzendentale Phaenomenologie"*[176].

En el primer trabajo, Husserl no logra superar el *impasse* al cual lo había dirigido su fenomenología trascendental. Porque a la pregunta: ¿Qué pasa con los otros egos? la respuesta debería siempre y todavía pasar por la inmanencia del ego. De hecho, en una descripción de los pasos fundamentales de su investigación este autor parte de sus últimas especulaciones, en las cuales quedaba claro que "todo sentido que algún ser tiene y puede tener para mí, tanto según su <<que>>, como según su <<es y es en realidad>>, es un sentido *en* o bien *desde* mi vida intencional, desde las síntesis constitutivas de esa vida"[177].

Desde la perspectiva descrita, una reflexión sobre la alteridad en general (el objeto tomado en su <<que>>) se encontraría en graves problemas, ya que el carácter constitutivo de la conciencia intencional reconduciría cualquiera referencia al mundo exterior a una inevitable auto-referencialidad. A pesar de eso, en la quinta meditación Husserl se dirige hacia el territorio desconocido de la vida intersubjetiva. Esta elección era la consecuencia de que el mundo natural había sido objeto de interés de Husserl desde sus primeras obras, aunque dentro de una lectura reducida a sus condiciones lógico-teoréticas, que finalmente habían alcanzado la idea de "fenómeno", como principio ontológico de las primeras *Investigaciones* y después el concepto de "noema", desarrollado en *Ideas*, que había confirmado la idea de un Yo teorético absoluto y el nacimiento de la fenomenología trascendental.

El dirigirse al mundo intersubjetivo, a los otros hombres y a sus producciones culturales, por tanto, Husserl abre una tercera etapa de

---

176   Cfr., Husserl, E., *La Crisis de las Ciencias Europeas y la Fenomenología Trascendental: Introducción a la Filosofía Fenomenológica* (trad.: Jacobo Muñoz y Salvador Mas), Crítica, Barcelona, 1991.

177   *Ibid.*, p. 153.

la fenomenología, a la cual se entrega para demonstrar que la actividad del fenomenólogo no es un proceso investigativo que construye sistemas cerrados, teorías de largo alcance que se eleven arriba del fenómeno, sino es el trabajo de una búsqueda abierta y continua. Claro está, el fenomenólogo no renuncia a lo que ha ido recogiendo en su camino, sino está siempre dispuesto a poner entre paréntesis ciertos resultados para determinar si lo que se ha alcanzado en otro nivel tenga condiciones suficientes para seguir con un mismo método, o si en cambio se necesite de un estudio más profundo para determinar la naturaleza fenoménica especifica del objeto estudiado.

Además, aquí habría lugar para una reflexión más. El interés de Husserl hacia el mundo intersubjetivo, que se hace patente en su quinta meditación, representa no tanto el esfuerzo de dirigirse hacia un mundo que, por naturaleza, no se deja reducir al ego trascendental y que por esta razón representaría un verdadero problema para los resultados logrados en *Ideas*. La quinta parte de sus *Meditaciones* tenía la finalidad de reformular el sentido general de la fenomenología, dando a la investigación husserliana el carácter de una verdadera ciencia universal, es decir concluir un camino que desde el estudio genético de la cosa y la temporalidad hasta le fenomenología trascendental, pasando por la enorme cantidad de lecciones sobre la conciencia de imagen y la ética, había dejado afuera aquel mundo intersubjetivo que ahora reclamaba su atención.

Husserl tenía que dirigirse justamente a la descripción del sentido ontológico de lo extraño, siendo el mundo de la vida intersubjetiva la última región ontológica que todavía no se había puesto bajo la lupa del *Auslegung* fenomenológico y que finalmente podía permitir un verdadero trastrocamiento desde cuestiones meramente descriptivas a una región totalmente inexplorada pero que representa un horizonte cuya objetividad se impone con toda evidencia[178]. Ricoeur no se aleja

---

178 "Nada se opone, en este respecto, a que se comience en primer lugar, muy concretamente, con nuestro humano mundo circundante de la vida y con el hombre

de la verdad cuando dice que Husserl buscaba "en una filosofía de la intersubjetividad el fundamento superior de la objetividad que Descartes buscaba en la *veracitas divina*"[179].

En su quinta meditación Husserl nos invita a pensar en la posibilidad de una ontología a partir de una teoría trascendental del mundo objetivo como co-mentado, es decir de la investigación del pertenecer del "*ahí-para-cada-uno* [...] al sentido del ser del mundo"[180]. A pesar de que, como dijimos, en dicha sección, Husserl nunca logrará plenamente evidenciar la existencia de un sentido pre-dado, para dar la pauta a una ontología extra fenoménica, sino se limitará a desarrollar el tema de una "teoría trascendental de lo *extraño*"[181], aun así, el argumento objeto de la última parte de sus meditaciones representa sin duda el inicio de un proceso de problematización de las posibilidades especulativas y de los alcances de la fenomenología y será justamente el logro de una tematización fenomenológica de un universo "otro", que se asoma en dicho capítulo, lo que animará y justificará una investigación fenomenológica del *Lebenswelt* universal[182].

Profundizamos más en el *Auslegung* fenomenológico de la quinta *Meditación.* Con la finalidad de desentrañar el sentido con el cual el *otro* entra en nuestro horizonte vivencial, Husserl nos invita a realizar la conocida epojé temática y a hacer abstracción "de todas las

---

mismo en cuanto referido esencialmente a ese mundo circundante, y por ende, a que se investigue de un modo puramente intuitivo el a priori, en todas partes muy rico y jamás expuesto, de tal mundo circundante en general, tomándolo como punto de partida de una explicitación sistemática de las estructuras esenciales de la existencia humana y de los estratos del mundo que se descubren correlativamente en ella". (Cfr., Husserl, E. *Meditaciones*...., op. cit. pp. 210-211).

179   Ricoeur, P., "Étude sur les <<Méditacions cartésiennes>> de Husserl" en Revue Philosophique de Louvain. 1954, 53, 77. De hecho Ricoeur tiene el mérito de haber enseñado el significado intrínseco de la investigación husserliana sobre la intersubjetividad, es decir la finalidad de llegar a un fundamento objetivo que pudiera darse "dando la vuelta" al ego trascendental constituyente.

180   Husserl, E., *Meditaciones*...., op. cit. p. 154.

181   *Ibid.*, p. 153, cursiva nuestra.

182   Este objetivo se volverá central en *Krisis.*

efectuaciones constitutivas de la intencionalidad referida de modo inmediato o mediato a la subjetividad extraña[183]". A partir de dicho acto de "puesta entre paréntesis" este autor introduce el concepto de esfera de la propiedad (*Eigenheitssphäre*), o también "esfera primordial". En Husserl el concepto de propiedad llega a delinearse de manera dialéctica o ex-clusiva, a través del acto de epojé como "lo que pertenece *en propiedad* (*Eigenheit*) al *ego* trascendental, una vez reducido todo lo perteneciente a lo <<extraño>>"[184].

Si trato de delimitar dentro del horizonte de mi experiencia trascendental *"lo que me es propio"*[185], pasaré inicialmente por lo no extraño. Después de la descrita reducción fenomenológica, lo único que encontraré, dice Husserl, es *"un estrato unitario y coherente del fenómeno <<mundo>>"*[186] que precede cualquier sentido de experiencia, que sea de lo extraño o del mundo objetivo. Husserl considera este sustrato como <<naturaleza>> *incluida en mi propiedad* y excluida de cualquier sentido objetivo intersubjetivamente constituido.

Producida dicha reducción, finalmente el autor nos pone de frente a la evidencia de qué es lo que se queda. "Entre los cuerpos físicos de esta *naturaleza*" nos dice "y captado en mi propiedad, encuentro [...], con una preeminencia única, *mi cuerpo orgánico*, a saber como el único que no es un mero cuerpo físico, sino justamente *cuerpo orgánico*"[187].

---

183 *Ibid.*, p. 155.

184 Ibídem, nota 39 de M.A. Presas. Aquí, también vale la pena agregar el hecho de que mientras para Dilthey (Cfr. nota 7, *infra*) la creencia en el mundo exterior es el producto de una dialéctica sujeto-objeto basada sobre una relación efectiva con lo exterior, Husserl, en lugar de una dialéctica fáctica, propone la conocida epojé, dejando que el sentido de lo *otro* emerja de la exclusión de todo sentido que caiga afuera del horizonte de lo *propio*.

185 *Ibid.*, p. 158.

186 Ídem.

187 *Ibid.*, p. 159. Vale la pena recordar la crítica moderna de J.L. Nancy (Nancy, 1992) a la teoría husserliana del cuerpo como mi única y verdadera propiedad, siendo para dicho autor justamente el cuerpo "siempre del mundo", es decir propiedad del otro, como siempre totalmente entregado y expuesto al juicio y a la percepción del extraño y entonces nunca mi cuerpo proprio en el sentido husserliano. Sobre este tema Nancy

La introducción de la corporalidad, como propiedad más primordial, representa una intuición que tendrá mucho peso en la obra de
fenomenólogos sucesivos, como es el caso de Merleau-Ponty en el
cual, como veremos, se refleja mediante el concepto de mundo pre-
reflexivo y de conciencia perceptiva. A propósito, Husserl nos dice:
"El sentido de ser mundo objetivo se constituye sobre el trasfondo
de mi mundo primordial"[188].

Sin embargo, a pesar de dicho descubrimiento, las "verdaderas
dificultades"[189] siguen comprometiendo el desarrollo de la teoría
husserliana hacia una completa comprensión del mundo intersubjetivo. En efecto, si la determinación de una esfera primordial permite
introducir "el sentido de ser mundo objetivo", fundamentada en el
cuerpo orgánico (*Leib*) que yo propiamente soy, este descubrimiento
no nos dice mucho sobre el sentido de un mundo objetivo a partir
de un horizonte intersubjetivo, y sobre todo desde el punto de vista
del *otro* como ego trascendental que co-mienta el mundo. En pocas
palabras ¿qué sucede con el *otro* cuando éste llega a cobrar el sentido
de hombre? Precisamente, porque "si lo esencialmente propio del
otro fuera accesible de modo directo, entonces él sería meramente un
momento de mi propia esencia, y finalmente él mismo y yo mismo
seríamos uno y lo mismo"[190].

Con el afán de contestar a dicha pregunta, Husserl introduce el
concepto de "aprehensión analogizante" mediante la cual el cuerpo
físico del otro se apercibe como "otro cuerpo orgánico"[191]. Dicho
concepto representa un punto altamente interesante. Porque a pesar

---

introduce el neologismo *ex-peau-sition*, en el cual, dentro de la palabra "exposición"
introduce el término francés *peau* (que significa "piel") para indicar que el cuerpo, justamente en su ser piel, resulta inmediatamente *expuesto* al mundo y entonces siempre
sustraído a mi propiedad.

188   *Ibid.*, p. 172.
189   *Ibid.*, p. 174.
190   Ídem.
191   *Ibid.*, p. 177.

de ser una solución que finalmente no permite superar el problema del estatuto ontológico de la alteridad, dando la posibilidad de vislumbrar un mundo pre-fenoménico y pre-egológico, es propiamente la naturaleza pre-reflexiva de la "aprehensión analogizante" lo que caracteriza la indudable originalidad del discurso husserliano y que afectará la propuesta de Merleau-Ponty. Es decir, en su quinta meditación Husserl introduce la idea de una actividad del espíritu, anterior a todo acto del pensamiento, en la cual se da una "analogía" aunque no sea una inferencia como pasa en general en un acto de pensamiento[192]. La apercepción no es una inferencia, no es un acto de pensamiento[193].

Si nos preguntamos entonces cuál es su verdadera naturaleza, podríamos decir que, lo que Husserl admite con el concepto de aprehensión es que en la síntesis pasiva del material perceptivo, de lo que corresponde al presentarse (*Gegenwärtingung*) de lo extraño, se instaura un acto asociativo[194], mediante al cual todo lo que se refiere *originaliter* a nuestra esfera primordial, se puede predicar de forma analógica, pero siempre dentro de un horizonte apresentativo y nunca presentativo en calidad de cuerpo orgánico, como constitutivo del otro: "Ese otro cuerpo físico allí, que sin embargo es aprehendido como cuerpo orgánico, tiene que tener este sentido en virtud de una trasferencia aperceptiva a partir de mi propio cuerpo orgánico"[195].

De esta manera, a partir de dicha aprehensión analogizante, se da, según grados diferentes de experiencia y presentaciones, la apresentación, entendida como "hacer consciente como co-presente", de la

---

192 "El niño que ya ve cosas, comprende por primera vez, digamos, el sentido final de una tijeras; y desde entonces verá sin más, a la primera mirada, las tijeras como tales; pero naturalmente no lo hace mediante una reproducción explicita, ni comparando, ni llevando a cabo una inferencia"(cfr., Ídem).

193   Ídem.

194   *Ibid.*, p. 179.

195   *Ibid.*, p. 189.

esfera primordial del otro y con ello "el sentido <<otro>>". Además, "si ese cuerpo físico tiene una función apresentativa, entonces, al mismo tiempo que de ese cuerpo, yo tengo conciencia del otro"[196].

En esta apresentación, estribaría el apariamiento (*Paarung*) mediante el cual y gracias el cual el sujeto encuentra al otro como su símil, configurándolo como par y luego también como grupo y comunidad de iguales cuerpos orgánicos[197] en donde la posibilidad de mi desplazamiento corporal[198], el comportamiento[199] y la expresión de sentimientos[200], permiten ampliar la aprehensión misma, "abriendo nuevas asociaciones y nuevas posibilidades de comprensión"[201].

Aunque represente un regreso evidente a la teoría del ego trascendental y no salga de un sentido del otro solo "experimentado de modo apresentativo"[202], la quinta meditación, tematizando la constitución de la objetividad a partir de la vida "intermonádica", tiene el indudable valor de poner bajo la lupa fenomenológica un estrato de sentido que no había sido todavía cuestionado por Husserl.

Este aspecto se hace evidente sobre todo cuando este autor se dirige a los productos de la intersubjetividad que llamamos culturales, tema que acerca la experiencia de lo extraño a los planteamientos sucesivos de la hermenéutica moderna.

El interés de Husserl para la vida de intercomunización intermonadica toma un camino peculiar en el apartado 58 de las *Meditaciones*.

---

196 Ídem.

197 Lo primero que se constituye en forma de comunidad y como fundamento de todas las otras formaciones intersubjetivas de comunidad, es el ser común de la naturaleza, junto con la comunidad del cuerpo orgánico extraño y del yo psicofísico extraño en apareamiento con mi propio yo psicofísico" (cfr. ibídem).

198 *Ibid.*, p. 184.

199 "El cuerpo orgánico extraño, al ser experimentado, se anuncia realmente y de modo continuo como cuerpo orgánico únicamente en su comportamiento"(cfr., op. cit. p. 181)

200 *Ibid.*, p. 188.

201 Ídem.

202 *Ibid.*, p. 189.

Aunque el discurso parezca altamente fragmentado y finalmente tenga la forma de la mera indicación de un programa de trabajo, Husserl se dirige hacia un tema que se encuentra en íntima conexión con lo que hemos dicho de la obra de Dilthey. Husserl dice que:

> Habría que considerar [...] el problema de la constitución del mundo circundante específicamente humano, y más precisamente de un mundo circundante cultural, para toda comunidad humana, y la constitución de la clase de objetividad que le corresponde, aunque sea limitada[203].

Profundizando dicho constituirse de un mundo cultural dotado de su específica objetividad, Husserl reconoce que en la misma vida intersubjetiva emerge otro carácter distintivo. Dentro de la relación con el *extraño*, el otro constituido a partir de mi vida psicofísica; aunque Husserl no haga una referencia directa al concepto de *propiedad*, que como vimos se puede usar solo con relación al cuerpo orgánico (*Leib*), existe una alteridad más cercana que es representada por la comunidad que comparte mi mismo mundo cultural. Fatal es entonces la introducción del concepto de "comprender", un término clave para la escuela hermenéutica:

> Cada hombre comprende, en primer lugar, su mundo circundante concreto o bien su cultura, en su núcleo y con un horizonte aún no descubierto, y lo hace precisamente en cuanto hombre de la comunidad que configura históricamente esa cultura. Todo miembro de esa comunidad puede,

---

203   *Ibid.*, p. 203. Sobre este tema regresará Merleau-Ponty, para el cual es necesario buscar "un remedio a las dificultades de la filosofía de la conciencia" frente a la cual "solo hay objetos constituidos por ella". Con esta finalidad buscará en el concepto de institución una solución al problema de la relación entre objetos culturales y mundo objetivo como producto de una constitución intersubjetiva (cfr. Merleau-Ponty, M., *Posibilidades de la filosofía*, Narcea, Madrid, 1968, p. 146).

por principio, llegar a una comprensión más profunda, una comprensión que abra el horizonte del pasado – que es co-determinante para la comprensión del presente mismo - [...][204].

Sin embargo, resuena finalmente como un carácter de propiedad la manera con la cual sigue el texto que acabamos de citar: "[...] y esto con cierta originariedad que sólo a él le es posible y *que le está vedada a un hombre de otra comunidad que entre en relación con la primera*"[205].

Entonces para Husserl el trasfondo monadológico que fundamenta la relación intersubjetiva, tiene una fractura justamente allí en donde lo *propio* ya no se presenta como un carácter limitado de la monada pura que experimenta su cuerpo orgánico, sino también se predica a nivel de un horizonte común objetivamente determinado y pre-dado que puede ser comprendido por una peculiar comunidad cultural y que al mismo tiempo se quedaría excluido, en forma inicial, a todo extraño a dicha comunidad, en donde, además, el carácter de objetividad del *mundo-cultural-propio* emerge como esencialmente diferente de la mundanidad co-mentada de la cual Husserl nos habla unas páginas anteriores.

Finalmente, pocas líneas arriba Husserl nos da la clave de lectura que aclarará el sentido de la constitución de una suerte de espíritu objetivo preexistente a toda constitución de sentido.

> [...] ya no conservamos la vida psíquica en su plenitud concreta, por cuanto el ser humano, en cuanto tal, se relaciona conciencialmente con un mundo circundante practico, existente, en cuanto siempre ya provisto de predicados de significación humana, y esta relación presupone la constitución psicológica de estos predicados[206].

---

204   *Ibid.*, p. 204.

205   Ídem, cursiva mía.

206   Ídem.

De esta manera Husserl reorienta su pensamiento hacia una investigación sobre el carácter pre-dado de un horizonte de sentido intramonadico que trascende la misma naturaleza constituyente del ego trascendental y que se cumplirá en sus últimas publicaciones dirigidas al concepto, todavía más amplio, de *Lebenswelt*. En la *Quinta meditación*, por tanto, se empieza a aclarar la dirección de la investigación husserliana, es decir aquel Mundo, que todo hombre vive como "ahí para todos".

Este tema representa el verdadero núcleo teórico del ciclo de conferencias que serán publicadas con el título de *La crisis de las ciencias europeas y la fenomenología trascendental*. Aquí el mundo, entendido como horizonte de sentido pre-dado, es tomado por Husserl como aquella condición imprescindible de la cual parte cualquier discurso sobre el mundo objetivo, antes que todo, la investigación científica:

> Ya sabemos que todo resultado teórico de la ciencia objetiva tiene lugar sobre el terreno del mundo pre-dado –del mundo de la vida–; que además presupone un conocer pre-científico y su transformación adecuada. La experiencia desnuda en que se da el mundo de la vida es el último fundamento de todo conocimiento objetivo[207].

De esta forma la investigación fenomenológica llega a "la última fuente de evidencia" que es el mundo de la vida, del cual partirá precisamente Merleau-Ponty en sus primeras obras. Como es sabido, la reflexión de Husserl movía de sus consideraciones sobre el estado de crisis que afligía la cultura europea y en primer lugar la sociedad y las ciencias modernas y que según este autor se debía justamente al primado del pensamiento científico en la lectura y visión del mundo, que a partir de Galileo había sufrido una constante "matematización" y racionalización.

---

207   Husserl, E., *La crisis de las ciencias europeas…*, op. cit., p. 224.

Si es necesario volver a partir del mundo antes de toda explicación
científica del mismo, debemos empezar con la tematización de aquel
sustrato de primera evidencia del cual todo juicio, científico y no
científico, nace. Para Husserl el mundo de la vida corresponde a "el
mundo de la experiencia sensible que viene dado siempre de antemano
como evidencia incuestionada, y toda la vida mental que se alimenta
de ella, tanto la acientífica como, finalmente, también la científica"[208].

En esta primera definición estriba gran parte de aquella concepción que encontraremos en el primer Merleau-Ponty. El enorme
significado de esta obra para el filósofo francés se puede entender si
consideramos que la elección de Husserl de dirigir su investigación
hacia el "mundo de la vida" representaba el reconocimiento último de
un aspecto que, solo en parte, había emergido de las consideraciones
de este autor sobre el valor de la percepción en la formación del conocimiento, plasmado en particular en *Experiencia y juicio*; a saber, la
infructuosidad del discurso relativo a un sujeto constituyente –un yo
teorético totalmente separado del mundo en el cual vive– para llevar
a cabo una teoría fenomenológica de toda experiencia real y posible.

Además, en contra de la otra posibilidad, igualmente infructuosa,
que nos introduce a un yo empírico, totalmente constituido en su
relación perceptiva con el mundo, no solo sensible sino también culturalmente encarnado, la última investigación de Husserl logra volver a
tematizar aquella "actitud natural" –que como es sabido representaba
el punto de partida de su reducción fenomenológica– pero en el marco
de la misma fenomenología trascendental.

De esta manera, Husserl introduce el concepto de horizonte, entendido como aquel sustrato pre-dado que parte del campo perceptivo actual
del sujeto y que se abre al espacio, que no entra en este y que, aun así,
está en relación con aquel mismo. De la misma manera el sujeto tiene un
horizonte temporal que corresponde a aquel conocimiento del pasado

---

208   *Ibid.*, p. 77.

adquirido que es retenido en cada experiencia y también del futuro, como la totalidad de las posibilidades que están directamente conectadas con el presente. Pero dichos horizontes tienen lugar igualmente en un horizonte más amplio, el horizonte de horizontes, es decir el mundo, el cual se encuentra siempre dado precedentemente y fundamenta, como un *a priori* material, todas nuestras experiencias, toda nuestra actuación en el mundo, pensamientos, estimaciones, deseo etc…

Esta concepción fundamentará el punto de partida para las propuestas del primer Merleau-Ponty, el cual tendrá la importante tarea de recuperar y solucionar los problemas que el concepto de mundo de la vida y de intersubjetividad introducen en la filosofía de la conciencia y en el mismo método fenomenológico.

Pero, antes de ingresar a los primeros pensamientos de Merleau-Ponty, conviene introducir a aquel filósofo que como discípulo francés de la fenomenología quiso criticar y poner en crisis el concepto moderno de conciencia y en general la filosofía de la reflexión: J.P. Sartre.

La Fenomenología y su ingreso en el existencialismo francés: J.P. Sartre

La historia de la recepción de la fenomenología en Francia tiene algunos antecedentes importantes. Como Levinas nos dice[209], el primer artículo sobre Husserl apareció en su país en el 1911, escrito por Victor Delbos y publicado en la *Reveu de metaphysique et morale*[210]. A este siguieron el trabajo de J. Hering, *Fenomenologia y filosofía religiosa*[211], del 1925, Schestov[212] que en 1926 y 27 escribió dos artículos críticos de la fenome-

---

209   Levinas, E., *La teoría fenomenológica…*, op. cit. pp.17-18.

210   Cfr, Delbos, V., *Husserl, sa critique du psychologisme et sa conception d'une Logique Pure*, Revue de métaphysique et de morale (1911).

211   Hering, J., *Phénoménologie et Philosophie religieuse*, Alcan, 1925.

212   Schestov, L., *Reveu philosophique*, Memento Mori (enero-febrero 1926); ¿Qué es la verdad? (enero-febrero 1927).

nología de Husserl y finalmente los artículos de Gurwitsch en la *Reveu de metaphysique et morale*, en el 1928 y del mismo Levinas en el 1929[213].

Dentro de este panorama, en parte descriptivo-divulgativo y en parte crítico, es conveniente hablar de un joven profesor de preparatoria parisiense, que algunos años después de *La teoría fenomenológica de la intuición*, del citado Levinas, publica un texto que a pesar de su brevedad representa una lectura al mismo tiempo original y critica de la filosofía de Husserl. Hablamos de J.P. Sartre y su obra "La Trascendencia del Ego".

Este trabajo es significativo en dos sentidos. Por un lado, desarrolla una teoría de la conciencia que, aunque llegaría a modificarse en el libro más conocido y reconocido del mismo autor, *El Ser y la Nada*[214], representa el desemboque en un sentido existencialista de la teoría fenomenológica de la conciencia[215]. Por otro lado, la importancia de este autor reside en que, como se sabe, en los años treinta y cuarenta entre Sartre y Merleau-Ponty se dio una muy estrecha amistad, que a pesar de que terminaría con una triste ruptura, permite reconocer el intercambio de ideas entre las obras de ambos filósofos.

En esta primera obra de Sartre, escrita en el 1934, en parte durante aquel viaje a Alemania en el cual conoce y estudia la fenomenología, resalta la explicita intención de hacer una crítica a las varias teorías de la conciencia que se han sucedido en la historia de la filosofía moderna.

En particular Sartre tiene en la mira cierta visión de la conciencia que culmina con la filosofía kantiana. El texto empieza con una breve y clara afirmación:

213　Cfr. Levinas, E., *Sur les <<Ideen>> de Husserl*, Revue philosophique (marzo-
-abril 1929).

214　Para nuestras referencias hemos decidido citar la versión en italiano de esta obra, así como de la "Trascendencia del Ego", traducidas en nota al español (cfr. Sartre, J.P., L'essere e il nulla, il Saggiatore, Milano, 2008).

215　En dicha obra resuena claramente la frase inicial: "Los problemas de la relación del Yo a la conciencia son, pues, problemas existenciales" (J.P. Sartre, La Trascendencia del ego, Ed., Calden, Argentina, 1968, p. 16).

Para la mayor parte de los filósofos el Ego es un "habitante" de la conciencia. Algunos afirman su presencia formal en el seno de las "Erlebnisse", como un principio vacío de unificación. Otros —psicólogos en su mayor parte— piensan descubrir su presencia material, como centro de los deseos y los actos, en cada momento de nuestra vida psíquica. Quisiéramos mostrar aquí que el Ego no está ni formalmente ni materialmente en la conciencia: está afuera, en el mundo; es un ser del mundo, como el Ego del otro[216].

Esta primera aclaración se dirige de manera critica a la lectura kantiana del "Yo pienso". Sartre lo considera un error ahí en donde en lugar de referirse a un Yo de hecho, es decir "al modo en el cual se constituye *de hecho* la conciencia empírica", simplemente se interesa de aquellas "condiciones necesarias para la existencia de una conciencia empírica"[217].

Si Kant se ocupa solo de la cuestión *de derecho*, esto no significa que, para Sartre, la cuestión *de hecho* represente un problema menor. Es, en cambio, sin lugar a duda un problema mucho más complejo de aquel que históricamente se ha podido introducir con la idea de un yo puro constituyente. La razón está fundamentalmente en la cuestión principal que se puede resumir de esta forma: "el Yo que encontramos en nuestra conciencia, ¿es posible por la unidad sintética de nuestras representaciones, o bien es el que unifica *de hecho* las representaciones entre ellas?"[218].

Esta pregunta recupera la problemática que evidenciamos en Husserl alrededor de su teoría de la conciencia, es decir si esta última es una

---

216   *Ibíd.*, p. 1.

217   *Ibid.*, p. 18.

218   "el Yo que encontramos en nuestra conciencia, ¿es posible por la unidad sintética de nuestras representaciones, o bien es el que unifica *de hecho* las representaciones entre ellas?" (Cfr. Sartre, J.P, La Trascendenza..., op. cit., p. 20).

unidad originaria y finalmente extratemporal que unifica todos los fenómenos mediante una actividad sintética en el tiempo o en cambio es la misma síntesis en el tiempo que se lleva a cabo diariamente en el contacto fenoménico con el mundo, lo que da vida a nuestra conciencia del mundo como "mis representaciones".

Sartre sostiene que hablar de Yo constituyente es superfluo, ya que la noción de conciencia es suficiente para explicar la síntesis unitaria de nuestra experiencia. Este estudio puede ser enfrentado plenamente con los instrumentos conceptuales introducidos por la fenomenología de Husserl, y de manera particular el filósofo francés apoya totalmente la teoría husserliana de la conciencia constituyente. Sin embargo, en contra de la idea de un ego trascendental, que tiene el mismo carácter de abstracción y formal del "yo pienso" kantiano, Sartre considera que la conciencia constituyente opera a nivel empírico, y que de esta forma se debe interpretar el mismo Yo trascendental del cual Husserl habla en *Ideen*. "Así" nos dice "la conciencia trascendental deviene rigurosamente personal"[219]. De esta forma, hace prevalecer aquella lectura que se desprende de las investigaciones de fenomenología genética que introduce una conciencia totalmente sumergida en el mundo de los fenómenos perceptivos –como los fenómenos sonoros que la conciencia estructura en un sentido interno, antes de cualquiera actividad eidética.

En la estela de Husserl, también para Sartre la unidad sintética que encontramos en las *Lecciones sobre la conciencia interna del tiempo* tiene sentido solo si la conectamos a la más intrínseca naturaleza de la conciencia, es decir la intencionalidad[220]. Gracias a esta última, la conciencia "se trasciende, se unifica, huyendo de sí misma". Además, su unificación no es anterior a las representaciones, sino es el mismo

____

219   "De esta manera, la conciencia trascendental se vuelve rigurosamente personal" (cfr., *ibid.* p. 22).

220   Como Sartre mismo dice, "la conciencia se define a través de la intencionalidad" (Ídem).

objeto trascendente lo que garantiza su unidad. Este aspecto pone en luz una conciencia que "se unifica a sí misma y concretamente por un juego de intencionalidades «transversales» que son retenciones concretas y reales de las conciencias pasadas. Así, la conciencia reenvía perpetuamente a sí misma".

De esta forma, Sartre proporciona la idea de que Husserl habría finalmente habría finalmente superado al Yo trascendental unificador kantiano, optando por una conciencia que haría posible la unidad y la personalidad de mi Yo empírico o, como Sartre dice, del *Moi*. Además, según este autor, la fenomenología husserliana tendría dos posibles desarrollos. La primera es la convicción de que Husserl logre el mismo carácter de constatación *de hecho* que encontramos en el *Cogito* cartesiano[221], y que en cambio Kant habría perdido de vista. Sin embargo, al mismo tiempo el autor francés sostiene que entre el Cogito cartesiano y el planteamiento husserliano existe una diferencia substancial. Si, para Husserl, el objeto intencional y la conciencia se encuentran en una relación trascendental que impide hablar de un primado de uno de los dos sobre el otro, para Descartes el objeto intencional deriva necesariamente de la conciencia.

Por otro lado, cuando la conciencia se dirige hacía sí misma, como en el *Cogito* reflexivo cartesiano, introduce un nuevo horizonte de investigación que es menester analizar.

En primer término, la conciencia "toma conciencia de sí porque es conciencia de un objeto trascendente". A esta superposición entre la conciencia de un objeto y el objeto que debería ser la misma conciencia, se agrega una consideración más: cuando la conciencia es conciencia de algo, de su objeto intencional, lo que la caracteriza es su carácter de no-posicionalidad respecto a sí misma. Es decir, es conciencia no-tética de sí: yo veo o pienso en una silla, este acto posicional está dirigido al objeto intencional "silla", mas del mismo está excluida mi

---

221   Ídem.

conciencia, la cual sí está presente, pero en una interioridad absoluta, en la forma no-posicional de lo irreflexivo. En este caso, la actividad posicional de la conciencia vuelve innecesarios tanto el concepto de Yo trascendental como aquel de Yo personal.

Por otra parte, ¿Qué pasa cuando la conciencia trata de volverse objeto de sí misma? Para Sartre, siguiendo una expresión de Husserl, se puede *reflexionar en el recuerdo*, es decir que, por ejemplo, podemos recordar que ayer fuimos nosotros a percibir un cierto paisaje. Sin embargo, cuando en el *Cogito* el objeto de la conciencia reflexionante es la conciencia reflexionada, es decir una conciencia de segundo grado, nos encontramos delante de una nueva situación. En primer lugar, no aparece el yo, al igual de lo que sucede en todo acto posicional de la vida de todos los días, en donde como dijimos, ponemos el objeto intencional pero no un Yo individual que los pone. En segundo lugar, Sartre sostiene que una cosa es la conciencia que tenemos del mundo, del objeto intencional que nos ocupa, y otra es el *Cogito* dirigido a esa misma conciencia, que se puede volver objeto de nuestra atención reflexiva.

La primera funciona como conciencia irreflexiva, es decir que cuando se dirige al mundo se despreocupa totalmente del Yo que acompaña sus actos, y además no se pone como "posicional" de sus actos, mientras simplemente actúa, lee, piensa, cree, formula, etc. La segunda, en cambio, es aquella conciencia reflexiva que se abstrae de la vida vivida y que por lo general se dirige a recuerdos que podamos tener de nuestra vida pasada, en donde estábamos por ejemplo atentos en una lectura, y sobre los cuales aplicamos nuestra reflexión.

El tema de mayor relevancia para nuestro discurso y que regresará en *El Ser y la Nada*, así como en la misma teoría sartreana de las emociones[222], es aquella lectura del existencialismo francés que se

---

222   Cfr. Sartre, J.P., *Esbozos de una teoría fenomenológica de las emociones*, Alianza Editorial, Madrid, 2005.

ha vuelto una de las más valiosas aportaciones filosóficas del siglo veinte. Como es sabido, en *El Ser y la Nada* Sartre se interesará de recuperar el valor humano de la existencia ante la exaltación de la esencia hecha en la filosofía moderna. Este aspecto está sumamente presente en *La trascendencia del ego*, sobre todo en la critica de la noción de Yo introducida por Kant, contra el cual opone la idea de un *Moi* determinado como una conciencia empírica brindada al mundo. El concepto de conciencia propuesto por Sartre –que se inscribe en el desarrollo hecho por la filosofía husserliana del concepto brentaniano de intencionalidad– representa, por tanto, la herramienta principal para dar cuenta de un sujeto irreflexivo que se encuentra a sí mismo justo en el momento en el cual está ocupado en el mundo y finalmente abre un camino central en la reconstitución de la ruptura entre epistemología y ontología abierta por la Metafísica del sujeto cartesiana. En este sentido, el discurso sartreano gira alrededor de una clara concepción: el hombre vive en el mundo, su conciencia no puede ser pensada como un elemento interno, ni puramente formal, y lo mismo se puede decir de sus pensamientos, ideas e imágenes. Todo ellos están en el mundo porque la conciencia, antes de ser reflexiva, es contemporáneamente intencional e irreflexiva, es decir está dirigida al mundo y según Sartre lo hace justamente en la forma de un acto no-posicional.

Convencido del primado ontológico de la conciencia irreflexiva, ya desde su primera obra Sartre nos dice, introduciendo un tema que será recuperado totalmente en el primer Merleau-Ponty:

> ¿Cómo admitir que lo reflexivo es primero con respecto a lo irreflexivo? Sin duda que se puede admitir que una conciencia aparezca inmediatamente como reflexiva, en ciertos casos. Pero aún entonces lo irreflexivo tiene prioridad ontológica sobre lo reflexivo, puesto que no hay de ninguna manera necesidad del ser reflexivo para existir y

que la reflexión supone la intervención de una conciencia de segundo grado[223].

A pesar de ser una propuesta que se desarrollará más en *Ser y la Nada*, ya en esta primera obra es muy claro en qué dirección va el discurso de Sartre.

Por otra parte, en *La trascencencia del ego* se encuentra también una crítica a la fenomenología de Husserl que se concentra en una única afirmación. En la "monadología egológica" propugnada en sus *Meditaciones Cartesianas*, Husserl ha perdido de vista el verdadero y más profundo sentido de la fenomenología, es decir la introducción de un discurso dirigido a la conciencia que logre reflexionar sobre la relación entre le mente y el mundo sin caer en el mismo formalismo al cual había llevado la filosofía kantiana. A pesar de lograr alcanzar un *Cogito de hecho*, es decir presente ante y dentro del mundo, la epojé fenomenológica pone a un lado y olvida el hecho indiscutible de que, antes de toda evidencia reflexiva, la primera evidencia es aquella dada por nuestra relación original e irreflexiva con el mundo. Sin embargo, como hemos visto, este aspecto estaba presente, si bien de forma tardía, en la noción de *Mundo de la vida* que se encuentra desarrollada en el libro husserliano *La crisis de las ciencias europeas y la fenomenología trascendental* y que Sartre conoció solo algunos años después.

Ampliando la teoría de la conciencia sartreana, podemos constatar que en *La Trascendencia del Ego* el filósofo francés se dirige igualmente al sentido que el mundo tiene desde un punto de vista valorativo y que cualquier análisis de la conciencia debe tomar en cuenta, en contra de la común reducción de la relación entre mente y mundo a una mera lectura epistemológica. Por esta razón, la conciencia irreflexiva está presente en el mundo, antes que todo por el sentido vital con el cual este último tiene para mí. "Todo ocurre" nos dice "como

---

223　Sartre, J.P., *La trascendenza...*, op. cit., p. 34.

si viviéramos en un mundo en que los objetos al mismo tiempo que sus cualidades de calor, olor, forma, etc., tuviesen las de rechazante, atrayente, encantador, útil, etc., y como si esas cualidades fueran fuerzas que ejercen sobre nosotros ciertas acciones[224]". Esta reflexión es necesaria para recordar que en la obra de Sartre no cabe ninguna distinción entre funciones del alma; conocer, sentir, desear viven en el mismo campo intencional abierto tanto por la conciencia posicional como por la irreflexiva y solo la reflexión puede volverse dañina para algunas de ellas:

> [...] En el caso de la reflexión, y en ese caso solamente, la afectividad es puesta por ella misma como deseo, temor, etc. Solamente en el caso de la reflexión puedo pensar "Yo odio a Pedro" "Yo tengo piedad de Pablo", etcétera [...] La reflexión "envenena" el deseo. Sobre el plano irreflexivo socorro a Pedro porque Pedro es "debiendo-ser-so corrido". Pero si mi estado se transforma repentinamente en estado reflexivo, he aquí que estoy en tren de mirarme actuar en el sentido en que se dice de alguien que se escucha hablar[225].

Por su parte, en *El Ser y la Nada*, Sartre nos proporciona la idea de que la trascendencia de la conciencia no abre a un mundo esencial-mente constituido, sino a un *en sí*, el mundo dato[226], frente al cual se encuentra siempre distante la conciencia, el *para sí*, la cual en su estar vacía de ser, es una nada. De esta nada se producirá finalmente la idea de la libertad como esencia fundamental del ser humano y como constitutivamente idéntica a su conciencia. La libertad no es un

---

224 Ídem.

225 *Ibid.*, p.35.

226 Aquel mundo gratuito que producirá el sentimiento de nausea en el personaje de la famosa novela (cfr., Sartre, J.P., *La nausée*, Gallimard, París, 1938).

ser; es el ser del hombre, es decir su nada de ser[227]. Como veremos sobre este punto, y en particular su relación con el problema de la existencia del otro y de la libertad, regresará Merleau-Ponty en sus primeras dos obras.

Hemos analizado algunos de los hitos centrales de las filosofías contemporáneas con el objetivo de crear un fondo de ideas que, finalmente, representarán las fuentes principales –si bien no las únicas– a las cuales beberá Merleau-Ponty en sus primeras investigaciones. Tantos los conceptos de sujeto y conciencia, como aquellos de intencionalidad y trascendental regresarán a menudo en el sugestivo pensamiento merleaupontiano. No faltarán, por supuesto Descartes, Kant y Bergson, para volver más compleja la referencia a un sujeto reflexivo que no solo pide la revisión de la noción de conciencia, sino también de la misma idea del hacer filosófico, como veremos en seguida.

____

227 Citado en Reale G., Antiseri D., *Storia della filosofia*, op. cit., vol. 10, p. 134 (trad. del autor).

3. EL INICIO DE LA INVESTIGACION MERLEAUPONTIANA

Los primeros dos capítulos de este trabajo han evidenciado un camino común entre los problemas modernos de la epistemología y el nacimiento de un nuevo concepto, el de conciencia que, a un lado de su desarrollo en campo moral, que remonta a la Edad Media, ha encontrado un lugar central en la moderna teoría del conocimiento.

Como ya hemos subrayado en la *Introducción*, en nuestra investigación hemos elegido ocuparnos solo de aquellos autores que, más que otros, han dado vida y alimentado a un "paradigma" específico, entendiendo este término en un sentido menos "totalizante", o más restringido, con respecto a la conocida teoría kuhniana. Hasta ahora se ha querido subrayar la manera en la cual el concepto de conciencia, paralelamente a su desarrollo en ámbito psicológico, se ha vuelto un tema central de la filosofía moderna, gracias a cómo la autoreflexión se torna central en la obra de Descartes, Kant, Husserl y Sartre. Finalmente, el objetivo del capítulo será conectar el discurso previo con los primeros trabajos de Merleau-Ponty, y sobre todo describirá el concepto de conciencia que se desprende de la obra de este autor.

Como hemos reiterado en la *Introducción*, las primeras investigaciones de Merleau-Ponty representan para nuestro trabajo un punto de llegada central en el recorrido histórico que tuvo inicio con la obra cartesiana. Con el filósofo francés se cierra el arco empezado con la reducción cartesiana del mundo percibido al sujeto que piensa y que se había flexionado, como vimos, justamente con el cambio interpretativo dirigido a la relación entre mente y mundo introducido por el concepto kantiano de "trascendental" con el cual el filósofo de Königsberg se refiere a las condiciones subjetivas y universales que subyacen a todo conocimiento.

Como se puntualizó en el segundo capítulo, de la fenomenología de Husserl se desprende un cierto carácter empírico de la conciencia, en una acepción que supera las limitaciones del Yo trascendental kantiano, del cual, sin embargo, se quedaron en la obra de Husserl, algunos signos evidentes, sobre todo en *Ideen*, que finalmente limitan fuertemente un pleno desarrollo en dicha dirección.

Un aspecto que ya hemos subrayado y que regresará en nuestro recorrido dedicado a la especulación del joven Merleau-Ponty, es la complejidad que caracteriza la descripción fenomenológica de la conciencia. Esta última no solo se dirige al mundo, sino puede reflexionar sobre sí misma, poniendo como tema sus mismos actos, mediante la conocida reducción fenomenológica.

Queda claro entonces el recorrido histórico que hemos seguido, dirigiendo nuestra atención hacia los estudios más concluyentes de aquel instrumento específicamente humano que ha sido llamado "conciencia", a partir de la idea de un sujeto epistemológico, hasta su cuestionamiento, antes en las últimas obras de Husserl y después en la mirada fenomenológico-existencialista de Sartre.

Esta elección indica una necesidad hermenéutica muy específica que toma en cuenta la enorme importancia del encuentro entre fenomenología y existencialismo, ya que es superando las limitaciones de la conciencia fenomenológica, sobre todo en la reducción a un yo teorético puro, que se vuelve posible vislumbrar y entender una conciencia como acto dirigido al mundo a partir de la misma noción de sujeto como ser que habita un mundo o, más bien, es del mundo.

De esta manera, llegamos a la investigación del primer Merleau-Ponty. Sin embargo, antes de introducirnos a la obra de dicho autor, cabe una aclaración más. La mayor objeción que podría dirigirse contra nuestra elección de limitar el estudio exclusivamente a los dos primeros trabajos[228] de este autor, podría basarse en la afirmación de que en la parte final de su vida Merleau-Ponty criticó algunos aspectos de dichas obras, subrayando especialmente los errores teóricos relacionados con la interpretación de la filosofía husserliana[229].

A pesar de estar limitadas por el lenguaje cientificista de su tiempo, en las primeras obras de Merleau-Ponty se lleva a cabo una investigación dirigida a volver a pensar al sujeto de una manera radical. Reformulando la propuesta fenomenológica, en una abierta crítica del método y de las posibilidades de sus investigaciones, Merleau-Ponty reintroduce –sin citarla– la crítica nietzscheana de la idea de sujeto, como <<creación metafísica>> y de la conciencia como creación de las pulsiones. Pero no a partir de un método agresivo, que arrastra con los errores de la antigüedad, de los cuales se volvieron cómplices Descartes y Kant, sino moviéndose a partir y dentro de la misma tradición, sobre todo de la "filosofía de la reflexión", y dialogando con ella. El punto central y de partida, como veremos en el próximo capítulo, será justamente la multitud de acercamientos al acto perceptivo que Husserl llevó a cabo en sus obras, del cual Merleau-Ponty desarrollará una interpretación central para la filosofía contemporánea.

Si empezamos con una noción general, en sus dos primeros libros el filósofo francés parte de la firme convicción que "sujeto", "cuerpo" y "mundo" pueden ser objeto de una cuidadosa investigación filosófica, es decir de un discurso que trate de aclarar la manera en la cual se entrelazan mutuamente. Sin embargo, con relación a la posibilidad de la filosofía de desentrañar el sentido de la corporalidad a partir de un análisis reflexivo –que tiene su origen en el paradigma cartesiano–

---

228   *La estructura del comportamiento* y *La fenomenología de la percepción*.

229   Que de hecho generalizan una impresión personal del mismo autor y que en cambio no toman en cuenta la evidencia de las continuas citas a la *Fenomenología de la percepción* que se encuentran en sus notas de trabajo, reunidas después en *Lo visible y lo invisible*.

este autor se volverá siempre más escéptico, y este hecho pondrá en marcha un cambio especulativo que, pasando por una recuperación del lenguaje y de la expresividad, llegará a la ontología de la carne que caracteriza sus últimos trabajos.

Como se ha dicho la crítica merleaupontiana hacia sus primeros trabajos –que consideró repletos de tomas de posiciones que se debían que repensar– explica la razón por la cual en los últimos cuarenta años se ha puesto mayor atención en las obras finales de este autor, sobre todo en ámbito estético. Sin embargo, como ya subrayamos en la *Introducción*, a un lado de la crítica a la metafísica del sujeto –que, pasando por la destrucción de la identidad personal en Schopenhauer, se pone en marcha con Feud y Nietzsche– es necesario reconocer la contribución del existencialismo francés, de Sartre y sobre todo de Merleau-Ponty sobre este tema, con la firme convicción de que, si las provocaciones de Nietzsche están a la base de la especulación filosófica de autores sucesivos como Foucault, Lacan y Deleuze, estos últimos autores, que conocieron personalmente a Merleau-Ponty, reviven en sí la influencia de un contexto cultural propiamente francés, dirigido a un cambio de paradigma en un sentido antimetafísico y antirreflexivo. Merleau-Ponty fue uno de los principales teóricos de dicho cambio de paradigma, ya a partir de sus primeras obras, y la mejor evidencia de este hecho es la continua reedición de la *Phénoménologie de la perception* por la actualidad de las ideas asentadas en dicha obra.

El presente capítulo tiene como objetivo la descripción de dos cuestiones centrales en las primeras ideas del filósofo francés: por un lado, la interpretación merleaupontiana de la propuesta cartesiana y por el otro la introducción de una filosofía del sujeto que trate de superar las limitaciones del empirismo y del intelectualismo.

A partir de algunos conceptos fundamentales de su primer trabajo, *La estructura del comportamiento*, empezaremos vislumbrando las inquietudes iniciales de nuestro autor; entre ellas, sobre todo, aquellas que cuestionan los límites de noción idealista de conciencia.

Las primeras consideraciones sobre Descartes: de la estructura del comportamiento a la fenomenología de la percepción

Antes que Husserl, Descartes es el primer interlocutor privilegiado de la obra de Merleau-Ponty[230]. Aun cuando reconoce las limitaciones especulativas de la obra cartesiana, en *La estructura del comportamiento* el autor subraya al mismo tiempo el hecho de que el acento puesto por Descartes sobre el acto reflexivo representa un momento fundamental para en el desarrollo de la filosofía moderna. El discurso de nuestro autor se dirige de manera particular a la "liberación cartesiana" del concepto de "percepción" de los errores la tradición filosófica anterior, desde la crítica de Platón y pasando por las escuelas y los autores neoplatónicos, hasta llegar a la teología cristiana. Al respecto Merleau-Ponty nos dice que "en lo que concierne a la percepción, la originalidad radical del cartesianismo es colocarse en el interior de ella misma, no analizar la visión y el tacto como funciones de nuestro cuerpo, sino "solo el pensamiento de ver y tocar"[231].

De esta manera, Descartes no excluye la percepción *a priori* –como hace el escepticismo clásico en aras de la actividad anímica, que en cambio impone su "gobierno" sobre aquellos *simulacros* que provienen del contacto sensible con la naturaleza. Según Merleau-Ponty, a diferencia de la duda cartesiana, la duda escéptica clásica no puede alcanzar una verdadera superación del *impasse* al que lleva su planteamiento, justo por la falta de radicalidad de su discurso. Como nos dice, esta es "insuperable porque no es radical: presupone como término

---

230 De hecho, lo será hasta el final de sus días, ya que, en los días anteriores a su muerte prematura, Merleau-Ponty estaba preparando justamente una conferencia sobre Descartes.

231 M. Merleau-Ponty, *La estructura del comportamiento*, Hachette, Buenos Aires, p. 271. La cita es de Descartes, *Response aux Cinquièmes Objections*. Oeuvres et Lettres, ed. Bridoux, Bibliotèque de la Pléiade, N.R.F., París, p. 376.

ideal del conocimiento cosas extra-mentales y es con relación a esa realidad inaccesible que el sueño y la percepción adquieren aspecto de apariencias equivalentes"[232].

Ahora, en cambio, la duda metódica cartesiana se coloca afuera de todo realismo cognoscitivo y de esta manera, "retrayendo la atención de la visión o del tacto que viven en las cosas, al 'pensamiento de ver y tocar', poniendo al desnudo el sentido interior de la percepción y de los actos de conocimiento en general, [el Cogito] revela al pensamiento el dominio indubitable de las significaciones"[233].

De esta manera, para Merleau-Ponty la reducción cartesiana de toda actividad anímica a un acto del pensamiento pone al descubierto el horizonte de sentido relativo a la experiencia; en el caso de la percepción, esta ya no es un efecto de la naturaleza, sino un acto internamente estructurado, que luego, en el discurso fenomenoló-gico, corresponderá al sentido intencional que se revela del análisis de los actos perceptivos y sus objetos específicos. Si en la tradición anterior la percepción había sido en parte excluida del ámbito de la verdad –considerándola como el lugar en donde se originan los juicios falsos– Descartes, introduciéndola en el horizonte del pensamiento, descubre el potencial discursivo y racional que proviene de la activi-dad perceptiva. Según Merleau-Ponty justamente a partir de la obra del filósofo de La Haye se asiste a una paulatina integración del acto perceptivo dentro del discurso racional[234] hasta que, con el tiempo, llevará a considerarlo un fenómeno íntimamente estructurado, es decir significativo por su esencia. "Más allá" nos dice "de las explicaciones causales que hacen aparecer a la percepción como un efecto de natu-raleza, Descartes investiga la estructura interior, explicita su sentido,

---

232   *Ibid.*, p. 271.

233   *Ibid.*, p. 272.

234   Este hecho está presente por ejemplo en el trabajo de Locke (cfr., *infra*, cap. 1).

deduce los motivos que aseguran a la conciencia ingenua de acceder a las 'cosas' y aprehender, por ejemplo, en un pedazo de cera un ser solido más allá de las apariencias transitorias"[235].

La primera reflexión merleaupontiana sobre el cartesianismo se dirigió también hacia otra consideración: con la teoría del Cogito, Descartes permitió la entrada triunfante de la filosofía en el "dominio" de lo indudable.

Si profundizamos más en el significado de este punto en conexión con lo dicho anteriormente, pero en lo que concierne a la percepción, el método general de Descartes, "[fue] analizar el pensamiento de percibir y el sentido de lo percibido"[236], partiendo de la idea de que reducir el fenómeno a la esencia, nos lleva al nivel del sentido, en el cual "todos los objetos de que el hombre puede hablar y todos los actos mentales que a ellos tienden, adquieran una claridad indudable"[237]. Según Merleau-Ponty justo las nociones de "apodíctico" e "indudable" llevan a Descartes "muy cerca de la noción moderna de conciencia" que luego Kant alcanzará, asociando "un idealismo trascendental" a un "realismo empírico"[238] y abriendo el camino hacia una verdadera filosofía de la conciencia.

Por otra parte, el desarrollo kantiano de las primeras intuiciones de Descartes llevó el discurso filosófico hacia un reconocimiento del *justo valor* de la percepción en el acto cognoscitivo, mientras la descrita "liberación cartesiana" de la percepción, por un lado, del realismo filosófico y por el otro, del escepticismo, representa para Merleau-Ponty, solo un paso de Descartes, el cual finalmente "no sigue hasta el fin este camino"[239].

---

235 Ibidem, pag.271.
236 Ídem.
237 Ídem.
238 *Ibid.*, p. 275.
239 *Ibid.*, p. 272.

Queda afuera del discurso cartesiano y, de hecho, tampoco emerge en la obra kantiana, un aspecto que en cambio representa un lugar privilegiado en el pensamiento de Merleau-Ponty y hacia el cual el filósofo francés mira con profundo interés en el transcurso de su vida. Ya en su primera obra, el autor nos proporciona las coordenadas principales de su búsqueda cuando nos dice:

> El análisis del trozo de cera sólo nos da la esencia de la cosa, la estructura inteligible de los objetos del sueño o de los objetos percibidos. La imaginación contiene ya alguna cosa que este análisis no se propone: nos da el pentágono como "presente". En la percepción, el objeto se "presenta" sin haber sido querido. Hay un índice *existencial* que distingue al objeto percibido o imaginario de la idea y que manifiesta en ellos "alguna cosa que difiere de mi espíritu", cualquiera sea, por otra parte, ese "otro"[240].

Dicho 'índice existencial' en el cual "ese otro" se "presenta" frente al espíritu, reclamando según Merleau-Ponty su reconocimiento, es el lugar principal hacia el cual dirigir toda investigación fenomenológica, contra la filosofía de la reflexión que en cambio lo excluye de todo posible discurso, abogándose a la reducción de cualquier vivencia a un mundo de objetos pensados, de entes ideales. "Así" nos dice "el universo de conciencia revelado por el Cogito y que parecía que debía encerrar en su unidad hasta la percepción, no era, en sentido restricti-vo, más que un universo de pensamiento; da cuenta del pensamiento de ver, pero el hecho de la visión y el conjunto de los conocimientos existenciales quedan fuera de él"[241].

---

240 *Ibid.,* pp. 272-273, *cursiva nuestra.*
241 *Ibid.,* p. 273.

En este sentido, aun cuando reconoce la importancia del discurso cartesiano en liberar la percepción de las limitaciones a las que había sido relegada antes de él, Merleau-Ponty registra diferentes cuestiones latentes en la filosofía de Descartes. El *Cogito*, por ejemplo, no da cuenta de la *situación real* en la cual el acto perceptivo se "presenta" y entonces el principal problema es llegar a comprenderlo plenamente.

> La intelección que el Cogito había encontrado en el seno de la percepción no agota su contenido; en la medida en que la percepción se abre sobre un "otro", en la medida en que es la experiencia de una existencia, depende de una noción primitiva que "no puede ser entendida más que por ella misma" de un orden de la "vida" donde las distinciones del entendimiento están pura y simplemente anuladas. Así Descartes no ha tratado de integrar el conocimiento de la verdad y la prueba de la realidad, la intelección y la sensación[242].

Como veremos más adelante en detalle, según Merleau-Ponty lo mismo pasaría con Kant. Este último, aunque lleva el discurso por el camino más ameno del realismo empírico, no logra proporcionar una lectura que permita dar cuenta de aquel "índice existencial" que representa el más valioso descubrimiento de las primeras obras de Merleau-Ponty.

En su segundo libro, *La fenomenología de la percepción* (desde aquí en adelante *FP*), nuestro autor considerará que el descrito *impasse* teórico de Descartes dependió de que el filósofo de La Haye se había quedado dentro de los límites del lenguaje, de las fórmulas puramente lógicas del "Pienso luego existo". Hubiera sido diferente, en cambio, si Descartes hubiese dedicado mayor atención a aquel "Cogito tácito", anterior a todo acto de pensamiento y juicio, en el

---

242 *Ibid.*, p. 274.

sentido kantiano, y cuya naturaleza no es tan clara y apodíctica como el "primer" *Cogito*. De hecho, nos dice, "más allá del Cogito hablado, del Cogito convertido en enunciado y en verdad de esencia, hay, sí, un *Cogito* tácito, una vivencia de mí por mí. Pero esta subjetividad indeclinable no tiene en sí misma y en el mundo más que un punto de presa resbaladizo"[243].

Como el lenguaje "presupone un silencio de la conciencia que envuelve el mundo hablante" –haciendo que la conciencia "nunca esté sujeta a tal lengua empírica"– el Cogito tácito debe considerarse el primer contacto con el mundo. En ello la descrita "subjetividad indeclinable", no constituye el mundo, "lo adivina a su alrededor como un campo que ella no se ha dado a sí misma", "habla al igual como uno canta porqué está contento", y el sentido de su hablar "brota para ella de su comercio con el mundo y con los demás hombres que lo habitan". Finalmente, en *FP*, Merleau-Ponty quiere hacer emerger una conciencia silenciosa que representa la cifra de aquel "índice existencial" que relaciona el hombre al mundo que habita. Esto se explica cuando nuestro autor, un poco más adelante, dice que el *Cogito* tácito, aquella presencia de mí frente al mundo, no se da en la epojé cartesiana o en la fenomenológica, tampoco en un acto reflexivo, sino en aquellos momentos en los cuales la vida se nos hace difícil o en donde toda nuestra seguridad se derrumba bajo una mirada ajena[244]. Por tanto, anterior a todo pensamiento de pensamiento, existe algo similar que es el "puro sentimiento de sí" que no se piensa aún y "necesita ser revelado" por el contacto perceptivo con el mundo o el lenguaje. En este sentido:

---

243 Merleau-Ponty, M. *La fenomenología de la percepción*, Península, Barcelona, 1975, p. 412.

244 *Ibid.*, p. 413: "el Cogito táctico, la presencia de sí a sí, al ser la existencia misma, es anterior a toda filosofía, pero no se conoce más que en las situaciones límite en que está amenazado: por ejemplo, en la angustia de la muerte o en la de la mirada del otro sobre mí".

> La consciencia que condiciona el lenguaje no es más que
> una captación global e inarticulada de mundo, como la del
> niño cuando da su primer aliento o del hombre que está por
> ahogarse y se abalanza sobre la vida; y si es verdad que todo
> saber individual se funda en esta primera visión, lo es también
> que ésta espera ser reconquistada, fijada y explicitada por la
> exploración perceptiva y la palabra[245].

No cabe duda de que, con su referencia al *Cogito* de Descartes, la intención del primer Merleau-Ponty sea de introducir una interpretación novedosa del concepto de subjetividad y de conciencia, que tome en cuenta "la situación" y el sentido existencial en el cual el hombre vive.

Este tema había interesado a nuestro autor desde su primer libro y, antes de pasar a FP, para un discurso completo es conveniente partir justamente de los análisis de la relación entre mundo, conciencia y naturaleza presente en *La estructura del comportamiento*.

El ingreso de Merleau-Ponty al problema de la conciencia

A partir de *La estructura del comportamiento*, la problemática que hemos expuesto en nuestro trabajo, dirigida en particular a las nociones de metafísica del sujeto y filosofía de la reflexión con su presencia histórica en el cartesianismo y en el criticismo kantiano, se encuentra fuertemente entrelazada con la aclaración del concepto de conciencia. Este tema refleja, sin lugar a duda, el influjo de su maestro, el filósofo León Brunschvicg, quien había dedicado al progreso de la conciencia en la historia de la filosofía dos celebres tomos[246].

---

245 Ídem.

246 Cfr., L. Brunschvicg, *Le progrès de la conscience dans la philosophie occidentale*. Les Presses universitaires de France, Paris, 1953.

Desde un punto de vista metodológico, no es casual que, a pesar de la fuerte presencia de la fenomenología de Husserl en el método de investigación de nuestro autor, en su primera investigación Merleau-Ponty no haya seguido propiamente el camino de la reducción introducido por el filósofo moravo, apelando, más bien, a los resultados de los estudios de las ciencias de aquellos años dirigidas al funcionamiento del cuerpo humano, como fisiología, biología, neurología y psicología experimental.

Esta elección nos dice mucho sobre lo que nuestro autor pensaba de la reducción fenomenológica. La búsqueda abierta de un camino alternativo, que de todas maneras no ponía en tela de juicio el valor central del llamado husserliano de "ir a las cosas mismas", nacía de una evidente sospecha de Merleau-Ponty hacia la filosofía de la reflexión de la cual la epojé podía ser considerada una nueva versión[247]. Sin embargo, si bien había renunciado a dirigirse hacia la naturaleza a partir de un yo puro reducido, y seguro que no se podían excluir a priori los juicios producidos por las modernas ciencias de la vida, en *EC* el filósofo francés no renunciaría a tratar el tema de la conciencia también desde el ámbito de la introspección, pero mezclándola con otras lecturas, en una interacción de cierta forma "sistémica".

Por tanto, si la filosofía de la reflexión representaba un camino equivocado para llegar a una correcta descripción de "las cosas mismas", de los fenómenos del mundo, la investigación de Merleau-Ponty miraba hacia su superación en aras de una nueva filosofía de la conciencia. De hecho, el buscar una conciencia también en "el comercio humano con el mundo", en la estructura del peculiar sentido intencional que conlleva el ser del mundo –y no solo dentro del círculo exclusivo del Cogito– permitiría comprender la elección metodológica de Merleau-Ponty de evitar cualquier tipo de abstracción introducida por la reducción.

---

247 Merleau-Ponty aclarará su postura sobre la reducción en el prólogo de la siguiente investigación, *Fenomenología de la percepción*.

Si el objetivo del primer libro de nuestro autor es "comprender las relaciones entre la conciencia y la naturaleza – orgánica, psicológica e incluso social"[248], según Merleau-Ponty es necesario partir de las aportaciones históricas sobre la relación entre conciencia y mundo. Según el planteamiento criticista "nada hay en el mundo que sea extraño al espíritu" y, además, "el mundo es el conjunto de las relaciones objetivas llevadas por la conciencia". Por su parte, en cambio, el materialismo seguiría el camino según el cual la causalidad es una simple relación entre entes reales y la conciencia consiste solo en aquellos hechos que tienen la propiedad de existir también "para sí".

Si el criticismo afectó a la psicología, volviéndola "analítica" y proponiendo la idea de que el juicio está "presente en todos lados", el segundo, en cambio, la volvería un estudio de ciertos mecanismos corporales. De hecho, el pensamiento mecánico causal reducía todo evento de lo complejo a lo sencillo, transformando sus elementos últimos en entidades externas entre sí y conectadas a través de fuerzas que se transfieren por contacto o atracción.

El panorama histórico en el cual se desarrollan las ideas de Merleau-Ponty en *EC* es aquel de la psicología de la conciencia de William James y los estudios de Wundt y Fechner de la segunda mitad del siglo XIX. A dicho contexto se agregaban para nuestro filósofo algunas cuestiones nuevas, como el conductismo de Watson y el vitalismo de Bergson. De hecho, si por un lado Merleau-Ponty lucha por superar la interpretación conductista que reduce todo comportamiento y la misma conciencia a una respuesta a estímulos externos, su formación filosófica, dirigida al estudio de la ciencia moderna, le impide ir más allá de los hechos, en búsqueda de un misterioso *élan vital*.

Por otro parte, es peculiar que durante los años treinta Merleau-Ponty reconoce también la importancia del concepto de comportamiento, entendiéndolo como la llave que nos permite volver a enfrentar la

---

248 Merleau-Ponty, M., *EC*, op. cit., p. 19.

cuestión epistemológica de la relación entre mente y mundo, sin caer en las descritas "distinciones clásicas de lo 'psíquico' y lo 'fisiológico'"[249], en donde, como dijimos, sobrevive la interpretación causal. De esta manera, para el filósofo francés es necesario volver a definir estos dos términos a partir de la descripción de la "conciencia no como realidad psíquica o como causa, sino como estructura".

Sobre el sentido de esta última afirmación es necesario recorrer algunos conceptos y temas de la primera obra de Merleau-Ponty. Según este autor existen tres niveles teóricos u órdenes distintos, el físico, el vital u orgánico y el humano, los cuales se encuentran entrelazados y estructurados.

La situación empírica que mejor ejemplifica el pensamiento de nuestro autor es la conexión que se establece entre un evento externo percibido y una reacción corporal, es decir la conocida relación estimulo-respuesta. En este ámbito emerge la noción de "comportamiento", concepto que Merleau-Ponty quiere salvar de la reducción materialista a lo fisiológico aportada por el conductismo de aquellos años.

Tomamos en cuenta, nos dice, una mancha luminosa que aparece en una pared en un cuarto obscuro y que consecuentemente nos lleva a seguir su movimiento con el ojo. Si estamos convencidos de que somos nosotros a seguir dicha luz en su desplazamiento, en verdad, la ciencia nos dice que hay que excluir todo concepto de intención en nuestra explicación a favor de un movimiento automático del ojo como "integración de una serie de adaptaciones parciales[250]"; de esta forma, si bien puede parecerme que "yo" estoy siguiendo la luz de manera voluntaria, en realidad así no es[251]. El rechazo por parte de la explicación científica que critica "como subjetivas todas las nociones

---

249 *Ibid.*, p. 21.

250 *Ibid.*, p. 24.

251 Ídem: "Si la mancha luminosa se desplaza y mi ojo la sigue, debo aquí también comprender el fenómeno sin introducir en él nada que semeje a una intención".

de intención, o de utilidad o de valor, porque no tienen fundamento en las cosas y no son sus determinaciones intrínsecas"[252], introduce –nos dice Merleau-Ponty– unas limitaciones especulativas y además una distinción substancialista, que no permite dar cuenta de manera efectiva de la relación entre mundo mental y mundo objetivo.

Si se analiza la relación de los estímulos externos con el comportamiento, Merleau-Ponty sostiene que aquellos no son eventos del mundo físico, sino que se inscriben en un sistema relacional donde es central la 'situación' "tal como es 'para el organismo'"[253]. En contra de la idea de que la respuesta del organismo sea la reacción a la suma de ciertos estímulos localizados en un área específica, la propuesta de Merleau-Ponty es que la forma en la cual los estímulos se juntan en el organismo, dando vida a una sensación, es más –u otra cosa– que la suma de los estímulos; además, el filósofo francés sostiene que el organismo "participa a formar dicha forma". El ejemplo de la caza, que es un comportamiento presente desde la antigüedad en la naturaleza humana, es particularmente adecuado para entender la relación entre estímulo y comportamiento. En ello, nos dice, "las relaciones eficaces en cada nivel, en la jerarquía de las especies, definen un *a priori* de esta especie, una manera que le es propia de elaborar los estímulos, y así el organismo tiene una realidad distinta, no substancial, sino estructural"[254].

Esto significa que más allá de representar una substancia diferente, distinta del mundo físico y del mundo psíquico, cada organismo debe su forma de ser –entendida como un sistema de relaciones conductuales– a la manera en la cual la especie ha aprendido a relacionarse con el entorno, en donde una cierta predisposición y las características del medio ambiente influyen conjuntamente sobre las dinámicas que se desarrollan en el sistema estimulo-respuesta y finalmente este sobre el

---

252   *Ibid.*, p. 185.
253   Ídem.
254   *Ibid.*, p. 186.

mismo organismo y su comportamiento. Así que, para el autor, el comportamiento animal coincide con el desplegarse de un mundo para un organismo, es decir ni es anterior ni posterior a aquel, sino nace con él. De esta forma, más allá de apostar por un determinismo generalizado y enfocado solo en la relación individuo-entorno y en una correlativa sedimentación genética, Merleau-Ponty investiga la naturaleza de la conexión existente entre los diferentes elementos que lo componen llegando, finalmente, a vislumbrar en la noción de *forma* el elemento que une los tres niveles citados, el físico, el orgánico y el psíquico.

En su primer libro, el autor hace hincapié varias veces que la manera en la cual los tres niveles se estructuran entre sí encuentra su aclaración mediante el concepto de "forma", que se había introducido en aquellos años en numerosos ámbitos de la filosofía pero que, sin duda Merleau-Ponty retoma de la *Gestalttheorie* alemana. Finalmente, esta noción, nos dice, "aplicable igualmente a los tres campos [...] los integraría como tres tipos de estructuras, superando las antinomias del materialismo y del espiritualismo, del materialismo y del vitalismo[255]. Si bien esta posibilidad permitiría aclarar la cuestión epistemológica relacionada con la manera correcta de enfrentar un estudio sobre y dentro de los diversos niveles, Merleau-Ponty liquida rápidamente este asunto diciendo que explicación y comprensión son "fundamentalmente idénticas" porque se dirigen a un mundo estructurado de la misma manera.

Por otra parte, en cambio, el concepto de forma nos permite entender el profundo nexo entre los tres niveles descritos, aun cuando entre ellos exista una cierta diferencia cualitativa:

> [...] materia, forma y espíritu, deben participar desigualmente en la naturaleza de la forma, representar diferentes grados de integración y constituir en fin una jerarquía donde

---

255   *Ibid.*, p. 188.

la individualidad se realice cada vez más. Sería por definición imposible concebir una forma física que tenga iguales propiedades que una forma fisiológica, una forma fisiológica que sea el equivalente de una forma psíquica[256].

A pesar de la diferencia cualitativa, la estructura, presente en los tres niveles, les proporciona una naturaleza común de inteligibilidad, que finalmente los hace transparentes a la conciencia, siendo justamente la estructura "un objeto de conciencia[257]". En el nivel de las relaciones físicas, Merleau-Ponty está convencido que la estructura representa la verdadera forma de "conocer" a la Naturaleza y por esta razón este autor sobrepone al concepto clásico de "ley" la idea moderna de "sistema físico", entendido como un campo de fuerzas en el cual se da un equilibrio dinámico susceptible de modificaciones continuas, en donde "cada evento local [...] conoce dinámicamente a los demás". Sin embargo, Merleau-Ponty está convencido también de que no es posible hablar de realidad de las "formas", es decir de la presencia real de estructuras en el mundo natural. El existir no es una propiedad de la forma, cuya naturaleza no es de estar en un lugar a la manera de una cosa, mientras parece similar "a la idea bajo la cual se reúne y se resume lo que sucede en varios lugares[258]". En efecto, "no debe concluirse que las formas existan *ya* en un universo físico y sirvan de fundamento ontológico a las estructuras perceptivas. La verdad es que, a partir de ciertas estructuras perceptivas privilegiadas, la ciencia ha tratado de construir la imagen de un mundo físico absoluto, de una realidad física de la que ellas no serían más que las manifestaciones"[259].

---

256 *Ibid.*, p. 190.
257 *Ibid.*, p. 206.
258 *Ibid.*, p. 205.
259 *Ibid.*, p. 206.

Con esta última afirmación, Merleau-Ponty introduce una nueva lectura de la relación entre interpretación científica de la realidad y ontología[260] y su punto de partida es la misma *Gestalttheorie*. Sobre la descripción del nivel físico, el filósofo francés sostiene que la individuación y determinación de una forma física, lo que clásicamente llamamos "ley", se puede explicar con el hecho de que esta aparece según las mismas reglas con las cuales percibimos los objetos y es "concebible como un objeto de la percepción", y finalmente como producto de aquella que al final del libro el autor llamará "conciencia perceptiva". Mediante la elección de no reconocer la presencia de una estructuración real en el mundo físico y sosteniendo, en cambio, la dependencia de este respecto a "ciertas estructuras perceptivas privilegiadas", Merleau-Ponty quiere subrayar –como hará sobre todo en *FP*– la naturaleza extremamente entremezclada de la relación entre mundo y percepción.

Por otro lado, hablando de las forma vital o psíquica, Merleau-Ponty sostiene que en esta existe una originalidad respecto al nivel físico, el cual, como dijimos, puede ser descrito a partir de estructuras perceptivas generales. Según nuestro filósofo, si en la forma física un equilibrio interno, como el caso de "una gota de aceite colocada en medio de una masa de agua", está siempre relacionado con ciertas condiciones exteriores cuyo objetivo es reducir un estado de tensión y "encaminar el sistema hacia el reposo"[261], el nivel siguiente de la forma orgánica se caracteriza por una diferente naturaleza:

---

260   "La perspective de Merleau-Ponty se presente donc comme une tentative pour reprendre philosophiquement les conclusions de cette psychologie (de la Gestalt, n.d.a), c'est-a-dire pour les débarraser de leurs présupposés réalistes, et pour aller jusqu'au bout des implications gestaltistes: deborder l'ontologie traditionelle du sujet et de l'objet, lui substituer l'*ambiguïté* de la situation perceptive et expressive, qui échappe sans cesse au sujet, aussi bien qu'a l'objet" (cfr. Silva-Charrak, C.D.A., *Merleau-Ponty. Le corps et le sens*, Presses Universitaires de France, París, 2005, p. 36).

261   Como el caso también de una burbuja de jabón, en donde "las fuerzas que se ejercen desde el exterior sobre la película de jabón, tienden a concentrarla en un punto" mientras "la presión del aire encerrado exige por el contrario el mayor volumen posible".

Hablamos por el contrario de estructuras orgánicas cuando
el equilibrio no se obtiene respecto a condiciones presentes y
reales, sino respecto a condiciones sólo virtuales que el sistema
mismo trae a la existencia; cuando la estructura, en lugar de
procurar, bajo el apremio de las fuerzas exteriores, un escape a
aquellas por las que está atravesada, ejecuta un trabajo afuera
de sus propios límites y se constituye un medio propio.[262]

En el mundo orgánico, a diferencia de la realidad física, parece
existir un nuevo tipo de estructuración, de cierta forma "creativa", en
donde el elemento perceptivo ya no logra ser la única clave interpretativa y es necesario introducir nuevos conceptos explicativos, como
el de "comportamiento". En efecto, para las estructuras orgánicas
Merleau-Ponty habla de "comportamientos privilegiados". Con este
concepto nuestro autor quiere decir, citando a Goldstein, que cada
organismo tiene su manera particular y diferente respecto a otro de
actuar en relación con una misma petición:

Se sabe, por ejemplo, que un organismo nunca realiza
todos los tipos de comportamiento que parecerían posibles
considerándolo como una máquina. Si un sujeto señala con el
dedo un objeto colocado ante él, a su derecha, o, en fin, a la
extrema derecha, se comprueba que al mismo tiempo se ejecu-
tan movimientos del tronco, de manera que el ángulo formado
por el plano frontal y el brazo permanece casi constante. *Estos
tipos de constantes pueden ser individuales*; dos sujetos invitados
a trazar un círculo con tiza sobre un plano paralelo al plano
frontal lo hacen en general según métodos diferentes (con el
brazo extendido o el codo replegado) característicos de cada
uno de ellos. Si se pide a un sujeto que muestre la mano, no

---

262   Merleau-Ponty, M., *EC*, op.cit., p. 207.

la presentará en una posición cualquiera: de ordinario la palma será vuelta hacia abajo, los dedos ligeramente doblados, el pulgar por abajo de los otros dedos, las manos a la altura del medio cuerpo. Es muy sabido que cada cual tiene su manera de llevar la cabeza, su posición en el sueño. En fin, el comportamiento perceptivo tiene, también, determinaciones privilegiadas. Un ángulo de 93° se designa como un "mal" ángulo recto; el músico habla de notas "falsas"[263].

El carácter "privilegiado" de algunos comportamientos resulta de forma espontánea y sus objetivos generales son la búsqueda de simplicidad y la economía, sobre todo en los movimientos. Un aspecto peculiar de estos comportamientos es el hecho de que el sujeto no los elije por ser más simples, sino son más simples porque "privilegiados". Esto porque el carácter de "privilegio" será siempre *para* un organismo, limitadamente a su naturaleza, y podríamos aquí interpretarlo como un aspecto peculiar que no se puede predicar para otros organismos, los cuales privilegiarán otros comportamientos.

Este aspecto, adquiere mayor sentido cuando se pone el organismo en relación con un sistema físico, como en el sistema estimulo-respuesta que ya hemos visto. En la relación entre un evento exterior significativo y un comportamiento conectado, Merleau-Ponty aclara que "las reacciones desencadenadas por un estímulo dependen de la *significación* [cursiva mía] que éste tiene para el organismo considerado no como un conjunto de fuerzas que tienden al reposo por las vías más cortas, sino como un *ser* capaz de ciertos tipos de acción"[264].

En este sentido, según Merleau-Ponty existe, para cada individuo, una estructura general del comportamiento "que se expresa por ciertas

---

263 Goldstein, K., *Der aufbau des Organismus*, pp. 220 y sigts, cit., *ibid.*, p. 208 (véase también la versión francesa, cfr. *La structure de l'organisme*, Gallimard, Paris, 1957).

264 Merleau-Ponty, M., *EC*, op. cit., p. 210, *cursiva mía*.

constantes de las conductas"; este hecho introduce, además, la idea de "la esencia" de un individuo como ser único, y que abarca una gran cantidad de funciones fisiológicas entre las cuales y sobre todo están "las constantes de los *umbrales sensibles* y motores"[265]. Por tanto, mientras que las estructuras inorgánicas "se dejan expresar por una ley", las estructuras orgánicas "sólo se comprenden por una norma, per un cierto tipo de acción transitiva, que caracteriza al individuo"[266]. La referencia al concepto de norma y a su diferencia de la "ley", lleva hacia la idea de que para los organismos no es conveniente usar un término tan rígido de "ley", sino el concepto de "norma", el cual permite introducir una mayor flexibilidad interpretativa, siendo la norma, en este contexto, una regla que se construye en la misma situación relacional y según la naturaleza única del organismo en el cual se aplica.

Además, en la cita anterior se proporciona una referencia aún más importante, que Merleau-Ponty aclara en la siguiente manera: "*Los umbrales de la percepción* en un organismo están [...] en el número de las constantes individuales que expresan su esencia. Esto significa que mide la acción de las cosas sobre sí y delimita él mismo su medio por un proceso circular que no tiene análogo en el mundo físico"[267].

Esta última consideración nos proporciona la idea que se presenta como un *leit motiv* en *EC* y que será presente luego en *FP*. Es justamente el acto perceptivo, con su carácter de unicidad, lo que crearía en cada individuo aquella *norma interior* que está a la base de la manera única con la cual cada individuo se relaciona con el medio ambiente y responde a los estímulos que vienen de ello o, en otras palabras, su comportamiento.

Este aspecto se explica porque, la interacción entre organismo y ambiente, que como hemos visto ya no puede ser descrita en términos

---

265 Además, "de la afectividad, de la temperatura, de la respiración, del pulso, de la presión sanguínea". *Ibid.,* p. 211, *cursiva mía.*

266 Ídem.

267 Ídem, *cursiva mía.*

de causalidad, se despliega para nuestro autor en la forma específica de una dialéctica continua, que él llama "vital", que, más de llevar a un "reposo" o un "equilibrio dinámico" del sistema, como pasa en cambio en las formas físicas, está abierta de forma perpetua a nuevas modificaciones del sistema de relaciones. Por esta razón, reiteramos, Merleau-Ponty habla de norma como sistema de reglas dirigidas a una aplicación local y tal vez en donde la misma respuesta parece presentarse como posibilidad entre varias, mientras la ley es lo que de manera irremediable afecta un sistema físico. En este sentido, nos dice, "las relaciones entre el individuo orgánico y su medio ambiente son pues, verdaderamente relaciones dialécticas, y esta dialéctica hace aparecer relaciones nuevas, que no pueden compararse a las de un sistema físico y su ambiente, ni tampoco comprenderse cuando se reduce el organismo a la imagen que dan de él la anatomía y las ciencias físicas[268].

Esta idea, que propone el aparecer de "relaciones nuevas", introduce unas coordenadas originales en nuestra interpretación de las primeras obras de Merleau-Ponty. La percepción representa para Merleau-Ponty aquella función orgánica individual que como *norma interior* determina y condiciona la relación entre organismo y medio ambiente, pero no en su sentido correlativo, de estímulo-respuesta –que mecánicamente puede generar otro estímulo y otra respuesta– sino reestructurando ella misma el sentido de lo percibido. La consecuencia es que la percepción puede llegar a relacionarse de manera inesperada con el entorno, hasta provocar en este ultimo la modificación de su estructura interior para hacer lugar a una nueva relación perceptiva con el organismo.

Esta característica se debe al hecho de que, mientras "la unidad de los sistemas físicos es de correlación" nos dice nuestro autor, "la de los organismos, es una unidad de significación"[269]. El encuentro entre nivel físico y orgánico se da sí en una relación estimulo-respuesta,

---

268   Ídem.

269   *Ibid.*, p. 220.

pero los eventos físicos solo actúan sobre el organismo suscitando en él "una respuesta global", que finalmente varía cualitativamente "cuando ellos varíen cuantitativamente". Recordando, pero sin citarlo, a Malebranche, nuestro autor dice que los estímulos actúan como "ocasiones", no causas, en donde "la reacción depende, más que de las propiedades materiales de los estímulos, de su significación vital".

Ahora, para que dicha "significación vital" pueda ser entendida en todos sus aspectos o facetas, según Merleau-Ponty es importante considerarla antes que todo como el objeto especifico de una conciencia. Esto porque, el universo orgánico funciona de manera diferente del mundo físico y reacciona a todo estímulo en la forma de un comportamiento que alcanza su mayor complejidad dentro de la significatividad que caracteriza el mundo interhumano.

Dejando a un lado entonces la mera experiencia vital del organismo, que reúne la cantidad de especies diferentes, la conciencia desarrollada en el ser humano "sólo es al comienzo la proyección en el mundo de un nuevo 'medio', irreductible a los precedentes, y la humanidad sólo una nueva especie animal"[270]. Es para esta nueva especie que se perfilan nuevos ciclos de comportamiento y la significación vital se transforma en una significación espiritual. Por tanto, el salto del mundo físico al orgánico se dirige hacia una nueva interpretación de la estructura del comportamiento cuando en el escenario se introduce el ser humano y, mediante el trabajo, su forma peculiar de vivir en relación con su entorno:

> Mientras un sistema físico se equilibra respecto a las fuerzas dadas del ambiente y el organismo animal se prepara un medio estable correspondiente a los a priori monótonos de la necesidad y del instinto, el trabajo humano inaugura una tercera dialéctica, puesto que proyecta, entre el hombre y los

---

270   *Ibid.*, p. 228.

estímulos físico-químicos "objetos de uso" que constituyen el medio proprio del hombre y hacen emerger nuevos ciclos de comportamiento[271].

La referencia al concepto de trabajo tiene para Merleau-Ponty un significado central. Con la acción productora, el hombre transforma la naturaleza física y viviente, reconociéndose en el trabajo como un "ser capaz de acción propia", en donde "nuestra percepción marcará en puntillado la zona de nuestras acciones posibles"[272]. Esta última afirmación introduce a la parte final de la investigación.

En esta dirección, según Merleau-Ponty se abre el camino de un análisis de la conciencia, la cual debe tomar en cuenta y describir "las estructuras de acción y de conocimiento en las cuales ella [la conciencia, *n.d.a.*] se compromete"[273] y para hacerlo nuestro autor está convencido que es necesario partir de un estudio descriptivo de la percepción, en particular en relación con la vida primitiva y la infantil, seguro que estas condiciones originales puedan explicar más que cualquier reducción a un sujeto puro.

De esta forma, ya en su primer libro la percepción representa para Merleau-Ponty un elemento fundamental para el análisis de la conciencia.

Si se prosigue con el estudio de Merleau-Ponty sobre la naturaleza humana, la primera anotación del filósofo francés es que "la percepción infantil se enlaza primero a los rostros y a los gestos, en particular a los de la madre" mientras todavía no se ha formado una conciencia de lo que es una sonrisa. En este sentido, los infantes reconocen y responden a una sonrisa antes de 'saber' qué es y además de haberse visto sonreír[274]. Con este discurso Merleau-Ponty trata comprobar que

---

271   Ídem.

272   *Ibid.*, p. 229.

273   *Ibid.*, p. 231.

274   Cfr., *Ibid.*, p. 234.

existe la tendencia a interpretar la percepción desde un punto de vista reflexivo, es decir reduciendo un contenido a lo que el lenguaje puede decir sobre ello, sin considerar ese mismo contenido ya estructurado antes de su definición. Igualmente, el mundo infantil demuestra que se llevan a cabo actos perceptivos en falta de conciencia.

Si investigamos la naturaleza de este "soporte sensible", difícil de describir en palabras, la noción de "forma" regresa en el contexto perceptivo para ayudarnos y aquí la influencia de la *Gestalttheorie* es evidente. "La forma" nos dice "es una configuración visual, sonora, e incluso anterior a los sentidos, donde el valor sensorial de cada elemento se determina por su función en el conjunto y varía con ellas"[275].

Por otra parte, no solo hay un principio organizativo dentro del proceso perceptivo, sino existen situaciones perceptivas en donde el elemento formal emerge en un sentido "pragmático", por la manera en la cual las acciones de un sujeto cambian el sentido de un mismo objeto natural:

> La cancha de futbol no es para el jugador en acción un "objeto", es decir el término ideal que puede dar lugar a una multiplicidad indefinida de vistas perspectivas y permanecer equivalente bajo sus transformaciones aparentes. Está recorrida por líneas de fuerzas, [...] articulada en sectores (por ejemplo, los "huecos" entre los adversarios) que provocan un cierto modo de acción, la desencadenan y la conducen como si el jugador no lo advirtiera. El terreno no le es dado, sino que está presente como el término inmanente de sus intenciones prácticas; el jugador constituye un todo con él y siente por ejemplo la dirección del "objetivo" tan inmediatamente como la vertical y la horizontal de propio cuerpo[276].

---

275 Ídem.

276 *Ibid.*, p. 237.

Sin embargo, a pesar de evidenciar la anterioridad de la acción respecto al conocimiento y finalmente a la conciencia –fundada en una actividad perceptiva que anticipa el concepto central para la obra merleaupontiana de pre-reflexivo– no se ha logrado todavía una descripción que dé cuenta de la conciencia en su carácter original. Por esta razón, según Merleau-Ponty las limitaciones presentes en este discurso nos piden una "refundación de la noción de conciencia".

La idea misma "que debemos hacernos de la conciencia resulta profundamente modificada"[277] con respecto a la clásica distinción kantiana entre un contenido sensible y una estructura *a priori*: "Ya no es posible" dice el autor "definirla como una función universal de organización de la experiencia que impusiera a todos sus objetos las condiciones de la existencia lógica y de la existencia física que son las de un universo de objetos articulados, y sólo debiera sus especificaciones a la variedad de sus contenidos"[278]. Rechazada la concepción kantiana, Merleau-Ponty propone la idea de que, más allá de ser un medio universal, hay para la conciencia "varias maneras de tender a su objeto y varias suertes de intenciones en ella"[279].

Si a primera vista pareciera que nuestro autor siga perfectamente la concepción husserliana de conciencia constituyente, esta conexión es solo aparente, mientras se escucha más fuerte el eco de la primera obra sartreana, *La trascendencia del ego*. Esta certeza se alcanza cuando Merleau-Ponty afirma que "la conciencia representativa no es más que una de las formas de la conciencia"[280]. Aunque lo que se adscribe al horizonte de la conciencia es la totalidad de los actos humanos que, en un sentido fenomenológico, siempre se refieren a un objeto inten-

---

277   *Ibid.*, p. 241.
278   Ídem.
279   *Ibid.*, p. 242.
280   *Ibid.*, p. 243.

cional, la experiencia vital precede cualquier tipo de conocimiento. Merleau-Ponty nos dice: "La conciencia es [...] una red de intenciones significativas, ya claras por sí mismas; ya, por el contrario, antes vividas que conocidas"[281].

Esta concepción tiene para nuestro autor una doble finalidad: por un lado, permite "relacionarla [la conciencia, n. d. a.] con la acción, ampliando nuestra idea de la acción"[282]; por el otro, existiría también una esfera más primitiva de la conciencia, anterior a todo análisis y definición lingüística para la cual "poseer y contemplar una "representación", coordinar un mosaico de sensaciones, son actitudes particulares que no pueden dar cuenta de toda la vida de la conciencia y que se aplican probablemente a los modos de conciencia más primitivos, como una traducción a un texto[283].

En estas reflexiones se asoma el primer cuestionamiento merleaupontiano del concepto clásico de conciencia, aquel que hemos descrito en este trabajo, a partir de Descartes, pasando por Kant, hasta Husserl. Si la idea de conciencia no acaba en la descripción cartesiana de un *ego* reflexivo que reduce todo contacto con el mundo a un acto del pensamiento, Merleau-Ponty sostiene que el análisis husserliano ha introducido una conciencia intencional que no resuelve el problema de un sentido pre-tético, es decir presente "afuera" o "antes" de la actividad reflexiva. De este discurso se quedan a salvo los últimos trabajos de Husserl, que representan justamente aquel terreno especulativo del cual parte nuestro autor en sus reflexiones.

A este propósito, recordando el concepto husserliano de *Lebenswelt*, Merleau-Ponty sostiene que "los actos de pensamiento no serán los únicos en tener una significación, en contener en sí la presciencia de

---

281   Ibídem.

282   Ibídem.

283   *Ibid.*, p. 242.

lo que buscan; habría una especie de reconocimiento ciego del objeto deseado por el deseo y del bien por la voluntad"[284].

Esto significa que anterior a todo reconocimiento categorial, el hombre puede tener una visión pre-representativa, que hasta llega a determinar nuestra acción de manera inconsciente[285]. Sin embargo, si las intenciones significativas son antes vividas que conocidas, "esta conciencia vivida no agota la dialéctica humana". Merleau-Ponty agrega que "lo que define al hombre no es la capacidad de crear una segunda naturaleza –económica, social, cultural– más allá de la naturaleza biológica; es más bien la de superar las estructuras creadas para crear otras"[286].

A diferencia de los animales, cuyo comportamiento está dictado por objetivos reales y temporalmente determinados, el hombre es el único ser viviente que construye instrumentos que "sirvan solo para preparar otros"[287], que hace instrumentos perennes, que no pierden su significado cuando dejan de ser usados, y también que sirvan para construir otros tipos de instrumentos[288].

Esta característica toda humana de emerger de las determinaciones del ambiente, y que el autor llama justamente "simbólica", se hace efectiva en el mismo acto lingüístico, el cual "expresa en fin el hecho que deja de adherirse inmediatamente al ambiente, lo eleva a la condición de espectáculo y toma posesión de él mentalmente por el

---

284   Ídem.

285   "Sucede que, al entrar en una habitación, percibimos un desorden mal localizado antes de descubrir la razón de esa impresión; por ejemplo, la posición asimétrica de un cuadro. Al entrar en un departamento, podemos percibir el espíritu de quienes lo habitan sin ser capaces de justificar esa impresión con una enumeración de detalles notable" (cfr., Merleau-Ponty, *EC*, op. cit. p. 243).

286   *Ibid.*, p. 245.

287   *Ibid.*, p. 246.

288   Para el hombre "la rama de árbol convertida en bastón seguirá siendo justamente una rama-de-árbol-convertida-en-bastón, una misma "cosa" en dos funciones diferentes, visibles "para él" bajo una pluralidad de aspectos. Ese poder de elegir y de variar los puntos de vista le permite crear instrumentos, no bajo la presión de una situación de hecho, sino para un uso virtual y en particular, para fabricar otros con ellos". Cfr., *ídem*.

conocimiento propiamente dicho"[289]. Esta reflexión, por ahora, tiene la finalidad de demostrar que el hombre, a diferencia del animal, tiene "la capacidad de orientarse con relación a lo posible, a lo mediato, y no con relación a un medio limitado"[290]. Más adelante, como veremos, será la descrita dialéctica propiamente humana –en donde "sus objetos de uso y sus objetos culturales" no serían lo que son "si la actividad que los hace aparecer no tuviera también por sentido negarlos y superarlos"[291]– que proporcionará aquella idea importante de cuerpo entendido como el lugar en donde no solo el sentido del mundo toma forma en el individuo sino también se constituye de manera original y creativa, es decir se produce mediante la participación dialéctica del mismo individuo en la realidad mundana. Esto abrirá el camino al concepto de cuerpo expresivo que caracteriza la etapa intermedia del pensamiento de Merleau-Ponty.

Un último punto de este apartado, que finalmente tiene solo el carácter introductorio de una concepción que adquirirá mayor coherencia en el próximo capítulo, es la definición final que Merleau-Ponty nos da de la conciencia en su primer libro. En el último capítulo de *EC*, nuestro autor se interesa justamente en la descripción de la naturaleza de lo que nuestro autor llama conciencia "perceptiva". El interés de nuestro autor se dirige principalmente al mundo visto desde la perspectiva de aquella actividad inconsciente que Husserl mismo reconoce como un fondo de difícil tematización, que existe y que no es una nada, como el cero no lo es. Esa actividad intencional de la cual no estamos conscientes y que el fenomenólogo no logra poner "entre paréntesis", según nuestro filosofo presenta una riqueza especulativa mucho mayor de lo que la fenomenología le atribuye. Por esta razón, Merleau-Ponty seguirá por el resto de su vida sobre este refrán: "ir a

---

289 *Ibid.*, p. 244.
290 *Ibid.*, p. 246.
291 *Ibid.*, p. 247.

las cosas mismas" significa antes que todo abandonar la actitud in-
natural del sujeto puro y dirigirse a la comprensión de la experiencia
del mundo, así como lo vivimos en la actitud normal de todos los
días. "Aunque" nos dice "la conciencia ingenua nunca confunde la
cosa con la manera que tiene de aparecérsenos, y justamente porque
nunca incurra en esa confusión, lo que entiende alcanzar es la cosa
misma, y no algún doble interno, alguna reproducción subjetiva"[292].

En el nexo entre la cosa "en sí" y los aspectos, los varios escorzos,
con los cuales se manifiesta, "se funda de manera específica una
conciencia de la realidad", en donde el cuerpo es el mediador privilegiado. Según Merleau-Ponty como no podemos distinguir entre la
intención y el movimiento que la cumple, así mismo no es posible
distinguir la cosa y los esbozos con los cuales nos aparece; los dos se
encuentran entrelazados en una coexistencia "mágica" y finalmente
"ambigua" que representa la más íntima naturaleza del fenómeno del
mundo. Por esta razón no es "real" el sujeto del cual la filosofía de la
reflexión nos habla, mientras lo es aquel sujeto que vive sumergido
en el comercio con los otros seres.

> El sujeto no vive en un mundo de estados de conciencia
> o de representaciones, desde donde creería poder, por una
> especie de milagro, actuar sobre las cosas exteriores o conocer-
> las. Vive en un universo de experiencia; en un medio neutro
> respecto a las intenciones substanciales entre el organismo,
> el pensamiento y la extensión; en un comercio directo con los
> seres, las cosas y su propio cuerpo. El ego, como centro del
> que irradian sus intenciones, el cuerpo que las lleva, los seres
> y las cosas a las que ellas se dirigen no están confundidos;
> pero no son más que tres sectores de un campo único[293].

---

292 *Ibid,.* p. 261.
293 *Ibid.,* pp. 263-264.

Aquí, Merleau-Ponty nos introduce *en passant* el concepto de "campo", que encontraremos varias veces en su segunda obra. No solo la filosofía reflexiva no tiene acceso a una explicación de la relación entre mente y mundo. Tampoco las ciencias modernas pueden mucho. El espectáculo de una cosa vista a través de sus "perfiles", esta estructura original, no es nada que pueda ser "explicado" por algún proceso "fisiológico" o psicológico real[294].

Aquí, el discurso de Merleau-Ponty nos regresa necesariamente a lo que dijimos al inicio del apartado dedicado a la obra de Descartes. Así como este último introdujo la percepción y luego la redujo a un mero pensamiento de percibir, dejando afuera ese importante "índice existencial" del cual dijimos, igualmente Kant, el otro gran interlocutor de Merleau-Ponty introdujo finalmente la percepción como elemento "real" en su sistema y luego, lamentablemente la "intelectualizó".

> La materia del conocimiento se convierte en noción límite puesta por la conciencia en su reflexión sobre sí misma y no como un componente del acto de conocer. [...] El criticismo resolvería los problemas planteados por las relaciones entre la forma y la materia, entre lo dado y lo pensado, entre el alma y el cuerpo, concluyéndose en una teoría intelectualista de la percepción[295].

Esta elección nacía de la evidente imposibilidad de decir "algo" sobre un acto prerreflexivo, es decir anterior a toda inclusión-exclusión aportada por la conciencia reflexiva, porque "un análisis que quisiera aislar el contenido percibido no encontraría nada". Sin embargo, más allá de ser un problema sin resolución, la "conciencia perceptiva" toma sentido si la consideramos desde el discurso de los tres niveles

---

294 *Ibid.*, p. 270.
295 *Ibid.*, p. 279.

significativos, el físico, el orgánico y el humano, que hemos tratado. Al final de su primer libro Merleau-Ponty aclara que la conciencia reflexiva que aparece en el último nivel debe cumplir como condición de posibilidad y fundamento de los otros dos, anteriores.

Además, existe también una referencia al cuerpo por parte de la conciencia en la cual esta última "prueba a cada instante su inherencia a un organismo" en donde no se trata solo de una inherencia a aparatos materiales, "que solo pueden ser objetos *para* la conciencia, sino de una presencia para la conciencia de su propia historia y de las etapas dialécticas que ha salvado"[296].

Esto significa que según Merleau-Ponty también la conciencia ingenua se relaciona con los dos niveles anteriores, y en particular con el cuerpo, entendido como organismo, no como con objetos, cosas, sino como sistemas funcionales a su carácter fundamental de "constituyente de sentido", de ser que se expresa. Por esta razón, "el espíritu no utiliza el cuerpo, sino que se hace a través de él":

> Cuando describíamos las estructuras del comportamiento, era para mostrar que son irreductibles a la dialéctica del estímulo físico y de la contracción muscular, y que en ese sentido el comportamiento, lejos de ser una cosa que existe en sí, es un conjunto significativo para una conciencia que lo considera; pero era, al mismo tiempo y recíprocamente, para mostrar en la "conducta de la expresión" el *espectáculo de una conciencia* antes nuestros ojos, el del espíritu *que viene al mundo*[297].

Llegado al tema de la corporalidad, Merleau-Ponty no puede negar que el problema antiguo de la relación entre mente y cuerpo representa el argumento que se había quedado latente atrás de toda

---

296   *Ibid.*, p. 288.
297   *Ibid.*, p. 289.

su especulación. En este discurso toma forma finalmente una reflexión que servirá al autor de puente entre este y su siguiente libro.

Según Merleau-Ponty, un estudio de la conciencia perceptiva podría aclararnos todas las cuestiones que se han dejado abiertas y para hacerlo se necesitará de un estudio fenomenológico de la percepción y el nexo entre la corporalidad y el mundo. En este sentido van las últimas reflexiones de Merleau-Ponty. Existe una conciencia, similar a aquel *Cogito* tácito del cual hablamos arriba, que es sumamente individual y que corresponde a la percepción del mundo antes de toda significación y principalmente la podríamos llamar "aprehensión de una existencia".

> Esta mesa sensible en la que vivo cuando miro fijamente un sector del campo sin tratar de reconocerlo, el "esto" que mi conciencia alcanza sin palabras, no es una significación o una idea, aunque pueda servir después como punto de apoyo a actos de explicitación lógica y de expresión verbal. Ya cuando nombro lo percibido o cuando lo reconozco *como* una silla o como un árbol, sustituyo a la prueba de una realidad que huye la subsunción bajo un concepto[298].

Según nuestro autor, los actos descritos de expresión y reflexión revelan "un texto originario que no puede estar desprovisto de sentido" ya que "la significación está encarnada". Otra vez se da en el discurso de Merleau-Ponty "la distinción entre lo vivido y lo conocido" en donde el problema de la relación entre alma y cuerpo se transforma en el problema "de las relaciones entre la conciencia como flujo de hechos individuales, de estructuras concretas y resistentes", es decir la conciencia perceptiva, "y la conciencia como tejido de significaciones ideales"[299].

---

298   *Ibid.*, p. 293.
299   *Ibid.*, p. 297.

La respuesta definitiva de Merleau-Ponty sobre este asunto encontrará su continuación en *FP*.

Lo más importante que se queda hasta aquí es el hecho de que la conciencia puede "vivir en las cosas existentes, sin reflexión; abandonarse a su estructura concreta que no ha sido aún convertida en significación expresable"[300].

Con esta reflexión, que se acerca al *Lebenswelt* husserliano que describimos en el capítulo II, al final de *EC*, Merleau-Ponty nos remite a una obra más estructurada, en donde el método fenomenológico parece finalmente representar el mejor camino para determinar y definir en su mismo acto y sin reducciones algunas a la conciencia perceptiva.

*   *

Según Merleau-Ponty si la filosofía de la reflexión ha fracasado en su definición del "ser" y finalmente en una descripción del "origen de la verdad", eso es por reducir el primero al acto de pensar del sujeto, mientras será el hecho de que "algo", una *quidditas*, sigue afuera del alcance de todo acto reflexivo y "consciente", lo que en cambio fundamentará un discurso filosófico "alternativo", que finalmente y por obvias razones, la filosofía de la reflexión no podrá seguir. Entre la cosa que yo concibo y la cosa que yo percibo existiría, por así decirlo, una distancia cualitativa, en donde la segunda "se resiste a esta confrontación para quedar confinada a la conciencia perceptiva que es siempre una conciencia individual"[301], lejos de aquella "conciencia en general[302]" que en cambio es típica de las producciones ideales.

Este descubrimiento en parte se inserta en las reflexiones históricas que desde la antigüedad se han dirigido a la descripción e interpre-

---

300   *Ibid.*, p. 306.
301   Trejo, W., Ensayos epistemológicos, UNAM, 1976, p. 96.
302   Ídem.

tación de aquel "lado" de la naturaleza humana que está constituido por experiencias oníricas y fantasiosas que todo hombre tiene en su vida. El mismo Platón, como sabemos, famoso por su método de búsqueda consciente de la verdad, se valió del mito encontrándose en la imposibilidad de fundamentar su discurso sobre evidencias de origen perceptivas. Siendo el mismo concepto de "realidad" presente en este autor, de origen trascendente, Platón no pudo encontrar en la experiencia del mundo aquel fundamento a la noción de alma y en cambio encontró en la experiencia interior, la experiencia fantástica del mito, aquellos pilares que justificarían la mayoría de sus concepciones, en particular la gnoseológica.

Esta búsqueda en la experiencia interior ha continuado hasta Descartes, el cual, en lugar de confiar en la experiencia fantástica del mito, como vimos en el primer capítulo, encontró la mayor fundamentación de toda especulación en la experiencia interior de la evidencia de sí, dejando en cambio la experiencia perceptiva del mundo como un "sin sentido" si se considera afuera de todo ámbito de discurso reflexivo.

Después de la Ilustración y de la revolución científica del siglo XVIII, la descrita experiencia interior que se había puesto como fundamento de toda verdad epistémica, había tachado en cambio a la experiencia fantástica como obscura y confusa. De esta lectura se había quedado entre paréntesis solo la experiencia artística del genio y del espectador que antes Baumgarten y luego Kant habían buscado recuperar y reintroducir en el sistema de las ciencias filosóficas demostrando la dignidad y el valor de su investigación, hasta la conocida institucionalización de la Estética como disciplina filosófica hecha por Hegel.

Sin embargo, en la lectura racional de las ciencias descriptivas introducidas por el programa comptiano, a un lado de la introducción de la nueva psicología como ciencia experimental, de la cual se hicieron cargo entre otros Wundt y Fechner, volvió a emerger el interés para aquel aspecto de la naturaleza humana que no podía ser explicado por un discurso racional. Antes con Schopenhauer en filosofía y luego con Freud[303] en psicología empezó el camino de descripción e investigación de aquel lado "obscuro" de la naturaleza humana, así como había sido definido por el ámbito racionalista.

En esta línea se inscribe la primera obra de Merleau-Ponty. Sin embargo, existe una diferencia substancial respecto a la investigación científica del inconsciente, hecha por el psicoanálisis freudiano y que se volverá mucho más evidente en la segunda obra de este autor objeto de nuestro trabajo.

Mientras las lecturas racionalistas reducen el inconsciente al cerebro y finalmente a unos instintos inscrito en la misma naturaleza fisiológica humana, la investigación merleaupontiana partirá de la descripción fenomenológica para alcanzar el nivel en donde la experiencia humana es inconsciente y dejarlo hablar por sí mismo, es decir sin querer reducirlo necesariamente a un acto reflexivo. En general, es de esta forma que se concluye *EC*, es decir del planteamiento del "problema" del objeto del conocimiento desde el punto de vista de la "conciencia perceptiva".

A partir de este "problema" tomará pie la segunda y más conclusiva investigación de Merleau-Ponty, en la cual se introducirá la concepción de una conciencia, que parte de una idea de hombre que antes que todo "es del mundo" antes de pensarlo, en pocas palabras un hombre que "vive" el mundo antes de conocerlo.

---

303   Freud reconoce la importancia de la lectura de la obra de Schopenhauer para su definición del inconsciente.

4. EL CUESTIONAMIENTO DE LA "METAFISICA DEL SUJETO", EL OBJETIVO IMPLICITO DEL PRIMER MERLEAU-PONTY

"No es de extrañar, por consiguiente, que la *Fenomenología de la percepción* proceda a demoler tanto el pensamiento objetivista como el subjetivista, hasta el punto que su crítica bifronte del intelectualismo y del empirismo inicia un cuestionamiento radical de la metafísica del sujeto".

Joseph María Bech

El nexo entre conciencia y percepcion en la *Fenomenología de la percepcion* de Merleau-Ponty

Si la primera obra de Merleau-Ponty introduce el concepto de "conciencia perceptiva" en la especulación del filósofo francés, en la *Fenomenología de la percepción* este tema, que en *EC* había sido solo esbozado, se vuelve objeto de una detallada reflexión en el marco general del planteamiento fenomenológico.

En muchos sentidos, esta obra se pone en directa continuidad con el primer libro de Merleau-Ponty, sobre todo por el uso intensivo de las observaciones y los resultados de experimentos de las modernas disciplinas científicas, en particular la psicología experimental, la fisiología, la biología y la psiquiatría. Sin embargo, lo que adquiere relevancia en *FP* es la mayor complejidad de puntos de vistas, en donde Merleau-Ponty demuestra haber profundizado, de forma más incisiva, sus ideas sobre la relación entre la lectura objetiva y científica del organismo humano –a la cual además se conectan las necesarias especulaciones filosóficas de naturaleza epistemológica sobre los límites y los alcances de toda teoría científica– y la mirada existencial e intrínsecamente significativa del cuerpo, considerado a partir de la idea de propiedad (en el sentido del término alemán *Eigenheitlichkeit*) introducida por Husserl en su Quinta Meditación.

Sin embargo, no es solo la mirada peculiar del primer Merleau-Ponty hacia el rol de la corporalidad lo que hace de este autor un filósofo moderno y de indudable importancia especulativa para nuestro tiempo. El aspecto que sobresale con fuerza incomparable en *FP* y que tal vez se queda en parte escondido por la potencia conceptual que proviene de la exaltación de la noción de cuerpo, a cuesta de un alma que Merleau-Ponty, en un cierto sentido, "jubila", es el valor que con este autor adquiere la noción filosófica de Mundo, como veremos al final de este capítulo.

*   *

Para dirigirnos a un análisis detallado de *FP*, debemos volver a proponer, antes que todo, el sentido de un debate histórico que vierte alrededor de la relación entre la investigación del primer Merleau-Ponty y el movimiento fenomenológico.

Como ya aclaramos anteriormente, es notorio que el nombre de nuestro autor se encuentra en una larga lista de filósofos que han sido definidos "herejes" de la fenomenología husserliana. Sin embargo, si bien esta expresión se puede conectar con la giro ontofenomenológico que encontramos en los trabajos merleaupontianos de los años cincuenta hasta su muerte, sería importante subrayar, por lo menos, dos razones que hacen del primer Merleau-Ponty, es decir aquel que escribe la *Fenomenología de la Percepción*, no un hereje, sino un filósofo que sigue los llamados de la fenomenología.

La primera es representada por el abierto compromiso de nuestro autor en seguir el famoso lema husserliano de "ir a las cosas mismas". Por esta razón, en sus dos primeros libros, pero sobre todo en *FP*, Merleau-Ponty pone las bases de un método que trata contemporáneamente de comprender la relación entre mente y mundo y los limites y posibilidades del pensamiento filosófico que se dirige a dicha comprensión.

El resultado de la búsqueda metodológica de este periodo es justo todo el aparato teórico que vierte alrededor de la experiencia perceptiva, la cual necesariamente va desplazando, como veremos, la noción moderna de "yo" que, por tanto, representa para Merleau-Ponty un concepto sumamente problemático si tratamos de entenderlo en el marco de la fenomenología husserliana.

Es así como el filósofo francés pone a la percepción como punto de partida de cualquier posible especulación, siendo esta última lo que dentro de las numerosas vivencias que el hombre experimenta, queda evidente. Sobre el significado de la percepción dentro del acto cognoscitivo, nuestro autor se pone en completo contraste con la tradición que, desde Parménides y el Teeteto de Platón, se dirigió de manera crítica a los límites epistémicos contenidos en el contacto sensible con el mundo. En cambio, la fe que debemos tener en el acto perceptivo nace de una evidencia incluso más fuerte de aquella producida por el cogito cartesiano. Esto porque, "estamos en la verdad y la evidencia es <<la experiencia de la verdad>>. Buscar la esencia de la percepción es declarar que la percepción no se presume verdadera, sino definida para nosotros como acceso a la verdad"[304]. De la misma manera:

> no podría tener la idea de error perceptivo o de alucinación si no hubiera ya podido distinguir entre lo falso y lo verdadero. Esto significa que el hecho de saber que algo no

---

304　Merleau-Ponty, M., *La fenomenologia de la percepcion…*, op. cit. p. 16.

va en lo que estoy percibiendo no se adscribe a mis conocimientos ideales y extracorpóreos, sino se deben al hecho que yo he ya percibido antes lo que en mi se ha conformado como lo verdadero. Falso y verdadero no se juegan en la diferencia entre real e ideal, sino entre falsedad perceptiva y verdad perceptiva[305].

Este argumento repite, sustancialmente, un planteamiento relacionado con el carácter de originalidad y autodonación de la percepción presente a menudo en las obras de Husserl, sobre todo en aquellas de fenomenología "genética" hasta llegar a reflexiones similares contenidas en el texto final del filósofo moravo, *Experiencia y Juicio*.

La certeza proporcionada por la experiencia perceptiva representa el punto de partida a través del cual –pero esto lo veremos más detenidamente– es posible construir tanto una teoría fenomenológica de la experiencia en general como, al mismo tiempo, una reflexión radical sobre los límites y posibilidades de la misma filosofía en llevar a cabo dicho análisis fenomenológico.

Hay una segunda característica que, a pesar de sus críticas a la epojé o a la noción de intencionalidad, permite hablar de un Merleau-Ponty propiamente fenomenólogo. Esto se debe a la naturaleza peculiar de su investigación, es decir una tendencia que encontramos en todos los trabajos producidos en su breve vida. Así como en el proceso de nacimiento y desarrollo de la fenomenología de Husserl es posible hablar de un camino en varias direcciones y hasta de cambios de ruta determinados por la incapacidad, reconocida por este autor, de resolver algunas dudas, como aquellas relacionadas con la noción de conciencia de imagen y de recuerdo; de la misma manera Merleau-Ponty es partidario de un concepto de fenomenología como

---

305   *Ibid.*, p. 55.

investigación abierta[306], es decir una búsqueda que continuamente pone en juego el sentido de los logros anteriores y que huye de toda posible fosilización en un sistema o una teoría filosófica cerrada.

Es entonces con estas breves consideraciones que hay que dirigirnos a la segunda y mayor obra de Merleau-Ponty. El tema, presente de forma explícita en el título del libro, refleja, como ya dijimos, una inquietud que ya encontramos en *EC* y cuyo origen está en las lecturas que Merleau-Ponty hace de algunos de los trabajos –menos conocidos en aquella época– de Husserl, *Ideas II* y las *Meditaciones Cartesianas*. Sin embargo, a pesar de que Husserl es el interlocutor privilegiado en el discurso de este autor, el filósofo alemán no es cierto el único. Así como en *EC*, también en *FP* Merleau-Ponty se dirige a la atenta aclaración de los problemas presentes en algunas teorías filosofías modernas, sobre todo relacionados con cuestiones epistemológicas introducidas por Descartes y el racionalismo, por un lado, por el empirismo y luego Kant por el otro. De esta manera, la fenomenología de Husserl no representa para Merleau-Ponty una vía definitiva para solucionar dichos problemas, sino antes que todo una "actitud" investigativa que, desde las primeras páginas, anima el discurso de nuestro autor. Este aspecto se demuestra también en la manera, como veremos más en el detalle, en la cual Merleau-Ponty crítica y pone en duda la eficacia de la reducción fenomenológica[307].

Para introducirnos más en el argumento, dirigiéndose al significado moderno del concepto de percepción Merleau-Ponty considera que existen en particular dos interpretaciones filosóficas influyentes, el kantismo y el empirismo, ambas susceptibles de ser criticadas porque

---

306　"Husserl considère la philosophie comme essentiellement progressive. Il dit dans ses dernières années qu'elle est une *meditation infinie*: un de ses meilleurs élèves, Eugene Fink, dit que nous avons affaire à une <<situation de dialogue>> (cfr., Merleau-Ponty, M., *Sur Husserl. Sciences de l'homme et phénoménologie* en *Oeuvres*, Gallimard, Paris, 2010, p. 1213).

307　Cfr. *infra*.

"son incapaces de expresar la manera particular como constituye su objeto la conciencia perceptiva". Nuestro autor agrega que "el empirismo no ve que tenemos necesidad de saber aquello que buscamos, pues de otro modo no lo buscaríamos; y el intelectualismo no ve que tenemos necesidad de ignorar lo que buscamos, pues de otro modo, una vez más, tampoco lo buscaríamos"[308].

De esta manera, el tema de la percepción se enlaza con dos argumentos que, finalmente, representan el *leit motiv* de nuestro trabajo, los límites y el horizonte de posibilidad de la filosofía reflexiva y la crítica al significado del concepto, forjado en la época moderna, de conciencia. Con relación al primer argumento, según Merleau-Ponty la filosofía cartesiana marca el inicio de una manera nueva del quehacer filosófico. Como ya resulta de nuestro primer capítulo, el sujeto-filosofo del cual Descartes habla es el sujeto epistemológico puro, que reduce el pensamiento a la "conciencia de" un mundo. Esto significa que con Descartes la filosofía se vuelve una especulación reflexiva y mediata que alcanza todo objeto de entendimiento, siendo la interioridad del sujeto el lugar en donde se dan las garantías últimas de la verdad de sus aseveraciones. Sin embargo –y este es un aspecto central que Merleau-Ponty aclara en la primera parte de *FP*– el fondo común, tanto teórico como metodológico, propuesto por la "filosofía de la reflexión" no consiste solo en una reducción de la ontología a la epistemología; cuando traza un paralelo indisoluble entre entendimiento y experiencia, la "filosofía de la reflexión" se propone, igualmente, como el más coherente punto de partida de todo discurso filosófico. A partir de dicho momento, toda experiencia real coincidirá necesariamente con un acto de pensamiento y todo pensamiento (con su carácter propiamente reflexivo) será la condición misma de la experiencia.

Queda claro que esta lectura ha encontrado sus mayores dificultades justo en relación con aquella experiencia que por excelencia se

---

308   Merleau-Ponty, M., *FP*, op. cit., p. 50.

rehúsa a ser reducida a objeto del entendimiento, es decir la perceptiva, mientras ha abonado al método introspectivo psicologista flexivo típico del idealismo.

De esta forma, según Merleau-Ponty se ha quedado afuera de la filosofía una teoría adecuada de la percepción, es decir que sea capaz de investigar los límites y las posibilidades de una investigación reflexiva sobre la percepción.

La misma ciencia, que ve el mundo de forma pura, representa una abstracción del sujeto reflexivo, olvidando en cambio que toda teoría científica debe presuponer la percepción y no puede deducirla en un segundo momento, como un fenómeno físico.

Este tema tiene que ver con la noción de conciencia que ya hemos encontrado en *EC*. Según nuestro autor, las propuestas intelectualistas y empiristas han sido insuficientes y pobres justamente por las limitaciones de la filosofía de origen cartesiano y, de manera particular, la forma con la cual describe el acto perceptivo reduciéndolo a una mera actividad reflexiva. La razón es que, aunque pensemos en una conciencia "que todo lo constituye, o mejor, que posee eternamente la estructura inteligible de todos sus objetos" o, por otro lado, "en la consciencia empirista que nada lo constituye"[309], nos quedamos distantes de un concepto amplio de conciencia, para la cual el objeto está "ya" presente antes de toda representación y juicio, una conciencia "íntimamente vinculada a los objetos"[310]. En este sentido Merleau-Ponty reconoce a la fenomenología de Husserl la importancia de haber superado dichas limitaciones, aclarando la compleja relación entre conciencia y correlato objetivo, mediante el concepto de intencionalidad.

Si uno de los logros más importante de la filosofía moderna desde un punto de vista metodológico, ha sido definir el lugar del sujeto en su relación con el mundo, poniendo como condición del pensar una

---

309   *Ibid.*, p. 48.
310   *Ibid.*, p. 49.

conciencia, por la cual un mundo "se ordena entorno mío y empieza a existir para mí"[311], Merleau-Ponty considera que es conveniente distinguir el "retorno idealista a la consciencia" presente en Descartes y Kant, con la "exigencia de una descripción pura" presente en el método fenomenológico, el cual deja que aquel mundo "iluminado" por la conciencia, hable por sí mismo.

De esta forma, queda poca duda de la importancia de Descartes y Kant en la definición de un sujeto desvinculado del mundo:

> Descartes y, sobre todo, Kant *desvincularon* el sujeto o la consciencia haciendo ver que yo no podría aprehender nada como existente si, primero, no me sintiera existente en el acto de aprehenderlo; pusieron de manifiesto la consciencia, la absoluta certeza de mí para mí, como la condición sin la cual no habría nada en absoluto, y el acto de vinculación como fundamento de lo vinculado[312].

Sin embargo, trayendo la existencia dentro del horizonte de la conciencia y haciendo del sujeto el único garante de la síntesis del mundo, las propuestas de Descartes y Kant dejaron afuera del discurso una parte de la experiencia irreductible al marco totalizante de la reflexión. "El análisis reflexivo" nos dice "a partir de nuestra experiencia del mundo se remonta al sujeto como a una condición de posibilidad distinta del mismo y hace ver la síntesis universal como algo sin lo cual no habría mundo. De ese modo, deja de adherirse a nuestra experiencia, sustituye una referencia con una reconstrucción"[313]. En este sentido, Descartes y Kant abrieron el camino a la que, en otra página, Merleau-Ponty mismo define, finalmente, "filosofía

---

311   Ídem.

312   *Ibid.*, p. 9.

313   Ídem.

de la reflexión", la cual lleva inevitablemente a un alejamiento del sujeto respecto al mundo, olvidándose en cambio que el mundo está "allí" antes de toda reflexión.

De este alejamiento del camino de la verdad, podríamos decir, con su pérdida de contacto con el fenómeno básico de la percepción, según Merleau-Ponty, se salvaría en general la "aventura" de la fenomenología y por lo menos el último Husserl[314], el cual no "hace reposar el mundo sobre la actividad sintética del sujeto", como en Kant, sino prefiere una «reflexión noemática» o reducción fenomenológica, "que permanece en el objeto y explicita su unidad primordial en lugar de engendrarla".

Esto significa que el tono polémico que se dirige a la filosofía de la reflexión con el cual Merleau-Ponty abre su libro sobre la percepción, en estas primeras líneas "salva" por lo menos a la reducción husserliana, en donde el acto reflexivo que la caracteriza no "traduce" lo percibido en un producto de pensamiento, en un *cogitatum*, sino hace vivir su contenido en la forma en que este se da, es decir en la inmediatez de lo que se dona primordialmente.

Como vimos en el capítulo II, en el último Husserl la conciencia no se conforma solo como un poder subjetivo mediante el cual el mundo se constituye frente a ella, a pesar de la radicalización del solipsismo presente en *Ideas* y en sus *Meditaciones*. La naturaleza específica de la conciencia es de doble dirección activa-pasiva y, en diferentes ocasiones, Husserl nos describe un polo egológico que no solo constituye el mundo, sino que al mismo tiempo es constituido "temporalmente" por el mismo contacto con este último. Es a través y a partir del descrito doble carácter de la conciencia que Merleau-Ponty desarrolla aquellas observaciones y problemáticas –latentes

---

314 Sobre esta interpretación, se debería glosar que en *FP* Merleau-Ponty recupera la profunda inquietud de Husserl de solucionar el problema de la relación entre conciencia constituyente del sentido objetivo del mundo y aquel horizonte cultural intersubjetivo irreductible a la primera.

en el corte gestáltico que enmarca sus planteamientos– que estaban presentes en *EC* y que todavía carecían del soporte fundamental de la fenomenología husserliana.

Según nuestro autor, por lo tanto, ya no sería una filosofía de la reflexión, la que encontramos en la fenomenología de Husserl, sino una filosofía que descansa en el mundo entendido como el lugar en donde estamos desde siempre arrojados a través de la percepción y finalmente del cuerpo. Sin embargo, la postura de Merleau-Ponty es original porque no repite ni reorganiza simplemente los logros del último Husserl sobre la percepción. "La fenomenología – nos dice Enzo Paci – así como es retomada por Merleau-Ponty, nos lleva a recobrar la vida originaria de la percepción"[315] y, agregaríamos, de una manera absolutamente novedosa.

El carácter original de las primeras obras de este autor está relacionado con su habilidad en desarrollar y continuar el discurso de las últimas obras y los póstumos del padre de la fenomenología, animado por el mismo rigor especulativo que caracterizaba aquel filósofo, hasta llegar a la primacía del Mundo[316], que para Merleau-Ponty será el punto de partida de una nueva filosofía fenomenológica, que debe tratar a la percepción como el verdadero centro temático y primera especulación, anterior a todas las demás.

Antes de seguir, consideramos pertinente agregar la siguiente reflexión. En *FP* Merleau-Ponty introduce una lectura novedosa de Kant. Mientras en *EC*, había considerado al filósofo alemán como el autor capaz de dar el paso fundamental para salir de los límites de la conciencia reflexiva impuestos por Descartes, asociando "un idealismo trascendental y un realismo empírico", en *FP* en cambio nuestro autor considera a Kant como el filósofo de la revolución

---

315   *Introduzione a* Elogio a la filosofia, Chiasmi International 2, 2000, p. 19.

316   Cfr. M.T. Ramírez, *Escorzos y horizontes. Merleau-Ponty en su centenario*, Jitanjáfora Morelia Editorial, México, 2008.

copernicana que ratifica y confirma la reducción de lo percibido a la "conciencia de" algo, en donde el sujeto y el "Yo pienso" se vuelven la condición de posibilidad última para que se dé "el espectáculo del mundo", hecho de que hace desvanecer el "contenido" y verdadero principio de todo juicio, el fenómeno, frente al "poder constituyente" del sujeto[317].

No es claro a qué se debe el cambio en la interpretación de la obra kantiana, pero podemos pensar que en este caso resuene con fuerza la influencia, en la obra de Merleau-Ponty, de la concepción crítica anti kantiana de Sartre presente en la primera parte de *La Trascendencia del Ego*.

Después de esta puntualización, conviene regresar sobre la recuperación merleaupontiana del planteamiento fenomenológico con el objetivo de comprender cómo el filósofo francés se relaciona con este movimiento central para la filosofía del siglo XX.

A diferencia de las teorías de los defensores más duros de la filosofía de la reflexión, que oponen un polo egológico fuerte frente al mundo percibido, según Merleau-Ponty, la fenomenología consiste en «la ambición de igualar la reflexión a la vida irrefleja de la conciencia»[318]. Según este punto de vista, no tiene solo como objetivo el mero encuentro con las esencias, sino también la investigación de aquellas experiencias del mundo que son experiencias "dentro" del mundo. He aquí en donde las esencias dejan de ser otro respecto a la existencia, volviéndose parte de la misma experiencia del mundo concreto. "La fenomenología" nos dice "es el estudio de las esencias y, según ella, todos los problemas se resuelven en la definición de esencias: la esencia de la percepción, la esencia de la consciencia, por ejemplo. Pero la fenomenología es asimismo una filosofía que re-sitúa

---

317 En el intelectualismo "el juicio invade todo lo que no sea pura sensación, eso es, lo invade todo" cfr. *FP*, p. 56.

318 *Ibid.*, *FP*, p. 52.

las esencias dentro de la existencia y no cree que pueda comprenderse al hombre y al mundo más que partir de su «facticidad»"[319].

La experiencia vivida del mundo representa entonces el lugar en donde debe mirar el fenomenólogo al fin de resituar las esencias. Si por un lado es justo entender a la fenomenología como un estudio dirigido al mundo, a "las cosas mismas", por el otro, según Merleau-Ponty, se queda todavía irresuelto el problema de poder probar que el fenómeno, objeto de dicha disciplina, no es finalmente el producto de una actividad constituyente del yo, llevando el discurso hacia una teoría idealista. En efecto, Husserl, en sus *Meditaciones cartesianas*, parece introducir a un sujeto semejante al sujeto puro que encontramos en las *Meditaciones metafísicas* de Descartes y que sigue el camino del giro copernicano propuesto por Kant. De esta forma renuncia a la descripción de un fenómeno puro que, para Merleau-Ponty, es el único verdadero referente trascendental de una teoría general de la conciencia. Sin embargo, el filósofo francés sostiene también que a diferencia del *Cogito* cartesiano, Husserl no pierde de vista el proceso mediante el cual, constituyéndose el objeto, el mundo revela el sentido inmanente de su dación originaria. En sede propositiva, y demostrando su conocimiento de las tesis fundamentales de la *Crisis* husserliana, sobre este tema el autor es perentorio: "El mundo está ahí previamente a cualquier análisis que yo pueda hacer del mismo; sería artificial hacerlo derivar de una serie de síntesis que entrelazan las sensaciones"[320].

Por el otro lado, en cambio, el análisis reflexivo cree poder descubrir la manera en la cual el sujeto constituye el mundo. Sin embargo, no solo en el intelectualismo sino también en el empirismo, la filosofía se aleja del problema, construyendo una distancia entre mente y mundo. En efecto, cuando ambos excluyen la conciencia perceptiva, como

---

319   *Ibid., FP*, p. 7.

320   *Ibid.*, p. 16.

encuentro previo y ante-predicativo entre conciencia y percepción, se alejan del verdadero sentido del encuentro con "las cosas mismas" y como en el caso del intelectualismo la reflexión "se vehicula a sí misma", incluyéndose en una subjetividad "invulnerable, más acá del ser y del tiempo".

Con estas palabras Merleau-Ponty quiere subrayar que el riesgo mayor de la filosofía de la reflexión es de encerrarse tanto en sí misma y en sus procedimientos, al punto de llegar a negar no solo el nexo que estos últimos tienen con el mundo, sino que, para ella incluso el contenido de su actividad –el que sobresale en el acto perceptivo– se encuentra en el sujeto como el producto de una misteriosa "intuición intelectual". Mientras, en cambio, el legado husserliano de volver a las cosas mismas es volver a este mundo antes del conocimiento del que el conocimiento habla siempre[321].

Por tanto, en contra de la reducción de la relación entre mente y mundo al universo exacto del idealismo y de la investigación científica, entraría en campo la fenomenología.

El hecho de que esta última no sea una clásica filosofía de la reflexión, lo entendemos, según Merleau-Ponty a partir de la misma concepción husserliana de intencionalidad, que estribaría en la "unidad natural y pre-predicativa del mundo y de nuestra vida[322]", superando la concepción kantiana que la limita a los juicios y a las "tomas voluntarias de posición". Este discurso sigue la reflexión que encontramos en *EC*, en donde a un lado de la descrita intencionalidad tética, Merleau-Ponty individua una "intencionalidad operante" que proporciona "el texto del cual nuestros conocimientos quieren ser la traducción en un lenguaje exacto". Como dice en forma muy clara Mario Teo Ramírez "la distinción entre *intencionalidad tética* (noética, intelectual) e *intencionalidad operante* (práctica, corporal) [...] resulta

---

321   *Ibid.*, p. 9.

322   *Ibid.*, p. 17.

fundamental para la posibilidad de una perspectiva filosófico-fenomenológica como la de Merleau-Ponty. Gracias a esta distinción él puede ir más allá de la <<filosofía de la conciencia>> sin tener que recaer en una postura realista o empirista"[323].

En línea con lo que propuso en su primer libro, en *FP* Merleau-Ponty considera que existe un entrelace entre la conciencia perceptiva y la descrita intencionalidad operante husserliana. Por esta razón, la tarea principal de la filosofía es justamente la investigación de dicho nexo teórico, en donde el primer punto sería la descripción de la percepción como la condición de toda síntesis genética del mundo y la primera certeza que podamos tener de ello, porque antes de todo *Cogito* y de toda toma de posición, el mundo está ahí como el trasfondo de todo nuestro acto. "La realidad" reitera "es un tejido sólido, no aguarda nuestros juicios para anexarse los fenómenos más sorprendentes, ni para rechazar nuestras imaginaciones más sorprendentes. La percepción no es una ciencia del mundo, ni siquiera un acto, una toma de posición deliberada, es el trasfondo sobre el que se destacan todos los actos y que todos los actos presuponen"[324].

De esta manera Merleau-Ponty se pone en perfecta continuidad con los últimos trabajos de Husserl y la sucesiva propuesta existencialista de Sartre, que juntos permiten a nuestro autor la definición de la conciencia humana en un sentido novedoso, donde el discurso "clásico", que divide la epistemología en empirista o idealista, ya resulta sumamente vacío.

Si como vimos en el segundo capítulo[325], Sartre se queda atado a un concepto de ego que aun cuando está en el mundo, no deja de definirlo como un producto del <<para sí>>, de un pensamiento que

---

323   Ramírez C., M.T., *IV La carne de la tradición. De Husserl a Merleau-Ponty*, en Ramírez C., M.T., *Escorzos y horizontes. Merleau-Ponty en su centenario*, Jitanjáfora Morelia Editorial, México, 2008, p. 78.

324   *Ibid.*, p. 16.

325   Cfr. *infra*.

finalmente es una nada respecto al mundo, Merleau-Ponty tiene la importancia de pensar en una intencionalidad no como un «tener en» sino un «tender a», "un proyecto del mundo y no un mundo dominado", en línea con la intencionalidad operante presente en el último Husserl. En este sentido dicha intencionalidad se debe entender como "implícita, indirecta y practico-vital, que tiene por «objeto» el Ser y el Mundo mismo y por sujeto nuestra existencia, nuestra vida corporal y un mundo de significaciones intersubjetivas"[326]. Este último punto se aclarará más cuando hablaremos del lenguaje y de los objetos de la cultura, al final de este capítulo.

Merleau-Ponty, por tanto, continúa la radicalización del discurso sobre la trascendencia del ego, abriendo el camino para una filosofía del estar en el mundo, a cuesta de, como dijimos, aquella metafísica de un sujeto puro y trascendente que todavía resuena en el Sartre de *El Ser y la Nada*. Entre los varios temas que, finalmente, para este autor pueden llevar a una cierta riqueza especulativa, contra las tonalidades afectivas, de las cuales Sartre en cambio se interesa en varias obras de los mismos años[327], para Merleau-Ponty la percepción representa aquel camino principal que hemos descrito, debido sobre todo a la primordialidad que este acto significa en el contacto del sujeto con el mundo.

En el primer capítulo de *FP*, antes de aclarar más su concepción general de sujeto, Merleau-Ponty analiza el sentido con el cual el acto perceptivo se vuelve transparente a la conciencia. Esta tarea nace de la clara dificultad de hablar de un acto que, a pesar de ser el argumento principal de su discurso, se queda irremediablemente afuera de un análisis propiamente objetivo. Por esta razón, la primera invitación es de partir de la experiencia directa con la cual la percepción se vive en cada momento. "El filósofo" dice "describe las sensaciones y su sustrato

---

326 Ramírez C., M.T., *Escorzos...*, op. cit., p. 65.
327 Cfr. Sartre, J.P., *Esbozos...*, op. cit. y *El Ser y la Nada*, op. cit.

como se describe la fauna de un país lejano: sin percatarse de que él también percibe, que es el sujeto perceptor y que la percepción, tal y como la vive, desmiente todo lo que dice la percepción en general"[328].

Si existe una primera lejanía entre el discurso científico sobre la percepción y la percepción que acontece dentro de mí como perceptor, existe también una más profunda dificultad, que pone afuera del juego el simple acto introspectivo. Se trata de aquel evento perceptivo que cada individuo vive dentro de sí cuando se dirige al mundo y que no está presente frente de nosotros en la misma manera en la cual lo están aquella silla o aquel mueble, y que, sin embargo, es un trasfondo necesario para todo acto.

Por otro lado, en la experiencia no solo se oculta el acto perceptivo, sino es posible suponer que en ella existe también una cierta capacidad de aprehensión de sí mismo –vinculada tal vez justo con la percepción– y que, sin embargo, no puede paragonarse a la conciencia de sí, o autoconciencia, que se da cuando dejamos de enfocar nuestra atención hacia el mundo exterior y nos volvemos objetos de nosotros mismos.

Frente a este doble problema y siguiendo paso a paso *FP*, nos encontramos con una elección temática y metodológica muy específica. La dificultad de reducir el acto pre-tético, o pre-categorial, que caracteriza aquel encuentro entre mente y mundo que se define "percepción", no significa que esta última no pueda ser objeto de un estudio conclusivo.

Esta posibilidad, se queda comprobada por un importante camino especulativo, ya presente en *EC*, es decir la investigación de la *Gestalttheorie*. Esta escuela, principalmente de origen alemana, se había vuelto altamente conocida en el campo de la psicología, con el desarrollo de la idea de que ya a nivel perceptivo se llevaría a cabo una serie de actividades pre-reflexivas de manejo del material perceptivo.

---

328   Merleau-Ponty, M., *FP*, op. cit., p. 223.

Lo que en particular capta la atención del joven Merleau-Ponty, es la referencia que la *Gestalttheorie* hace a lo que podemos considerar una innata capacidad del ser humano de colocarse "dentro de un sentido" ya en el nivel de su relación perceptiva con el mundo.

Esto se puede averiguar, sobre todo en el concepto de flujo o campo, que según los psicólogos gestálticos determinaría la "aparición" de una figura antes de toda intención conceptual. Aquel que los experimentos comprobaron es que en general los elementos que parecen construir un patrón o un flujo en la misma dirección se perciben como una figura, es decir que la percepción de elementos interrumpidos entre sí, en ciertas condiciones nos proporciona la idea de elementos continuos.

Aquí, vale la pena subrayar que según Merleau-Ponty existe mayor cercanía entre la *Gestalttheorie* y la fenomenología de lo que a primera vista pudiera plantearse[329]. Nos dice que la psicología de la forma ha practicado un tipo de reflexión de la que la fenomenología de Husserl proporciona la teoría.[330] Además, el mismo Husserl al final de su vida "recupera la noción de <<configuración>> e incluso de Gestalt"[331].

Entre los varios aspectos que según Merleau-Ponty acercan la investigación fenomenológica a la *Gestalttheorie* vale la pena de considerar uno que solo en el curso de *FP* alcanzará mayor claridad. Sin forzar demasiado la interpretación, se puede decir que, en línea con el discurso de nuestro autor, la psicología de la forma sigue la fenomenología de Husserl poniendo en duda, como hizo también este último, algunos pilares históricos de la misma epistemología, es decir contraviniendo a la regla clásica que solamente la razón puede alcanzar, aun de forma limitada para los empiristas, la verdad. Sobre este punto, racionalistas y empiristas nunca quedaron distantes.

---

329 Merleau-Ponty expone su punto de vista aunque esté consciente de las criticas abiertas de Husserl a la Psicología de la Forma en *Nachwort zur meinen Ideen.*

330 *Ibid.,* p. 72.

331 Ídem.

El problema en cambio era representado por la explicación del origen del conocimiento y consecuentemente del alcance que este último pudiera tener sobre la realidad. Sin embargo, dentro de un mayor y menor dogmatismo, la única certeza que animaba hasta los más extremos escépticos empiristas era el hecho de que el manejo racional de las impresiones producidas en la percepción fuese lo que lograba una cierta ciencia del mundo.

La decisión de Merleau-Ponty de retomar la teoría gestáltica de la forma tiene un sentido muy importante, que toma en cuenta también las limitaciones de la psicología acerca de la posibilidad de dar vida a un discurso ontológico.

> La reprise merleu-pontienne des concepts-clefs de la *Gestaltpsychologie* (la *figure* el le *fond*, le *champ*, la *valorisation, spontanée*, etc.) n'est pas cepedant pas aveugle, et c'est sur un mode critique et circonspect que la catégorie de <<forme>>, en particulier, est intégrée à sa philosophie. Dès *La estructure du comportement*, Merleau-Ponty dénonce l'incapacité de la *Gestaltpsychologie* à rendre compte, *ontologiquement*, de ce que suppose la notion centrale de forme[332].

Sin embargo, a pesar de la lejanía en sus principios, fenomenología y *Gestalttheorie* ven en la actividad perceptiva un momento ante-predicativo, ya en sí estructurado, es decir ya íntimamente dotado de sentido. De hecho, Merleau-Ponty va más allá, porque para él la percepción "es precisamente este acto que crea de una vez, junto con la constelación de los datos, el sentido que los vincula –no

---

332   Silva-Charrak, C.D.A., *Merleau-Ponty...*, op. cit., p. 36: "La recuperación merleaupontiana de los conceptos clave de la *Gestaltpsycologie* (la *figura* y el *fondo*, el *campo*, la *valorización*, lo *espontaneo* etc.), sin embargo, no es ciega, y es de un modo crítico y circunspecto que la categoría de <<forma>>, en particular, se integra a su filosofía. Desde la *Estructura del comportamiento*, Merleau-Ponty denuncia la incapacidad de la *Gestaltpsycologie* de dar cuenta, ontológicamente, de lo que supone la noción central de forma".

solamente descubre el sentido que *estos tienen* sino que hace, además, *que tengan un sentido*"[333].

En *FP*, Merleau-Ponty propone una teoría de la percepción que sigue tres líneas teóricas que van confluyendo en el discurso de nuestro autor: la *Gestalttheorie*, la fenomenología y la teoría existencialista del Mundo; solo en parte hemos esbozado hasta ahora este último aspecto.

Siguiendo este camino la investigación se enfrenta entonces con el verdadero problema, "el problema general de la consciencia perceptiva". Porque desde *EC*, Merleau-Ponty reiteró que detrás de todo acto de pensamiento y de toda reducción, existe una conciencia pre-reflexiva en la cual estriba nuestro originario "estar en el mundo". En *FP* Merleau-Ponty reintroduce este argumento mediante un cambio de registro hermenéutico, pasando de un concepto objetivo y abstracto de ver, que caracteriza los experimentos sobre la percepción de la *Gestalttheorie*, en donde el sujeto no se encuentra mezclado con el mundo, a una "visión" cargada de sentido, cuando el ser humano experimenta una relación vital con el mundo. Saliendo, por tanto, del laboratorio de los psicólogos de la Gestalt, encontramos un mundo de sentidos que emergen, que ya están ahí porque ya a nivel perceptivo lo visto es cargado de una significación que es el producto de nuestra relación vital con el mundo.

> Una rueda de madera colocada en el suelo no es *para la visión* lo mismo que una rueda acarreando un peso. Un cuerpo en reposo, al no ejercerse ninguna fuerza sobre el mismo, no es para la visión lo mismo que un cuerpo en donde se equilibran unas fuerzas contrarias. La luz de una bombilla cambia de aspecto para el niño cuando, luego de una quemazón, deja de atraer su mano para convertirse, al pié de la letra, en repelente. La visión está ya habitada por un sentido que le da

---

333   *Ibid.*, p. 58.

una función en el espectáculo del mundo, lo mismo que en nuestra existencia[334].

De esta manera el tema básicamente epistemológico del ver, que había entrado en los laboratorios de los psicólogos de la *Gestalt*, toma en el discurso de Merleau-Ponty un rumbo diferente, en donde se expresa el verdadero sentido de la investigación fenomenológica que hemos explicado más arriba.

Aquí, cabe subrayar que la descripción "desde adentro" del acto perceptivo no lleva hacia un psicologismo, enemigo histórico de la investigación fenomenológica. Con este objetivo, para que no se pierda de vista el sentido filosófico y de cierta manera científico de la investigación, en el capítulo IV de su *FP*, Merleau-Ponty introduce el concepto que, por su específica doble naturaleza soluciona todos los problemas que se habían presentado desde una perspectiva epistemológica para la descripción del acto perceptivo: el cuerpo propio. Este concepto permite a Merleau-Ponty salvar el sentido de un análisis que tome como fundamento las experiencias subjetivas y personales y que al mismo tiempo busque en ellas un valor universal. En *FP* el autor lleva a cabo un cambio de perspectiva que pone entre paréntesis la objetivación del cuerpo humano hecha por la ciencia, e introduce la idea husserliana de "cuerpo propio", entendido como el cuerpo vivido internamente por cada individuo que es el referente de una experiencia única y original. Sin embargo, la referencia a Husserl será solo un punto de partida del cual nuestro autor desarrollará toda la segunda y tercera parte de *FP*.

Por la razón descrita, la percepción, que hasta entonces había sido un concepto filosófico central, pero de difícil aclaración, y que Merleau-Ponty había podido describir de forma negativa a partir de las nociones históricas de empirismo e intelectualismo, a este punto se vuelve objeto de investigación en un sentido positivo. Si hablamos

---

334   *Ibid.*, p. 73.

de percibir, dice Merleau-Ponty es porque antes de que el objeto sea para mí, he encontrado el mundo en la manera de la sensación.

De esta manera, es en relación con mi cuerpo, que yo no solo "veo", como objeto del mundo, sino que también "siento" desde adentro, en un sistema de cinestesias, ubiestesias y cenestesias, y en el cual el sentir mismo se vuelve nuevamente "un problema"[335]. De hecho, "el sentir [...] reviste a la cualidad de un valor vital, la capta, primero, es su significación para nosotros, para esta masa pesada que es nuestro cuerpo, y de ahí que el sentir implique siempre una referencia al cuerpo"[336].

De esta forma, el cuerpo, entendido como "mi cuerpo", el que yo siento, se vuelve el verdadero canal que lleva el sentido del discurso de una problemática meramente epistemológica a una realidad vivida, más bien una vivencia del mundo, cuya atenta descripción, en su manera, representa la acepción merleaupontiana de fenomenología.

Desde este nuevo punto de vista, la misma percepción que en *EC* representaba una facultad subjetiva y peculiar en cada individuo que dando al organismo su norma interior, le permitía relacionarse de forma peculiar con su entorno, en *FP* llega a relacionarse con la noción de sentido, la inteligibilidad del mundo y la vida intersubjetiva, en las cuales el cuerpo tiene un significado central. Si en la percepción el mundo toma un carácter significativo, ya no es solo –como en *EC*– porque la percepción es el interfaz entre lo físico, el organismo y lo humano y es "visible" por el concepto *intermedio* de forma; en FP, el mundo toma un carácter significativo porque antes que todo, se estructura con relación a mi cuerpo, porque está allí para mi cuerpo. El percibir, por tanto, se carga de sentido cuando nos abre a una comunicación vital con el mundo, haciéndolo vibrar como un lugar familiar de nuestra vida[337]. Regresaremos más en el detalle sobre esta imagen.

---

335 *Ibid.*, p. 73.

336 Ídem.

337 Ídem.

Mundo y cuerpo en relación

Si en *EC* ya Merleau-Ponty había hablado, sin desarrollar más la cuestión, de un "índice existencial", de experiencia de la existencia, en *FP* refiriéndose al Cogito tácito nuestro autor usa voluntariamente el patrimonio terminológico y teórico desarrollado por los filósofos existencialistas de aquel tiempo, como instrumentos hermenéuticos que agregan sentido a un discurso que se quedaría pobre si lo dejáramos en las solas manos de la explicación científica o de la filosofía de la reflexión.

Es esto lo que se puede notar a partir de la afirmación de que "no hay hombre interior, el hombre está en el mundo, es en el mundo que se conoce", frase que recuerda desde cerca el Sartre de *La trascendencia del Ego*. En otro lugar nos dice además que "cuando vuelvo hacia mí a partir del dogmatismo del sentido común o del dogmatismo de la ciencia, lo que encuentro no es un foco de verdad intrínseca, sino un sujeto brindado al mundo"[338].

Es difícil olvidar la manera en la cual la mirada científica hacia el hombre, así como aquella proporcionada por la filosofía de la reflexión, en sus diferentes versiones, intelectualista y empirista, han dado vida a un prejuicio fundamental con relación a la percepción, la cual desde años se ha quedado "mutilada".

> Como dice Cassirer, al mutilar la percepción por arriba, el empirismo la mutilaba también por abajo: la impresión queda tan falta de sentido instintivo y afectivo como la significación ideal. Podríamos añadir que, mutilar la percepción por abajo, tratarla, de buenas a primeras, como un conocimiento y olvidar su fondo existencial, es mutilarla por arriba, ya que equivale

---

338   *Ibid.,* p. 11.

a dar por adquirido y pasar en silencio el momento decisivo
de la percepción: el surgir de un mundo *verdadero y exacto*[339].

Aquí es conveniente considerar dos aspectos. El primero es que según Merleau-Ponty, la ciencia y la misma filosofía en su desarrollo han transformado su fe originaria en la percepción hacia la creencia reduccionista de que todo elemento y fenómeno estudiado es finalmente una "cosa", un "objeto" o ente determinado, cuya naturaleza, además, se explica según propiedades físico-químicas. Esta visión "objetivista" del mundo produjo una tendencia general a considerar el mismo cuerpo humano como un objeto entre los objetos, mientras quedaba excluido el sentido más importante, el que lo hace para mí "mi cuerpo". "El cuerpo viviente" sostiene "así transformado, dejaba de ser mi cuerpo, la expresión visible de un Ego concreto, para convertirse en un objeto entre los demás. Correlativamente, el cuerpo del otro no podía manifestárseme como la envoltura del otro Ego. No era más que una maquina [...]"[340].

Paralelamente, mientras el cuerpo viviente "se convertía en un exterior sin interior", la filosofía introducía una subjetividad que se convertía en un interior sin un exterior, en un "espectador imparcial", donde el "naturalismo de la ciencia y el espiritualismo del sujeto constituyente universal, en el que desembocaba la reflexión sobre la ciencia, tenían en común el anivelar la experiencia: delante del Yo constituyente, los Yo empíricos son ya objetos"[341].

De esta manera, así como el camino hacia la exterioridad quedaba como la única forma para comprender el cuerpo humano, el mismo mundo interior, que debía ser el punto de partida para una investigación completa de la manera mediante la cual el sujeto se relaciona con el mundo, quedaba limitada por la determinación de un sujeto

---

339 *Ibid.*, p. 74.
340 *Ibid.*, p. 76.
341 *Ibid.*, p. 77.

epistemológico puro, que representaba, según la filosofía de la reflexión, el centro temático a partir del cual se formaba el sentido del mundo, así como de las funciones mismas del sujeto, entre las cuales estaba, por supuesto, la misma percepción.

Frente a la perspectiva equivocada de la filosofía de la reflexión, por un lado, y de la ciencia moderna, por el otro, según Merleau-Ponty, antes de hablar del otro y de su cuerpo, antes de relacionarnos con la "cosidad" del objeto mundano, debemos dirigirnos al mundo en su primera forma de darse, es decir aquel "fondo existencial" que representa el lugar de origen, el estado de nacimiento de todo sentido.

> El primer acto filosófico, sería pues, el de volver al mundo vivido, más acá del mundo objetivo, pues es en él que podremos comprender así el derecho como los límites del mundo objetivo, devolver a la cosa su fisonomía concreta, a los organismos su manera propia de tratar al mundo, su inherencia histórica a la subjetividad, volver a encontrar los fenómenos, el estrado de experiencia viviente a través de la que se nos dan el otro y las cosas, el sistema <<Yo-El Otro-las cosas>> en estado de nacimiento, despertar de nuevo la percepción y desbaratar el ardid por el que ésta se deja olvidar como hecho y como percepción en beneficio del objeto que nos ofrece y de la tradición racional que ella funda.[342]

Como ya subrayamos, es justamente en el descrito regreso a las cosas concretas que estriba la fenomenología del primer Merleau-Ponty, contra el dúplice error de intelectualismo y empirismo.

La búsqueda de un horizonte primordial nos ofrece el sentido por el cual toda investigación humana, científica y filosófica, debe empezar y, de hecho, aun cuando no lo reconozca, desde siempre empieza.

---

342 *Ibid.*, p. 78.

Y este es el lugar proprio de la percepción, como horizonte prerreflexivo de la experiencia.

Por otro lado, como sabemos, en *FP*, sobre todo en su primera parte, Merleau-Ponty no renuncia totalmente a considerar al cuerpo así como se encuentra pensado y leído por la ciencia. Esta elección lleva consigo la fuerte fe, según la cual siguiendo este camino se puedan resaltar unos aspectos esenciales que nos permiten vislumbrar la dirección correcta dentro la alternativa "de no comprender nada acerca del sujeto o de no comprender nada acerca del objeto"[343].

El mero valor metodológico de esta elección se vuelve evidente en una página en donde, Merleau-Ponty propone empezar con tomar una posición cercana al pensamiento objetivo, es decir esa mirada de la cual dijimos que reduce a objeto todo elemento de la investigación, en una especie de reducción al revés que iluminará justo los límites del planteamiento objetivista de la ciencia.

> Sin querer prejuzgar nada, tomaremos el pensamiento objetivo al pié de la letra, sin hacerle preguntas que él no se haga. Si nos vemos obligados a encontrar detrás del mismo a la experiencia, no será más que motivados por sus propios apuros. Considerémoslo, pues, operando en la constitución de nuestro cuerpo como objeto, ya que tenemos aquí un momento decisivo de la génesis del mundo objetivo. Veremos que el propio cuerpo rehúye, en la misma ciencia, el tratamiento que se le quiere imponer. Y como la génesis del cuerpo objetivo no es más que un momento en la constitución del objeto, el cuerpo, al retirarse del mundo objetivo, arrastrará los hilos intencionales que lo vinculan a su contexto inmediato y nos revelará, finalmente, tanto al sujeto perceptor como al mundo percibido.[344]

---

343   *Ibid.*, p. 91.

344   Ídem.

Con estas palabras, Merleau-Ponty nos explica el aspecto más relevante de su método, que tal vez había quedado un poco obscuro en su discurso. La referencia a ejemplos, experimentos y teorías que se basan en una mirada que transforma en objeto a todo lo que ve, no parece para nuestro autor afectar una investigación que desde el título se autonombra "fenomenológica". Más bien, en cambio, permite entrever un camino allí en donde resaltan sus mayores limitaciones explicativas, porque justamente ahí resaltará aquel *plus* significativo del cual es posible, positivamente, empezar un discurso sobre el cuerpo proprio. El análisis fenomenológico, finalmente, no debe renunciar a la mirada "opaca" de la ciencia, en aras de una visión diáfana de un sujeto reducido que traiciona la experiencia, volviéndola, ahora sí un objeto. Los experimentos de la ciencia iluminan a la experiencia justo cuando el filósofo descubre que no todo puede reducirse a sus explicaciones, dejando entrever el fondo existencial que emerge en una especie de dialéctica necesaria.

En la parte central y final de *FP*, este aspecto volverá a estar presente en la obra, pero Merleau-Ponty cambiará el registro meramente fisiologista a favor de estudios psiquiátricos sobre las patologías psíquicas. Así, pues, la propuesta del primer Merleau-Ponty de una nueva manera de ver y entender la percepción y la corporalidad llega a acercarse a la escuela psicopatológica antropoanalítica que, junto con la *Gestalttheorie*, representa el otro referente psicológico fundamental de la obra merleaupontiana.

La fenomenología trascendental de los dos antecesores de Merleau-Ponty, Husserl y Sartre, necesitaba, justo en este punto, de un salto del concepto de campo trascendental a lo de campo fenoménico, en el cual el cuerpo reviste grandísima importancia. Sobre este aspecto, *FP* nos ofrece una amplia gama de ejemplos. Si investigamos la naturaleza misma del cuerpo, aun cuando lo consideremos desde el punto de vista de la ciencia moderna, mediante los experimentos sobre la sensación relativa a algún caso patológico, como lesiones periféricas o centrales, según Merleau-Ponty el primer aspecto que sobresale es el hecho de que no es posible pensar en la percepción como un efecto provocado por estimulaciones externas, sino más bien como el resultado de un encuentro en el cual el cuerpo está activamente presente en la organización de lo que finalmente será percibido. "La <<cualidad sensible>>" nos dice "las determinaciones espaciales de lo percibido, e incluso la presencia o la ausencia de una percepción, no son efectos de la situación efectiva al exterior del organismo, sino que representan la manera como éste va al encuentro de unas estimulaciones y cómo se remite a las mismas"[345].

Si, entonces, de un ir al encuentro se trata, se debería pensar en una especie de formalismo cuando queremos aclarar la relación entre estímulo externo y sensación.

> El <<acontecimiento psico-físico>> ya no es, pues, de un tipo de causalidad <<mundana>>; el cerebro se convierte en el lugar de una <<puesta en forma>>, puesta en forma que interviene ya antes de la etapa cortical, y que enmaraña, desde la entrada del sistema nervioso, las relaciones de estímulo y organismo.[346]

Este descubrimiento, que Merleau-Ponty hace a partir de resultados de experimentos científicos, implicaría un potencial organizativo presente *a priori* en el organismo que finalmente corresponde a una trascendentalidad de la corporalidad sobre el mundo. En otras palabras, se debería pensar en <<una puesta hacia afuera>> de la percepción que recuerda, en un cierto sentido, al conocido giro copernicano de Kant, si no fuera que para este último era el sujeto el encargado de unificar lo percibido mediante las formas a priori de la sensibilidad y no el cuerpo.

---

345 *Ibid.*, p. 94.
346 Ídem.

Sin embargo, no sería posible llegar a la eliminación de la concepción clásica que considera el cuerpo como pasivo y la percepción como el resultado de un proceso que va desde afuera hacia adentro, si a los estudios de casos de lesiones nerviosas y corticales no siguiera también una referencia al cuerpo *vivido* que cada uno puede experimentar, en donde se manifiesta una "anticipación" del cuerpo mismo sobre la cosa. Es aquí en donde los "hilos intencionales" emergen con toda evidencia:

> Esta forma que se dibuja en el sistema nervioso, este despliegue de una estructura, no puedo representármelos como una serie de procesos en tercera persona, transmisión de movimiento o determinación de una variable por otra. No puedo captar de ella un conocimiento distante. Si adivino lo que ella puede ser, es a base de dejar allí el cuerpo objeto, *partes extra partes*, y de referirme al cuerpo cuya experiencia actual poseo, por ejemplo, al modo como mi mano rodea por partes al objeto que toca, anticipándose a los estímulos y dibujando la forma que percibiré[347].

Esta importante noción de trascendentalidad del cuerpo, el cual se dirige al mundo de forma activa, "anticipándolo" en su *limen* sensible como previsión perceptiva que siempre "está en situación", está a la base de diferentes experiencias originales, una de las cuales, es aquella del espacio. Antes de ser una idea abstracta, la espacialidad se "vive" en la misma relación entre cuerpo y mundo, y justo dentro del intercambio sensible. Esta idea continúa y desarrolla ideas que ya encontramos en *EC*. Contra la noción "clásica" de conciencia introducida por intelectualismo y empirismo, ya no se puede hablar de separación entre sujeto y objeto: nuestro cuerpo representa el lugar de las tareas

---

347   Ídem.

compartidas con el mundo; "polarizado" por ellas, porque "existe hacia ellas", el cuerpo propio es el lugar de nuestra primera conciencia (irreflexiva) del mundo. Diferente en cambio es la espacialidad objetiva, que sería "de posición", a la cual el cuerpo no puede ser reducido. Por esta razón, "los psicólogos dicen a menudo que el esquema corpóreo es *dinámico*. Reducido a un sentido preciso, este término quiere decir que mi cuerpo se me revela como postura en vistas a una cierta tarea actual o posible. Y, en efecto, su espacialidad no es, como la de los objetos exteriores o como la de las <<sensaciones espaciales>>, una *espacialidad de posición*, sino una espacialidad *de situación*"[348].

En este sentido, mi cuerpo no participa de una espacialidad abstracta en la cual están los demás objetos del mundo, sino es la condición por la cual toda espacialidad externa toma forma y esto se da justamente gracias a la naturaleza extática y trascendental de un sujeto que diariamente se encarga de tareas que son antes que todo "corpóreas", determinadas por la misma naturaleza mundana del cuerpo. Por eso Merleau-Ponty nos dice que el <<esquema corpóreo>> es finalmente una manera de expresar que mi cuerpo es-del-mundo[349] y la posesión del espacio vivido en acción, "esta existencia espacial"[350], es la condición primordial de toda percepción viviente.

De esta forma podemos también subrayar que, a diferencia de Husserl, el cual limitaba la experiencia del cuerpo propio a aquella primordialidad sobre la cual, de forma analógica, construimos nuestra idea de la alteridad, para Merleau-Ponty la solución del filósofo alemán es importante pero no es suficiente. Nuestra experiencia del cuerpo propio origina nuestra manera peculiar de estar en el mundo, de dirigirnos al otro, no de forma abstracta, sino porque siempre la corporalidad está ya mezclada en una tarea de la vida, en la cual el

---

348   *Ibid.*, p. 117.
349   *Ibid.*, p. 118.
350   *Ibid.*, p. 126.

otro, que sea objeto o cuerpo orgánico ajeno, se inscriben primordialmente a nivel espacial. Por esta razón el espacio es el primer punto de un estudio sobre la corporeidad.

En este discurso empieza a prefigurarse, también, una teoría más general, donde se vuelve evidente otra vez la relación entre experiencia sensible y un nivel encarnado de intencionalidad; la comparación con las patologías mecánicas es de útil apoyo: "Mientras en el normal" nos dice "cada acontecimiento motor o táctil hace elevar a la conciencia un hormigueo de intenciones que van, desde el cuerpo como centro de acción virtual, ya hacia el cuerpo mismo, ya hacia el objeto, en el enfermo, por el contrario, la impresión táctil permanece opaca y cerrada en sí misma"[351].

El cuerpo es el lugar en donde se produce la acción, antes que estemos conscientes de ello. El enfermo al cual se le pide que ejecute con los ojos cerrados un movimiento abstracto, como por ejemplo que mueva el brazo, "primero se queda como cortado. Luego menea todo el cuerpo y los movimientos se restringen en seguida al brazo que el sujeto acaba <<encontrando>>"[352].

Para entender esta reacción, en la cual el enfermo "no dispone de su cuerpo más que como de una masa amorfa" y "no busca ni encuentra el movimiento, agita su cuerpo hasta que el movimiento aparezca", debemos considerar el actuar en su doble naturaleza o modalidad. El enfermo entiende de la consigna solo su *significación intelectual*, mientras desconoce la *significación motriz* que en cambio juega un lugar principal en el cuerpo del normal. La relación entre pensamiento y acción parece cortada. El enfermo,

> puede encontrar en el trazo de un movimiento efectuado la
> ilustración de la consigna dada, pero nunca puede desplegar
> el pensamiento de un movimiento en movimiento efectivo.

---

351 Ídem.

352 Ídem.

> Lo que le falta no es ni la motricidad, ni el pensamiento; así,
> se nos invita a reconocer, entre el movimiento como proceso
> en tercera persona y el pensamiento como representación del
> movimiento, una anticipación o una captación del resultado
> asegurada por el mismo cuerpo en cuanto potencia motriz, un
> <<proyecto motor>>, una <<intencionalidad motriz>>, sin los
> cuales la consigna no es más que letra muerta[353].

Mientras el enfermo entonces carece de la anticipación del movimiento proporcionada por el mismo cuerpo, el sujeto normal ejecuta el movimiento porque el pensamiento de un movimiento es anticipado por una intencionalidad motriz presente en el mismo cuerpo.

Volviendo a la conocida teoría de la *Gestalt*, Merleau-Ponty ofrece también una interpretación más del movimiento corpóreo. Todo movimiento concreto tiene un "fondo" inmanente sobre el cual emerge. De hecho, el fondo, que podríamos decir substrato vital, como en el caso de la situación de un gesto hecho en dirección de un amigo, representa la condición única para que se pueda dar un cualquier movimiento concreto.

Si indagamos, por tanto, la naturaleza misma de la corporalidad, encontramos que sus movimientos se encuentran siempre inscritos en una situación, que proporciona aquel fondo en el cual el movimiento toma forma y sentido. Pero antes de considerar este hecho desde un punto de vista que introduzca una implicación lingüística y tal vez semiótica del actuar humano, Merleau-Ponty está interesado en investigar la intencionalidad encarnada que hemos descrito desde la perspectiva de la vida intersubjetiva. En este horizonte el esquema corporal no solo representa la conciencia general que cada uno tiene de su cuerpo, sino también el fondo desde el cual el cuerpo se vuelve vector espacial hacia otro ser humano. Siguiendo el discurso de Merleau-Ponty, vamos a analizar este aspecto.

---

353   *Ibid.*, p. 127.

El sentido de la alteridad en la relación entre conciencia y mundo

La manera en la cual la alteridad se inscribe en nuestro campo perceptivo toma una importancia decisiva en la obra de Merleau-Ponty sobre todo a partir de las consideraciones sobre la naturaleza espacial del cuerpo vivido. Un punto sucesivo, igualmente central, es aquel en donde la alteridad es vista desde la perspectiva de las relaciones de deseo y amor que entrelazan los seres humanos, en donde Merleau-Ponty desarrolla su descripción del cuerpo como ser sexuado. De hecho: "Veamos como un objeto o un ser se pone a existir para nosotros por el deseo o por el amor y comprenderemos mejor de qué manera objetos y seres pueden existir en general"[354].

En efecto el carácter paradigmático de la afectividad consiste en su representar de forma peculiar nuestro estar en el mundo, antes y tal vez afuera de toda *cogitatio* o representación intelectual que podamos tener del mismo, en contra de Descartes quien, en cambio, quería reducir toda afectividad o pasividad del cuerpo al "pensamiento de un deseo, dolor o placer, etc..".

Si consideramos la percepción erótica, por ejemplo, "no es una *cogitatio* que apunta a un *cogitatum*; a través de un cuerpo apunta a otro cuerpo, se hace dentro del mundo, no de la conciencia"[355]. De esta forma Merleau-Ponty, no solo se pone en abierta crítica con la tradición filosófica de aquel concepto de conciencia que hemos definido "clásico", que reducía todo lo que pasa en la psique humana a un "pensamiento de" en Descartes, de una "idea de" en Locke y de un "juicio de" en Kant. En la mira de Merleau-Ponty está también el psicoanálisis orto-doxo, que según este autor tiene el defecto de reducir la sexualidad a cuestiones biológicas y fisiológicas, mientras, en cambio, él propone

---

354   *Ibid.,* p. 171.

355   *Ibid.,* p. 173.

"reintegrar la sexualidad al ser humano"[356] dado que "si la historia sexual de un hombre da la clave de su vida, es porque en la sexualidad del hombre se proyecta su manera de ser respecto del mundo, eso es, respecto del tiempo y respecto de los demás hombres"[357].

Sin embargo, Merleau-Ponty considera que no es correcto hacer de la sexualidad el sentido último de la existencia, sino simplemente una manifestación más de la existencia personal, junto con la vista, el oído y la corporalidad en general. De esta manera, Merleau-Ponty recupera la noción de existencia introducida por Binswanger en psiquiatría, cuando en lugar de describir un ser humano reducido a sus estímulos fisiológicos, el psiquiatra alemán lo pone en situación, considerándolo como un ser viviente arrojado al mundo y desde esta perspectiva busca entender su enfermedad mental. Así, sexualidad y existencia viven, según Merleau-Ponty, en una reciprocidad en donde es imposible decir que una es la causa de la otra, sino que la una y la otra se implican mutuamente dentro del mismo espacio intencional y vital, que hemos descrito en el parágrafo anterior.

En páginas cargadas de fuerte sentido existencialista, Merleau-Ponty se rehúsa reducir los problemas de la afectividad a los complejos freudianos, y de la misma forma reinterpreta la patología a partir del carácter más específico del ser humano, es decir su existir, como ser que está arrojado al mundo y que justamente a través de su corporalidad es del mundo. La descripción de un caso citado por Binswanger puede explicar esta situación:

> Una chica a la que su madre prohíbe volver a ver al muchacho al que ella quiere, pierde el sueño, el apetito y, finalmente, el uso de la palabra. Durante su infancia, se encuentra una primera manifestación de afonía luego de un terremoto, y más

---

356   *Ibid.*, p. 174.
357   *Ibid.*, p. 175.

adelante una vuelta a la afonía luego de un miedo violento.
Una interpretación estrictamente freudiana invocaría la fase
oral del desarrollo de la sexualidad. Pero lo que se ha <<fi-
jado>> en la boca no es solamente la existencia sexual, son,
de modo más general, las relaciones con el otro de las que
la palabra es el vehículo. Si la emoción opta por expresarse
a través de la afonía, es porque la palabra, entre todas las
funciones del cuerpo, es la que más estrechamente está ligada
a la existencia común o, como diremos, a la coexistencia[358].

De esta forma, según Merleau-Ponty las enfermedades psíquicas, así
como la posibilidad de su curación, se desarrollan de manera inconsciente[359]. Sin embargo, el inconsciente no es localizado en una parte
específica del cerebro, como si el defecto descrito de afasia pudiese ser
reconducido a defectos o traumas fisiológicos. Igualmente, el inconsciente no es representado simplemente como un horizonte escondido
del cual promanan toda nuestra toma de decisiones conscientes y
todos nuestros actos automáticos e inconscientes, en general nuestra
existencia. Para Merleau-Ponty, en cambio, "me comprometo con mi
cuerpo entre las cosas", porque "éstas coexisten conmigo como sujeto
encarnado"[360]. Si existen patologías como la descrita es porque desde
siempre, antes de todo cogito, estamos arrojados inconscientemente
en un mundo de relaciones espaciales, sexuales y temporales con el
otro, en una palabra "corporales", y estas relaciones no son excluidas
de nuestro horizonte interpretativo, sino, justamente porque se inscriben activamente en nuestro mundo vital, son parte de un horizonte
de sentido estructurado, que cada uno de nosotros puede enfrentar
y lograr comprender.

---

358   *Ibid.*, p. 177.

359   "El síntoma, como la curación, no se elabora a nivel de la consciencia objetiva
o tética, sino debajo de ella" cfr., *FP*, p. 180.

360   *Ibid.*, p. 202.

La sexualidad, en este sentido, no es la causa última de nuestras acciones, como quería el psicoanálisis clásico, y como, en filosofía lo fue el alma para el cuerpo y la voluntad para el sujeto. Ella se inscribe en el horizonte más grande de la corporalidad, que principalmente es dictado por la naturaleza temporal, de proyectarse en vista de algo, de vivir el presente y reanudar sus acciones con el pasado vivido.

> De una parte, en efecto, es para mi existencia la posibilidad de abdicar de sí misma, de hacerse anónima y pasiva de fijarse en una escolástica. En el enfermo del que hablamos, el movimiento hacia el futuro, hacia el presente vivo o hacia el pasado, el poder de aprender, de madurar, de entrar en comunicación con el otro han quedado como bloquedos en un síntoma corpóreo, la existencia se ha anudado, el cuerpo se ha vuelto <<el escondrijo de la vida>>. Para el enfermo, no ocurre ya nada, nada toma ya sentido y forma en su vida –o, más exactamente, no se dan más que <<ahoras>> siempre semejantes, la vida refluye en sí misma y la historia se disuelve en el tiempo natural [...]. Pero precisamente porque puede cerrarse al mundo, mi cuerpo es asimismo lo que me abre al mundo y me pone dentro de él en situación, El movimiento de la existencia hacia el otro, hacia el futuro, hacia el mundo, puede reanudarse al igual como río se deshiela[361].

De esta forma, Merleau-Ponty ataca por un lado la concepción clásica de un sujeto interior que se encuentra al mando de un cuerpo y por el otro la teoría moderna que el mismo sujeto consciente está en las manos de un poder inconsciente e interior, que no nace dentro de la mundanidad misma en la cual siempre él se encuentra arrojado, que no se alimenta de ella, sino que la precede y la controla.

---

361   *Ibid.*, p.181.

En cambio, la propuesta de Merleau-Ponty es de pensar en el "ser del mundo" del cuerpo como la experiencia originaria que, dada en forma inconsciente y constituida en una unión en la tripartición temporal, de la retención del pasado, de la presencia en el instante fluyente del ahora y del proyecto del futuro, determina toda nuestra acción e interpretación del mundo objetivo, así como nuestra visión y nuestra forma de desear el otro en general.

Sin embargo, para empezar a entender la especificidad del discurso merleaupontiano sobre el cuerpo es necesario colocar a este último en su lugar peculiar, es decir dentro de su incesante naturaleza expresiva. El cuerpo "expresa a cada momento las modalidades de la existencia", en el sentido que él es lo que expresa; cualquiera manifestación, normal o patológica finalmente no es filtrada por ninguna conciencia, sino la precede y la engloba. Como diría Sartre, la persona enojada no "representa" la ira sino "es" la ira. De la misma manera, según Merleau-Ponty, la enferma relatada por Binswanger "no mima con su cuerpo un drama que pasaría en su conciencia", es decir no es como una actriz en la escena, sino es justamente lo que siente. Sobre esta aceptación debería partir cualquier idea de cura y terapia.

Si consideramos entonces el núcleo central de *FP*, en estas páginas emblemáticas del texto Merleau-Ponty apoya abiertamente la teoría del psicoanálisis existencial, así como había nacido tanto de las conocidas obras de Binswanger como de Erwin Strauss. De esta manera el discurso sobre el cuerpo, después de la sexualidad, va dirigiéndose hacia los aspectos constitutivos del "estar en el mundo" de este último, en donde el siguiente paso es, precisamente, la referencia a la expresividad de la corporalidad y su "poder de significación"[362], ya introducida pero poco desarrollada en el capítulo sobre la sexualidad.

---

362   *Ibid.*, p. 191.

El cuerpo y el mundo intersubjetivo

Como se ha visto, en el curso de *FP* el discurso de Merleau-Ponty se ha ido dirigiendo hacia la descripción de una existencia pre-consciente del sujeto a partir del concepto de "conciencia perceptiva" que este autor ya había introducido en *EC* y que aquí se encuentra dentro la noción de *Cogito* tacito. En un estrecho pasaje de la percepción a la corporalidad, con la referencia al cuerpo vivido y a su relación con el espacio, Merleau-Ponty había llegado a reflexionar sobre el carácter sexuado del cuerpo. Este aspecto permitía explicar de una forma más detallada la manera de estar en el mundo del ser viviente, a partir de la descrita existencia preconsciente.

Por otro lado, un aspecto que se había quedado abierto era la referencia a la expresividad del cuerpo que encontramos en el capítulo dedicado al cuerpo como ser sexuado y que debería aclarar aún más el sentido de la manera específica mediante la cual antes que todo, todo sujeto "es del mundo". En el último capítulo de la primera parte de *FP*, intitulado "El cuerpo como expresión y la palabra" Merleau-Ponty engancha, por tanto, su investigación sobre el cuerpo a un tema que representa un verdadero *leit motiv* para la filosofía del siglo XX, el lenguaje. La importancia de este apartado consiste no solo en el hecho de que ocupándose de este tema el autor consigue rebatir de manera decisiva las tesis introducidas por el intelectualismo y el empirismo sobre la distinción entre sujeto y objeto[363], sino porque de estas consideraciones partirán las investigaciones sucesivas de Merleau-Ponty.

Si la relación entre corporalidad y espacialidad había permitido entrever una esfera de significación que a primera vista se quedaba escondida detrás de una concepción general del cuerpo como objeto

---

363   "Tratando de describir el fenómeno de la palabra y el acto expreso de significación, tendremos una oportunidad para superar definitivamente la dicotomía clásica entre sujeto y objeto" (Cfr. *ibid.* p. 191).

más en el mundo, la conexión con el valor abiertamente expresivo del cuerpo, enlaza la investigación de Merleau-Ponty con uno de los temas centrales de las últimas obras de Husserl, es decir, la intersubjetividad y aquel mundo cultural hecho de actos comunicativos de diferente forma y naturaleza (palabras, gestos, libros, etc..) que representa el contexto en el cual el yo y el tú, el sí mismo y el otro entran en relación.

"Mejor aún" nos dice "que nuestras observaciones sobre la espacialidad y la unidad corpóreas, el análisis de la palabra y de la expresión nos hace reconocer la naturaleza enigmática del propio cuerpo"[364]. De esta manera, Merleau-Ponty abre el camino por una segunda coordenada importante de su discurso. Si por un lado, desde el inicio, el cuerpo se había caracterizado como el lugar en donde se da la percepción originaria y pre-reflexiva del sentido del mundo, aquella conciencia pre-tética de la cual hemos estado hablando, ahora nuestro autor descubre una esfera más enigmática todavía, que corresponde al cuerpo como lugar a partir del cual el sentido se expresa, y que finalmente describe con mayor fuerza la trascendencia e intencionalidad que caracterizan a la corporalidad, ese mismo aspecto que Merleau-Ponty define en diferentes partes de su obra como "ser del mundo" del cuerpo.

Visto desde esta perspectiva, la corporalidad se vuelve objeto de una investigación mucho más difícil, respecto al cuerpo visto y pensado como cosa por la ciencia. Aquí ya no es posible aplicar la clásica diferencia entre objeto y conocimiento, y tampoco la más moderna distinción entre mundo y conciencia, que subsume la ontología bajo el horizonte epistemológico. Solo la fenomenología, con las ideas de correlato de un acto y de implicación intencional, pudo recobrar el sentido de una separación aparentemente irremediable, abriendo el camino a la investigación merleaupontiana. Si comúnmente "hay dos sentidos, y solamente dos, del vocablo existir: se existe como cosa o

---

364 Ídem.

se existe como consciencia [...] la experiencia del propio cuerpo nos revela, por el contrario, un modo de existencia más ambiguo"[365].

La razón de dicha ambigüedad es que, como ya vimos más arriba, cuando el cuerpo es mi cuerpo, el que yo vivo, ya no es objeto y la conciencia que podemos tener de él no es simplemente 'pensamiento de...', es decir, "no puedo descomponerlo y recomponerlo para formarme al respecto una idea clara. Su unidad es siempre implícita y confusa"[366].

Por esta razón, el sentido de una investigación sobre el cuerpo partirá necesariamente desde la interioridad de la vivencia subjetiva de la corporalidad propia en donde el cuerpo se entiende solo a partir de su relación con la vida que lo circunda y que, en un sentido general lo «ocupa». En efecto, "ya se trate del cuerpo del otro o del mío propio, no dispongo de ningún otro medio de conocer el cuerpo humano más que el de vivirlo, eso es, recogerlo por mi cuenta como el drama que lo atraviesa y confundirme con él"[367].

Este aspecto afecta, antes que todo, el discurso sobre la palabra y el acto expresivo. Detrás del habla, de toda palabra expresada, se descubre una "actitud, una función de la palabra, que lo condicionan"[368]. De hecho, "el mismo enfermo que no tiene ninguna dificultad en encontrar el término <<no>> para negarse a las preguntas del médico, eso es, cuando significa una negación actual y vivida, no consigue pronunciarlo cuando se trata de un ejercicio sin interés afectivo y vital"[369]. El cuerpo, por tanto, y el sujeto como conciencia encarnada, se expresa principalmente en situación, es decir cuando se encuentra en una relación efectiva con su interlocutor. Lo mismo pasaría para el acto de comprensión como cuando, encontrándome "en tierra extranjera,

---

365 *Ibid.*, p. 215.
366 Ídem.
367 Ídem.
368 *Ibid.*, p. 192.
369 Ídem.

empiezo a comprender el sentido de los vocablos por su lugar en un contexto de acción y participando a la vida común"[370].

Así como cuando me muevo no necesito representarme un espacio y mi cuerpo en él para moverme, sino simplemente "me muevo", lo mismo pasa con los vocablos, que no me represento mentalmente, sino simplemente los sé y los pronuncio. Merleau Ponty dice:

> Yo me remito al vocablo tal como mi mano se dirige al lugar
> de mi cuerpo sujeto a picadura, el vocablo está en un cierto
> lugar de mi mundo lingüístico, forma parte de mi equipaje,
> no dispongo más que de un medio para representármelo, el
> de pronunciarlo, como el artista sólo tiene un medio de repre-
> sentarse la obra en el que trabaja: es necesario que la haga[371].

Igualmente, "la palabra es un verdadero gesto y contiene su senti-do como el gesto contiene el suyo[372]". De esta forma, Merleau-Ponty considera que las palabras, en lugar de ser los <<signos>> del pensa-miento[373], esconden bajo su significación conceptual "una significación existencial, no solamente traducida por ellas, sino que las habita y es inseparable de las mismas"[374], porque "el pensamiento no es algo interior, no existe fuera del mundo y fuera de los vocablos"[375].

Por la misma razón, en su definición del acto de significación que se lleva a cabo cuando escuchamos a alguien, Merleau-Ponty recu-pera la noción husserliana, presente en las *Investigaciones* Lógicas, de intención significativa y de significado lleno[376], pero en este caso, la

---

370   *Ibid.*, p. 196.
371   *Ibid.*, p. 197.
372   *Ibid.*, p. 200.
373   *Ibid.*, p. 198.
374   *Ibid.*, p. 199.
375   *Ibid.*, p. 200.
376   Cfr. Cap. II, *infra*, p. 28.

experiencia perceptiva no es la única que se encarga del conocido *cumplimiento*. En el horizonte intersubjetivo, el sentido no es el producto de un saber preconstituido del pensamiento que se intercambia, sino brota directamente del mismo crisol del ser:

> Así como la intención significativa que ha puesto en movimiento la palabra del otro no es un pensamiento explicito, sino cierto hueco que quiere colmarse, igualmente la prosecución por mi parte de esta intención no es una operación de mi pensamiento, sino una modulación sincrónica de mi propia existencia, una transformación de mi ser[377].

Esta consideración nos lleva directamente a la corporalidad y a su profunda correspondencia con la comunicación mediante palabras y gestos corporales y por otro lado también con la intelección y comprensión del mundo que nos circunda. Es por mi cuerpo que comprendo al otro, como es por mi cuerpo que percibo <<cosas>>[378].

De esta manera, en páginas muy intensas, Merleau-Ponty recupera el sentido de un lenguaje que no existc antes de la palabra, sino que se da en un mundo de significaciones que antes que todo existe «para» nuestro cuerpo.

*   *

Aclarada de una vez la dirección de la investigación, es decir el horizonte que se abre indagando no el cuerpo objetivo, así como hace la ciencia, sino el cuerpo como se vive en la vida natural de todos los días, el discurso de Merleau-Ponty se dirige, finalmente, al verdadero punto central de su propuesta especulativa, el que trata de conectar

---

377 Merleau-Ponty, M., *FP*, p. 200.
378 *Ibid.*, p. 203.

la corporalidad, en el sentido que hemos descrito, con la actividad perceptiva y finalmente, la estructura muy específica de la conciencia mediante la cual estamos en el mundo.

La segunda y tercera parte, tituladas respectivamente "El mundo percibido y El ser-para-sí y El ser-del-mundo", representan la parte "constructiva" de la obra, después de la crítica a las filosofías de la reflexión y el concepto "clásico" de conciencia que encontramos en la primera parte.

Al inicio de la segunda sección de *FP*, Merleau-Ponty vuelve a hacer hincapié que sobre el tema de la percepción, intelectualismo y empirismo han dado vida al mismo error, a pesar de que el primero haya introducido una teoría de la relación entre mente y mundo, mucho más avanzada.

> El intelectualismo representa, sí un progreso en la toma de consciencia: este lugar fuera del mundo que el filósofo empirista sobrentendía y en donde se colocaba tácitamente para describir el acontecimiento de la percepción, recibe ahora nombre, figura en la descripción. Es el Ego trascendental. De este modo se ven traspuestas todas las tesis del empirismo, el estado de consciencia pasa a ser la consciencia de un estado, la pasividad, pro-posición de una pasividad, el mundo pasa a ser correlato de un pensamiento del mundo, y solamente existe para un constituyente. Y sin embargo sigue siendo verdad decir que el intelectualismo se da así el mundo ya hecho. En efecto, la constitución del mundo tal como éste la concibe es una simple cláusula de estilo: a cada término de la descripción empirista añade el índice <<consciencia de...>>[379].

En esta última descripción, estriba aquella filosofía de la reflexión que, como vimos en el primer capítulo empieza con Descartes en directa conexión con un concepto de conciencia que definimos "clásico"

---

379   *Ibid.*, p. 223.

y que influyó sobre más de doscientos años de la moderna filosofía y que empezó a declinar solo en la segunda mitad del siglo XIX.

Por tanto, para superar las limitaciones intelectualistas y empiristas, según Merleau-Ponty es necesario, sobre todo, recuperar el sentido primordial en el cual la percepción se presenta, es decir como experiencia vivida en la interioridad del propio cuerpo. Después de enseñar que lo que percibo no puede ser reducido a un "pensamiento de…", Merleau-Ponty repite la demostración que había hecho en *EC* relativa a la percepción de colores, según la cual estos últimos producen de forma general reacciones motrices en quien los percibe. "En conjunto" afirma "el rojo y el amarillo son favorables a la abducción, el azul y el verde a la aducción. Ahora bien, de manera general, la aducción significa que el organismo se vuelve hacia el estímulo y es atraído por el mundo; la abducción que se aparta del estímulo y se retira hacia su centro"[380]. Esto significa que "las <<cualidades sensibles>> distan, pues, de reducirse a la vivencia de un cierto estado o de un cierto *quale* indicibles", mientras "se ofrecen con una fisionomía motriz, están envueltas en una significación vital"[381].

De esta forma, la significación motriz de los colores demuestra que las sensaciones "afectan, en mí, cierto montaje general por el que estoy adaptado al mundo, si me invitan a una nueva manera de evaluarlo, y si, por otra parte, la motricidad deja de ser la simple consciencia de mis cambios de lugar presentes o próximos para convertirse en la función que, en cada momento, establece unos patrones de magnitud, en la amplitud variable de mi ser-del-mundo"[382].

Para aclarar este punto: en el discurso de Merleau-Ponty, la sensación se vuelve un momento al mismo tiempo activo y prerreflexivo que es parte de nuestra manera de estar en el mundo. Consiguientemente, se

---

380　*Ibid.*, p. 225.
381　Ídem.
382　*Ibid.*, p. 226.

introduce la idea de que este último, el mundo objetivo, nunca podrá ser visto solo y únicamente como un producto de un Ego trascendental consciente sino es el resultado de un contacto inmediato y pretético con un sustrato hilético que, como ya vimos en el capítulo anterior, en el caso específico de la sensación, nos hace vivir el mundo antes que sea objeto del entendimiento.

> Así, antes de ser un espectáculo objetivo, la cualidad se deja reconocer por un tipo de comportamiento que la toca en su esencia y es por ello que, desde el instante en que mi cuerpo adopta la actitud azul, obtengo una semipresencia del azul. No hay que preguntarse, pues, cómo y por qué el rojo significa esfuerzo o violencia, el verde descanso y paz; hay que volver a aprender a vivir estos colores como nuestro cuerpo los vive, o sea como concreciones de paz o violencia[383].

Sin embargo, lo sensible no solo tiene una significación motriz y vital que nosotros pasivamente aceptamos. Se parece más a una "cierta manera de ser-del-mundo que se nos propone desde un punto del espacio, que nuestro cuerpo recoge y asume si es capaz de hacerlo". De esta manera "la sensación es, literalmente, una comunión"[384] en donde el sujeto sensor no posee las sensaciones como objetos, sino simpatiza con ellas, las hace suyas y encuentra en ellas sus leyes momentáneas.

> El sensor y lo sensible no están uno frente al otro como dos términos exteriores, ni es la sensación una invasión de lo sensible en el sensor. Es mi mirada lo que subtiende el color, es el movimiento de mi mano lo que subtiende la forma del objeto o, mejor, mi mirada se acopla con el color, mi mano con

---

383 *Ibid.*, p. 226.
384 *Ibid.*, p. 228.

lo duro y lo blando, y en este intercambio entre el sujeto de la sensación y lo sensible no puede decirse que el uno actúe y el otro sufra, que uno sea el agente y el otro el paciente, que uno dé sentido al otro[385].

Después de estas consideraciones, parece obvio que la conciencia reflexiva, principal centro temático del intelectualismo, ya no representa el punto de partida de una especulación sobre la relación entre mente y mundo. Claro está, las consideraciones de Merleau-Ponty no pueden negar la dificultad que lleva todo discurso sobre algún momento prerreflexivo que, a pesar de que su objeto se dé dentro de en un horizonte inconsciente, se caracteriza necesariamente por ser el producto de una mirada consciente y reflexiva.

Nuestro autor no niega dicha dificultad, pero al mismo tiempo no la considera una total imposibilidad. Solo el hecho de que los experimentos científicos hayan vislumbrado el universo prerreflexivo y anónimo del cuerpo, es una evidencia de que se puede hablar de un "antes" del pensamiento que influye directamente sobre este. Saber de lo irreflexivo e indagar su esencia se vuelve, por tanto, la tarea más importante de la filosofía.

> Por medio de la sensación capto, al margen de mi vida personal y de mis propios actos, una vida de consciencia dada de la que aquellos surgen, la vida de mis ojos, de mis manos, de mis oídos que son otros tantos naturales. Cada vez que experimento una sensación, experimento que interesa, no a mi ser propio, aquel del que soy responsable y del cual decido, sino a otro yo que ya ha tomado partido por el mundo, que se ha abierto ya a algunos de sus aspectos y se ha sincronizado con ellos[386].

---

385 *Ibid.*, p. 229.
386 *Ibid.*, p. 231.

En este sentido, la reflexión no se puede excluir *a priori*, sino es sin duda el camino de la filosofía, pero de una filosofía que reconoce que en lo irreflejo estriba su mismo comienzo.

> La reflexión tiene que aclarar lo irreflejo de que es sucesora y poner de manifiesto la posibilidad del mismo para poder comprenderse a sí misma como comienzo[387].
>
> ¿Qué es lo que tenemos al comienzo? No un multiple, dado con una apercepción sintética que lo recorre y atraviesa de una parte a otra, sino cierto campo perceptivo sobre el trasfondo del mundo. Nada hay tematizado aquí. Ni el objeto, ni el sujeto están *pro-puestos*[388].

De esta forma, frente al descrito origen de lo reflexivo en lo irreflejo, Merleau-Ponty subraya que el intelectualismo debe reconocer el horizonte prerreflexivo que es representado por la sensación, en lugar de reducir el mundo objetual a una conciencia para sí, que hemos definida "clásica". Sobre este tema afirma que:

> la consciencia, tematizada por la reflexión, *es* la existencia para sí. Y, con el auxilio de esta idea de la consciencia y de esta idea de objeto, fácilmente se demuestra que toda cualidad sensible no es plenamente objeto más que en el contexto de las relaciones de universo, y que la sensación no puede existir más que a condición de existir para un Yo central y único[389].

En cambio, según Merleau-Ponty la tarea de la filosofía debe ser una "reflexión radical" en la cual fue Hume, el primero en encaminarse

---

387 Ibídem.
388 *Ibid.*, p. 256.
389 *Ibid.*, p. 234.

"porque de verdad ha querido llevarnos nuevamente a los fenómenos de los que tenemos experiencia"[390]. Ya no solo un Ego trascendental constituyente debe ser su punto de partida en toda descripción del mundo, como quiere el intelectualismo, sino el filósofo, así como Husserl subrayó en sus últimas obras, debe recuperar el sentido del mundo en su estado naciente. Esto porque "el yo reflejo difiere del yo irreflejo, por lo menos en cuanto ha sido tematizado, y lo que viene dado no es la consciencia ni el ser puro, es la experiencia, en otros términos, la comunicación de un sujeto finito con un ser opaco, del que aflora, pero en el que se mantiene empeñado"[391].

Es entonces en la experiencia pura del mundo que estriba, según Merleau-Ponty, el comienzo de todo posible conocimiento. Repitiendo la teoría husserliana de la síntesis perceptiva del objeto que, además, está íntimamente conectada con la síntesis de la conciencia percepti-va[392], nuestro autor se dirige al universo inexplorado de la experiencia prerreflexiva del mundo, el territorio de la percepción, en donde, así como no es posible hablar de un objeto "ya" totalmente constituido, de la misma manera no se puede hablar de un Yo constituyente completamente encerrado en sí mismo y en su conciencia.

Un aspecto que subraya la concordancia de la especulación de Merleau-Ponty con aquella del último Husserl, emerge en la conexión que el filósofo francés encuentra entre síntesis perceptiva y síntesis temporal. Pero la síntesis perceptiva es para nosotros una síntesis temporal, la subjetividad, a nivel de la percepción, no es nada más que la temporalidad y es esto lo que permite dejar al sujeto de la percepción su opacidad y su historicidad.

Opacidad e historicidad son, para Merleau-Ponty, el verdadero sentido del "ser del mundo" que caracteriza la corporalidad. En su

---

390 *Ibid.*, p. 235.

391 *Ibid.*, p. 234.

392 Cfr. Cap. II, *infra*, p. 34.

habitar dinámicamente dentro del mundo el cuerpo pone en forma aquella síntesis perceptiva de *Abschattungen* que encontramos en la fenomenología de Husserl. Pero, lo hace no solo porque el cuerpo está dotado de sentidos que posibilitan dicha síntesis, sino también porque sus sentidos ya están anclados en un mundo sensible, antes de que el sujeto se dé cuenta de un mundo de cosas desplegadas a su rededor. Es en la descrita relación temporal entre pasado y futuro que nace y toma forma nuestro conocimiento del mundo. "El acto de la mirada" sostiene "es indivisiblemente prospectivo, porque el objeto está al término de mi movimiento de fijación, y retrospectivo, porque se dará como anterior a su aparición, como el <<estímulo>>, el motivo o el primer motor de todo el proceso desde su principio. La síntesis espacial y la síntesis del objeto se fundan en este despliegue del tiempo[393].

Estas consideraciones nos introducen a un punto más de la investigación Merleau-Ponty que, en la segunda parte de *FP*, desarrolla la relación entre el para sí y el en sí a partir de la naturaleza temporal que caracteriza de un modo muy específico la manera en la cual el cuerpo se encuentra al mismo tiempo anclado al mundo y al sujeto.

El tiempo y la conciencia perceptiva

Merleau-Ponty desarrolla el discurso husserliano sobre la conciencia interna del tiempo, pero a partir de la noción de conciencia que hemos introducido en estas páginas. Mientras Husserl había concentrado su atención sobre ciertas vivencias interiores, como aquellas que nacen de la percepción de melodías musicales, al fin de comprobar la actividad constitutiva y sintética de la conciencia intencional de los fenómenos perceptivos, internos y externos, Merleau-Ponty introduce los conceptos husserlianos de protención y retención, en el contexto más general de

---

393   *Ibid.*, p. 254.

"campo perceptivo" en donde la naturaleza "existencial", el coeficiente
de vida de la conciencia trascendental toma un lugar principal.

Según este autor, nuestras nociones comunes de pasado y futuro
están directamente entrelazadas con el contexto en el cual diario nos
movemos y en el cual interactuamos. "El tiempo" afirma "no es, luego,
un proceso real, una sucesión efectiva que yo me limitaría a registrar.
Nace de *mi* relación con las cosas. En las mismas cosas, el futuro y el
pasado están en una especie de preexistencia y de supervivencia eter-
nas"[394]. Si consideramos, precisamente, la idea de futuro, esta última
no es algo de objetivamente presente delante de mí como posibilidades
entre las cuales claramente yo escojo. La verdadera esencia del futuro
es su compenetración con el contexto en el cual nuestras actividades
se preparan y se desarrollan según nuestras proyecciones intencionales, que todavía se encuentran en un estado naciente. Por esto "por
delante de cuanto veo y percibo, nada hay, sin duda, de visible, pero
mi mundo se continúa gracias a unas líneas intencionales que trazan
de antemano cuando menos el estilo de lo que va a venir"[395].

De esta forma, la teoría husserliana alrededor de la temporalidad
se dirigía, sobre todo, a la conciencia interna del tiempo y como vimos
a la conciencia perceptiva, con la intención de que ese mismo planteamiento pudiera dirigirse a la totalidad de las actividades sintéticas de
la conciencia o, en pocas palabras a toda experiencia real y posible. Sin
embargo, esta ampliación del esquema temporal –que desde luego no
había encontrado inicialmente una grande respuesta en Binswanger,
respecto a la mayor fuerza explicativa y el carácter seductor de la
teoría heideggeriana– no se mantuvo al centro del interés de Husserl,
el cual, abandonado el tema genético se sumergió en la redacción de
Ideas, hasta regresar con mayor vigor sobre el tema del tiempo en los
Manuscritos de Bernau.

---

394   *Ibid.*, p. 420.
395   *Ibid.*, p. 424.

Merleau-Ponty, abraza justamente aquel campo más amplio de fenómenos y de problemas, que en los años veinte Husserl había empezado a tematizar. De esta forma nuestro autor vuelve a entregar justamente a la percepción la tarea fundamental de preparar aquel fondo dentro del cual la actividad reflexiva resalta y define las relaciones ya presentes de forma inconsciente a nivel pre-tético, a partir de una noción de sujeto, como vimos, cuya naturaleza más íntima es su ser brindado al mundo.

> El papel, mi estilográfica, están ahí para mí, pero no los percibo explícitamente, más que ver unos objetos cuento con un contexto, me apoyo en mis utensilios, estoy para mi trabajo más que ante él. Husserl llama protenciones y retenciones las intencionalidades que me anclan en un contexto. No parten de un Yo central, sino, de alguna manera, de mi campo perceptivo que arrastra tras él su horizonte de retenciones y hace mella por sus pretensiones en el futuro[396].

Aquí se vuelve de suma importancia la referencia al concepto general de intencionalidad mediante el cual Merleau-Ponty trata de entender el sentido último del estar en el mundo de los seres vivientes. A un lado de la relación entre el ser viviente y el mundo de los objetos, la reflexión sobre el carácter intencional del estar en el mundo encuentra su máxima expresión en la vida intersubjetiva en donde las intencionalidades individuales se conforman en una ficta red de intencionalidades que se remandan la una a la otra, en donde, como pasaba en la conciencia perceptiva del mundo cosal, el evento más pasado está conectado a uno más reciente, y la protención de un futuro posible que reclama su aparición se sienta no en la azaro-

---

396   Ídem.

sa mezcla de alternativas e incógnitas, sino en la misma naturaleza intencional de la conciencia[397].

Sería imposible entender la manera en la cual se da la conexión entre tiempo y percepción en Merleau-Ponty sin dejar a un lado el concepto limitado de intencionalidad tética e introducir, otra vez, el concepto de "intencionalidad operante", que además en la última parte de *FP*, nuestro autor conecta al concepto heideggeriano de "trascendencia"[398].

La verdadera novedad de la obra de Merleau-Ponty consiste principalmente en que la trascendentalidad de la conciencia, que paradójicamente tiene sus raíces en la misma obra de Descartes, en Merleau-Ponty encuentra su mejor explicación en la noción de corporalidad. Es a partir del cuerpo, y su mezclarse con el mundo, que hay que leer toda relación entre sujeto y objeto, pero, antes que todo, la relación entre filosofía y mundo. Si la distinción entre sujeto y objeto es operada por la reflexión, y toda filosofía moderna post-cartesiana se ha movido en este preciso ámbito, separando la mente del mundo, la fenomenología de Husserl tiene la importancia de haber señalado la posibilidad de reformular el pensamiento mismo del ser del mundo a partir de su principal forma de darse, es decir el acto perceptivo que se lleva a cabo en la contemporánea mundanidad y subjetividad del cuerpo.

Sin embargo, como señalamos más arriba, la reflexión del filósofo alemán, llegaba solo a la descripción de la naturaleza temporal de la conciencia perceptiva, dejando a un lado, en sus escritos dedicados a la vida intersubjetiva y a la determinación de la alteridad psicofísica, la relación entre Mundo de la vida y temporalidad y quedándose en el punto de vista de la corporalidad originaria y propia o *Leib*, de la cual partirá justamente la reflexión merleaupontiana para la superación del solipsismo al cual llevaba la fenomenología husserliana. Por esta razón Marc Richir nos dice:

---

397 *Ibid.,* p. 423.

398 *Ibid.,* p. 426.

> Il y a dans l'aperception d'autrui cette appréhension *im-*
> *médiate* que <<je vis ma vie>> et pas celle de l'autre, et que,
> pourtant, je ne suis pas un *solus ipse* fermé sus soi, mais un
> ipse qui est phénoménologiquement ouvert, en sa vie et en
> son temps, à la vie et au temps de l'autre.[399]

En la segunda parte de *FP*, nuestro autor se dirige justamente hacia esta dirección. A pesar de la estrecha relación de su visión con *Ser y Tiempo* de Heidegger, existen algunos puntos esenciales que distinguen a nuestro autor. El primer aspecto es, claramente, el lugar del cuerpo y la ambigüedad del sujeto. Según Merleau-Ponty, dicha naturaleza ambigua estriba precisamente en que no solo el sujeto siente el mundo, es decir es el lugar en donde el mundo llega a ser sentido por el perceptor, sino también y al mismo tiempo puede sentirse a sí mismo, es decir se puede volver objeto de la misma conciencia.

De esta forma, la naturaleza ambigua[400] del cuerpo introduce justamente la posibilidad de completar, cerrar el vínculo entre sujeto y objeto que en la filosofía cartesiana había sido separado.

Por otro lado, el discurso de Merleau-Ponty no se queda solo en el marco de esta descripción. Si el cuerpo es aquel que nos acompaña diariamente en nuestro comercio con el mundo, entonces será justamente en su ser del mundo como objeto percibido por los demás que se estructurará primariamente la posibilidad de una relación intersubjetiva. En el estudio de este aspecto Merleau-Ponty quiere, sobre todo,

---

399   Richir, M. - Tassin, E. (eds.), *Merleau-Ponty, phénoménologie et expériences,* Millon, Grenoble, 1992, p. 8: "en la apercepción del otro hay esa aprensión inmediata que <<yo vivo mi vida>> y no aquella del otro y que, por tanto, yo no soy un *solus ipse* cerrado en sí mismo, sino un ipse que está abierto fenomenológicamente, en su vida y su tiempo, a la vida y al tiempos del otro".

400   En *Lo visible y lo Invisible*, la obra póstuma de Merleau-Ponty, este autor regresará sobre el tema de dúplice naturaleza del cuerpo vivido mediante la introducción de los conceptos de "entrelazo" y "quiasma" (Cfr. Visibile e Invisibile, traducción de *Le Visible el l'In visible,* Gallimard, París, 1964, reimpresión de 1988; texto establecido por Claude Lefort, con notas de trabajo).

superar la limitación de la visión husserliana que, como vimos, no
lograba ir más allá de la naturaleza constituyente del Yo trascendental
y alcanzaba solo la descripción de una "aprehensión analogizante"
entre sujetos vivos. Siguiendo otra vez el análisis de Richir:

> Tout d'abord, il est manifeste que Merleau-Ponty se place
> audelà de la rencontré duale moi-autrui, *dans* ce que Husserl
> nommait l'intersubjectivité trascendentale, pour en com-
> prendre, précisément, la nature trascendentale, jusque dans
> l'expérience que je puis avoir, apparemment solitarire, des
> objets ou des choses[401].

En la teoría husserliana que encontramos en la Quinta Meditación[402]
estriba, según Merleau-Ponty, un tipo particular de pensamiento llamado "objetivo" en donde "hay dos modos de ser y solo dos: el ser en
sí, que es de los objetos expuestos en el espacio, y el ser para sí, que
es el de la conciencia"[403], y que, como vimos, tiene su reflejo en *El ser
y la nada* de Sartre. Para nuestro autor el "otro" es algo más que un
ser que yo constituyo como objeto más en el mundo y es justamente
a partir de su carácter intrínsecamente contradictorio que es necesaria
una nueva lectura de la intersubjetividad.

> El otro sería delante de mí un en sí y, con todo, existiría
> para sí, exigiría de mí, para ser percibido, una operación
> contradictoria, dado que yo tendría que distinguirlo de mí
> mismo, eso es situarlo en el mundo de los objetos, y a la vez

---

401   Richir, M. - Tassin, E. (eds.), *Merleau-Ponty, phénoménologie….*, op. cit., p. 9: "En
primer lugar, es claro que Merleau-Ponty se sitúa más allá del encuentro dual yo-otro,
en lo que Husserl llamó intersubjetividad trascendental, para comprender, justamente,
la naturaleza trascendental, hasta en la experiencia que puedo tener, aparentemente
solitaria, de los objetos y las cosas".

402   Cfr, cap.2, *infra*.

403   Merleau-Ponty, *FP*, p. 361.

pensarlo como consciencia, o sea como esta especie de ser sin exterior y sin partes al que nada más tengo acceso porque es yo mismo y porque el que piensa y el pensado se confunden en él. No hay, pues, cabida para el otro y para una pluralidad de las consciencias en el pensamiento objetivo[404].

La propuesta de Merleau-Ponty, en cambio, parte justamente del cuerpo como experiencia vivida que cada uno tiene del mundo.

> Hemos aprendido a poner en duda en pensamiento objetivo, y hemos tomado contacto, más acá de las representaciones científicas del mundo y del cuerpo, con una experiencia del cuerpo y del mundo aquellas no consiguen resorber. Mi cuerpo y el mundo no son ya objetos coordinados el uno al otro por medio de relaciones funcionales del tipo de las que la física establece. El sistema de la experiencia en el que comunican no lo expone delante de mí ni lo recorre una conciencia constituyente[405].

Aquí, se pone en evidencia que según Merleau-Ponty no es posible hablar de conciencia constituyente del otro, porque no es posible hablar "en general" de un para sí. Ya a partir de mi relación infantil con los objetos, el conocido mundo "objetivo", antes que se vuelva un mundo de cuerpos ajenos y de sujetos vivientes, es un mundo para mi cuerpo fenoménico, es decir para mi cuerpo vivido que en ello se encuentra arrojado de una manera impersonal y profundamente anónima.

> En lo referente a la consciencia, debemos concebirla, no como una consciencia constituyente y como un ser para sí, sino como una consciencia perceptiva, como el sujeto de un

---

404   Ídem.
405   Ídem.

comportamiento, como ser-del-mundo o existencia, ya que es
solamente así que el otro podrá aparecer en la cumbre de su
cuerpo fenomenal y recibir una especie de <<localidad>> [406].

De esta forma, Merleau-Ponty quiere decir que el *impasse* al cual
lleva la idea de un yo constituyente del mundo y desde luego del
otro, se supera si consideramos el mundo como ya dado con y en
nuestro cuerpo antes de toda posible constitución reflexiva. El mismo
solipsismo en el cual se encerraría el yo constituyente no puede ser
considerado definitivo, porque "el rechazo <<del ser sea lo que sea>>
supone algo que rechazar, respecto del cual se distancia el sujeto"[407]
y "el rechazo de comunicar es aún un modo de comunicación"[408].

Para Merleau-Ponty la posición solipsista en sí no logra dar cuenta
de nuestro ya estar en el mundo antes de poder rechazarlo como una
nuestra construcción. "El solipsismo" afirma "no sería rigurosamente
verdadero de alguien que lograse constatar tácitamente su existencia
sin ser nada y sin hacer nada, lo que es imposible, puesto que existir
es ser-del-mundo"[409].

Merleau-Ponty está consciente de la dificultad de su discurso, el
cual levanta, más que todo, problemas, dejando abierto un amplio
espacio para preguntas. Sin embargo, el final de la segunda parte de
FP, al mismo tiempo el filósofo francés considera que su trabajo busque
dar un paso adelante respecto a una visión del ser que en filosofía se
había quedado bajo el concepto epistemológico de verdad.

Por esta razón, introduciéndose en la última parte de la obra, cuando habla de la contradicción de la cual hemos dicho, que finalmente
encontraría entre el ser para sí del sujeto constituyente y el ser en sí

---

406   *Ibid.*, p. 362.
407   *Ibid.*, p. 371.
408   *Ibid.*, p. 372.
409   Ídem.

del mundo espacial, un tercer tipo de ser[410], el del cuerpo, del cual
es difícil decir con certeza, nuestro autor dice:

> Tal vez se diga que una contradicción no puede situarse
> en el centro de la filosofía y que todas nuestras descripciones,
> al no ser en definitiva pensables, nada significan en absoluto.
> La objeción sería válida si nos limitásemos a encontrar bajo
> el nombre de fenómeno o de campo fenomenal un sustrato
> de experiencias pre-lógicas o mágicas. En tal caso, en efec-
> to, habría que escoger entre o creer en las descripciones y
> renunciar a pensar, o saber lo que uno dice y renunciar a
> las descripciones. Es necesario que estas descripciones sean,
> para nosotros, la ocasión de definir una comprehensión y
> una reflexión más radical que el pensamiento objetivo. A la
> fenomenología entendida como descripción directa hay que
> añadir una fenomenología de la fenomenología. Tenemos que
> volver al cogito para buscar en él un Logos más fundamental
> que el del pensamiento objetivo, que le dé su derecho relativo
> y al mismo tiempo, lo ponga en su sitio. En el plano del ser,
> nunca se comprenderá el que el sujeto sea a la vez naturante
> y naturado, infinito y finito. Pero si encontramos de nuevo el
> tiempo bajo el sujeto, y si vinculamos a la paradoja del tiempo
> las del cuerpo, del mundo y del otro, comprenderemos que,
> más allá, nada hay que comprender[411].

Esta larga cita nos introduce al último tema fundamental de *FP*, que
permite finalmente entender aquella reflexión radical que representa
el verdadero objetivo de la fenomenología del primer Merleau-Ponty.
Esta disciplina postula en la naturaleza peculiar de la corporalidad el

---

410   *Ibid.*, p. 366.
411   *Ibid.*, p. 376.

lugar de una nueva noción de intencionalidad y finalmente de sujeto y mundo. En la tercera parte de *FP*, nuestro autor nos propone un estudio fenomenológico de la corporalidad a partir de su relación con el mundo. Merleau-Ponty lo hace, antes que todo regresando sobre algunos temas ya tratados en la primera y segunda parte. Primeramente, está la conexión entre ser y percepción. Este acto representa justamente la forma primordial de presencia del mundo ante el ser, antes de toda conceptualización. En segundo lugar, Merleau-Ponty retoma la reflexión dirigida a la estructuración de lo percibido dentro de un horizonte situacional en el cual el cuerpo vivido emerge como verdadero centro propulsivo de una fuerza intencional pre-reflexiva.

> El movimiento del cuerpo sólo puede desempeñar un papel en la percepción del mundo si él mismo es una intencionalidad original, una manera de referirse al objeto distinto del conocimiento. Es necesario que el mundo esté a nuestro alrededor, no como un sistema de objetos de los cuales hacemos la síntesis, sino como un conjunto abierto de cosas hacia las cuales nos proyectamos[412].

Igualmente, en el mismo horizonte en el cual el cuerpo produce la síntesis geométrica del espacio, este se despliega en su más intrínseca naturaleza, es decir la expresiva.

> Nuestro cuerpo en cuanto se mueve, eso es, en cuanto es inseparable de una visión del mundo, y es esta misma visión realizada, es la condición de posibilidad, no solamente de la síntesis geométrica, sino también de todas las operaciones expresivas y de todas las adquisiciones que constituyen el mundo cultural[413].

---

412   *Ibid.*, p. 396.
413   *Ibid.*, p. 397.

De esta forma, el cuerpo no solo repite lo ya visto y escuchado, como el receptáculo de un sistema simbólico propio de la cultura en la cual se expresa; su apertura originaria es la condición de posibilidad mediante la cual un sentido nuevo, un pensamiento todavía inexplorado puede darse y finalmente ser comunicado al mundo intersubjetivo de la cultura y lograr alcanzar en ello una respuesta que produzca un cambio en cada sujeto en la forma de percibir el mundo. Con estas consideraciones Merleau-Ponty tiene en la mente sobre todo la actividad artística que se volverá sumamente importante en las siguientes obras de este autor.

La naturaleza específica del cuerpo, en su estrecha conexión con el mundo cultural como expresión de un sentido ya incorporado en el ambiente en el cual este nace y vive y al mismo tiempo proyectado hacia su transformación, se vuelve más clara en la última reflexión de Merleau-Ponty dedicada a la temporalidad, en la cual la crítica al Cogito cartesiano alcanza su punto más alto.

Según lo que vimos hasta ahora, Merleau-Ponty considera que entre tiempo y subjetividad existe una relación muy estrecha. Antes que todo, el primero no me precede como una realidad externa a mi existencia, sino nace de mi relación con las cosas. En directa conexión con su teoría de la conciencia perceptiva, Merleau-Ponty ve a esta última como lo que despliega y constituye el tiempo, en su relación continua con el mundo objetual e intersubjetivo. Si es imposible creer en el *Cogito* cartesiano, es porque el sujeto está arrojado en el mundo como ser temporal. "Es, pues, necesario, correlativamente, que el sujeto no esté situado en él mismo para que pueda estar presente en intención así en el pasado como en el futuro"[414]. Aquí, la reflexión radical de Merleau-Ponty llega a la superación de la distinción no solo de sujeto y objeto, sino también de inmanente y trascendente. Mientras el solipsismo es una mera posibilidad, además ficcional,

---

414   *Ibid.*, p. 422.

que finalmente se concentra y produce a partir de la palabra y de un lenguaje interior que no puede representar totalmente el sentido del ser humano, la trascendentalidad propuesta por las filosofías de la conciencia, a partir del "pensamiento de" de Descartes, pasando por el "Yo Pienso" kantiano, hasta el concepto ultimo de intencionalidad de la fenomenología, lleva hacia una implicación entre mente y mundo que estriba en la idea de fenómeno, el cual según Merleau-Ponty llega a flexionar la misma idea de "trascendencia" de la conciencia.

Según nuestro autor, no es correcto hablar de un mundo separado del sujeto, porque este último está desde siempre ya perceptivamente y, por lo que dijimos, temporalmente insertado en él mediante el cuerpo habitual que lo constituye en su esencia. Frente a la caracterización del sujeto como esencialmente temporal y arrojado en un cuerpo que es mundo y un mundo que es cuerpo, pero en una relación que no puede ser considerada de naturaleza causal[415], llegamos al último tema que cierra las especulaciones de esta segunda obra de Merleau-Ponty: la cuestión de la acción del hombre y su libertad.

Este tema refleja desde cerca la misma inquietud que algunos años antes de su obra encontramos en *El ser y la nada* de Sartre. Sin embargo, mientras para este último la libertad constituye en su esencia el mismo modo de ser del hombre, como conciencia[416] y como nada de ser, para nuestro autor el actuar libremente está definido siempre por un campo que no es de simples posibilidades entre las cuales cada sujeto pueda escoger. Aun así, sin embargo, el carácter que define la libertad humana no remite ni a un determinismo, ni a aquella opuesta responsabilidad proyectante que encontramos en Sartre. Para entenderlo hay que dejar hablar el mismo autor que al final de su obra nos dice:

____

415   *Ibid.*, p. 442.
416   Véase, *infra* cap. 2.

¿Qué es, pues, la libertad? Nacer, es a la vez nacer del mundo y al mundo. El mundo está ya constituido, pero nunca completamente constituido. Bajo la primera relación somos solicitados; bajo la segunda estamos abiertos a una infinidad de posibles. Pero este análisis es aún abstracto dado que existimos bajo las dos relaciones a la vez. Nunca hay, pues, determinismo, ni jamás opción absoluta, nunca soy cosa ni nunca consciencia desnuda. [...] La generalidad del <<rol>> y de la situación vienen en ayuda de la decisión, y, en este intercambio entre la situación y el que la asume, es imposible delimitar la <<parte de la situación>> y la <<parte de la libertad>>[417].

En este sentido la libertad consiste en las elecciones que cada sujeto toma a partir de aquel contexto humano en el cual se encuentra mezclado desde su nacimiento. Ser libre entonces tiene sentido solo a partir de los horizontes vitales que representan el fondo sobre el cual cada uno decide proyectarse, llegar a ser, y sin el cual no solo no habría proyecto sino no sería posible hablar de acción libre. Waldenfels, profundizando en este aspecto, nos dice que "un campo de actuación convierte en más viables esto, dificulta más aquello, excluye aquel otro sin obedecer a una ley del Todo o Nada que solo permitiría actuaciones soñadas"[418]. De esta manera no sería posible hablar por un lado ni de destino, tal vez inscrito en las mismas posibilidades del cuerpo y del contexto, ni, por el otro, de fatalismo y casualidad, así como encontramos en la noción de responsabilidad libre de Sartre.

En la propuesta de Waldenfels estriba el sentido fundamental de la investigación de Merleau-Ponty, en donde la crítica a la filosofía de la conciencia llega a enfrentarse con el último de los aspectos, es decir

---

417   *Ibid.*, p. 460.

418   Waldenfels, B., *De Husserl a Derrida, Introducción ala fenomenología*, Paidós, Barcelona, 1997, p. 71.

la relación entre sujeto epistemológico y el mundo de los fines, de las elecciones individuales y finalmente de la relación entre la motivaciones en el horizonte intersubjetivo. Es importante enfatizar que al final de su obra, con relación a la descrita problemática sobre el estatuto de la alteridad, Merleau-Ponty introduce nuevamente aquel discurso de la ambigüedad (De Waelhens, 1951) que ya habíamos encontrado en su descripción de la conexión entre acto perceptivo y cuerpo y que confluye al final de su vida en el concepto de quiasma[419]. Es aquí, en esta elección de la ambigüedad en la descripción de la libertad que constitutivamente caracteriza la acción humana, en donde llega final-mente el último discurso de *FP* y que sin duda expone los problemas fundamentales que este autor tratará en sus obras sucesivas, para las cuales la dirección de la investigación será precisamente aquella del estudio del mundo cultural (lenguaje, pintura, instituciones, etc...) con la finalidad de enmarcarlo en una teoría ontológica[420]. Sin embargo, si de esto no vamos a hablar aquí, es porque el sentido de nuestro discurso ha encontrado los problemas que le interesaban, es decir aquellos que se desarrollan alrededor del origen del concepto moderno de conciencia y la búsqueda de su superación mediante una reflexión radical. De hecho, el mismo Merleau-Ponty lo reconoce en *Lo visible y lo invisible*, cuando dice en una nota de enero del 1959 que el contenido de ese libro[421], el cual "retoma, profundiza y modifica mis dos primeros libros, debe ser hecho totalmente en la perspectiva

---

419   Merleau-Ponty, M., *Visibile e invisibile*, op. cit., p. 147 en adelante.

420   "Como señala el estudioso francés de Merleau-Ponty, Renaud Barbarás (cfr. Barbarás, R., *Merleau-Ponty et la nature*, Chiasmi International 2, 2000, 47-62), el tema de la <<natura>> apunta a configurarse como la culminación de una trayectoria filosófica que, partiendo del marco de las filosofía fenomenológicas y de corte existencialista, se niega a permanecer en el ámbito de las <<filosofías de la conciencia>> o a resolverse en <<antropología>>, y se propone, más bien, abrir una nueva interrogación ontoló-gica, una nueva filosofía del Ser, aunque, ciertamente, sin renunciar a las orientaciones de una perspectiva estricta y esencialmente fenomenológica, esto es, sin volver a un objectivismo ya empirista o ya intelectualista" (cfr., Ramírez C., M. T., *La carne de la tradición. De Husserl a Merleau-Ponty,* en *Escorzos...*, op. cit., p. 86).

421   Que este autor nunca terminó.

de la ontología"[422]. En esta perspectiva, por lo tanto, tenemos que ver las obras sucesivas de este autor, mientras, de las primeras dos que cautivan desde años nuestro interés, decidimos hacer un discurso a parte, justamente por el carácter de prologo u *ouverture* a una ontología; por su objetivo, que esperamos haber aclarado suficientemente, de cuestionarse y finalmente hacer *tabula rasa* de los presupuestos de filosofía de la reflexión que ha condicionado el pensamiento moderno, las primeras obras de Merleau-Ponty siguen representando un parteaguas imprescindible para la comprensión de la filosofía actual.

422　Merleau-Ponty, M., *Visibile...*, op. cit., p. 186 (trad. del autor).

CONCLUSIONES
EL SENTIDO DE LA REFLEXIÓN RADICAL DE LAS
PRIMERAS OBRAS DE MERLEAU-PONTY

El amplio recorrido que hemos seguido en este trabajo ha tratado de aclarar dos aspectos centrales. Como primer punto hemos querido subrayar la manera en la cual en sus primeras obras Merleau-Ponty buscó ponerse en directa oposición con las pretensiones de la tradición epistemológica de la edad moderna sobre todo en su versión intelectualista, y en general de la filosofía, de alcanzar una verdad ultima sobre el hombre y su actividad práctica a partir de un Yo teorético abstracto y lejano de la vida. Con esta finalidad, hemos subrayado que la propuesta de este autor se inscribe en una transformación del concepto de sujeto "hacia su trascendentalidad", que pasando por Kant había llegado a la fenomenología de Husserl y a la propuesta existencialista de Sartre. Contra este camino, que finalmente seguía en la rienda de una concepción clásica de sujeto que hemos definido "metafísica", presente sobre todo en el pensamiento racionalista e intelectualista y en el idealismo alemán, Merleau-Ponty introduce una posición novedosa, que indirectamente da cuenta del desarrollo del pensamiento moderno en contra de la "filosofía de la conciencia"; una crítica que inaugurada por Schopenhauer, se encuentra en Nietzsche, Freud, Heidegger, y después de Merleau-Ponty, en Lacan, Foucault y Deleuze.

A pesar de la evidente conexión con los primeros autores, nos pareció más directa y evidente la relación entre las obras del joven Merleau-Ponty y el trabajo especulativo de Husserl, del cual nuestro autor parte con la finalidad de dar vida a una reflexión radical sobre la relación entre mente y mundo. La especulación husserliana sobre la percepción, su interés hacia "las cosas mismas" y la conexión entre intencionalidad y mundo de la vida, llevan Merleau-Ponty a desarrollar una idea de conciencia perceptiva que está directamente implicada con la naturaleza ambigua de la corporalidad, es decir su ser al mismo tiempo "propiedad" (*Eigenheitlichkeit*, en un sentido husserliano) y ajenidad, alteridad, es decir en su calidad de "ser del mundo".

De esta manera, hemos evidenciado el hecho de que las primeras dos obras de Merleau-Ponty representan solo un esbozo de una crítica al pensamiento occidental, que en lugar de apoyarse en un método de investigación meramente intuitivo, el cual tendría el riesgo de dejar a un lado las exigencias de rigurosidad y el llamado de "ir a las cosas mismas" que nacen en el seno de la fenomenología, se dirige hacia una descripción científica y experiencial del cuerpo, en búsqueda del discurso que logre superar las aporías y las limitaciones a las cuales habían llevado las teorías modernas del conocimiento.

Sin embargo, el hecho de que el objetivo de Merleau-Ponty no sea meramente epistemológico, y que más bien su finalidad sea el revelamiento, en la investigación de la dimensión perceptiva de la corporalidad, de un sujeto encarnado en un mundo compartido con el otro, se hace evidente en la parte final de *FP* en donde, en el estudio de la alteridad, se prefigura una primera teoría de la libertad.

Merleau-Ponty está consciente de que el resultado de sus primeros trabajos no alcanza totalmente el objetivo, y hasta en su obra póstuma él mismo reconocerá las limitaciones y los problemas de sus primeras investigaciones[423]. Sin embargo, este aspecto no resta importancia a las obras aquí consideradas, sobre todo a *FP*, que sigue siendo un trabajo capital para el discurso filosófico moderno. Imaginarse la existencia de una nueva posibilidad de concebir al hombre, dentro y a partir de

---

423   Cfr., Merleau-Ponty, M., *Il visibile e l'invisibile*, op. cit., p. 145.

las limitaciones del patrimonio conceptual y de los problemas que Merleau-Ponty había heredado de la tradición filosófica, representa una inquietud tan novedosa que hace de nuestro autor un pasaje obligado para comprender el pensamiento filosófico actual.

Junto con este primer punto, existe otra reflexión que nos interesa proponer. Conforme a como se desarrolla el discurso sobre la corporalidad, la investigación de Merleau-Ponty toma una dirección novedosa que no solo abre el camino a sus obras sucesivas, sino también que será de enorme estímulo para numerosos pensadores que vendrán después de él. En este sentido, el cuerpo, así como lo entiende Merleau-Ponty, no solo es el lugar en donde es posible llevar a cabo una crítica radical a la metafísica del sujeto empezada por Descartes. En el descubrimiento de una corporalidad activa que participa en la formación del sentido del mundo, estriba una lectura novedosa de las posibilidades de la misma filosofía, la cual ya no se concibe solo como una mera actividad reflexiva (como, de hecho, el mismo Husserl demuestra ya a partir de sus *Investigaciones Lógicas*) sino la acerca a otras formas de indagación de la naturaleza humana, como el arte y la ciencia del siglo XX.

Para entenderlo es necesario partir del valor significativo que tiene el concepto de verdad en el discurso de Merleau-Ponty. Si el método cartesiano ha fallado en alcanzarla mediante una actividad reflexiva, es porque este no ha logrado dar cuenta de toda experiencia, real y posible, en los límites de su pura aparición. La nueva dirección abierta por el estudio de la estructura ontológica del cuerpo vivido permite alcanzar, en cambio, una lectura del sentido del estar en un mundo que no solo es mío, sino que se caracteriza por el horizonte intersubjetivo del *nosotros*. Por esta razón, y esto lo entendió Deleuze (1991, p. 146), entre filosofía y ciencia existe una substancial diferencia. Mientras la segunda está determinada por un sistema conceptual y una visión del mundo basada en la leibziniana *mathesis universalis*, la primera refleja la imagen directa del mundo de la vida y por esta razón no se puede limitar a una teoría o a una posición definitiva. Así como la vida corporal representa una continua apertura expresiva al mundo, en donde el sentido se sedimenta y se reconstituye, a partir del común comercio intersubjetivo, de la misma forma, la filosofía que busca desde la antigüedad la verdad universal encuentra solo la verdad del mundo en el cual el sujeto histórico vive, antes que todo, como cuerpo entre los cuerpos y, sin embargo, es capaz todavía hoy de producir una mirada abierta y esencial, para la cual probablemente no caben conceptos como claridad y distinción. Así mismo, es posible entender las palabras de Merleau-Ponty, cuando busca explicar su significado de fenomenología:

> C'est à dire que jamais le philosophe revenant en deçà des déterminations de fait qui limitent sa vision, n'atteint en lui-même un penseur universel à tous égards. Il est toujours situé, il est toujours individué, et c'est pourquoi il a besoin du dialogue ; la plus sûre manière pour lui de franchir ses limites, c'est d'entrer en communication avec les autres situations (les autres philosophes ou les autres hommes). Comme Husserl l'a écrit dans ses dernière, philosophique, ultime, radicale, ce que les philosophes appellent <<la Subjectivité trascendentale est une intersubjectivité>>[424].

El filósofo está siempre situado, individualizado, en pocas palabras histórico y solo abriéndose mediante el diálogo al otro, como filósofo

---

424   Merleau-Ponty, M., *Sur Husserl. Sciences de l'homme et phénoménologie* en Œuvres, Gallimard, Paris, 2010, p. 1213: "Es decir, nunca el filósofo regresa debajo de las determinaciones de hecho que limitan su visión, ni alcanza, en sí mismo, un pensador universal en todos los sentidos. Está siempre situado, está siempre individualizado y por eso necesita el diálogo; la forma más segura de traspasar sus límites es entrando en comunicación con otras situaciones (los otros filósofos o los otros hombres). Como escribió Husserl en sus últimas obras filosóficas, radical, lo que los filósofos llaman <<la Subjetividad trascendental es una intersubjetividad>>".

y hombre, puede fundamentar su filosofía y trazar aquellos límites a partir de los cuales dar vida a su discurso, siempre con la idea de que el camino es largo y que ningún objetivo logrado puede frenar la marcha.

De esta manera, las ideas contenidas en los primeros trabajos de Merleau-Ponty, a pesar de que dejan abierto un discurso que este autor tratará de desarrollar en varias direcciones en los años sucesivos, representan indudablemente uno de los mayores aportes dentro de las modernas teorías filosóficas para entender los errores conceptuales, pero sobre todo estructurales, que siguen a la fractura post-cartesiana entre ontología y epistemología y por el otro para subrayar el significado inconmensurable de las ideas aportadas por la investigación fenomenológica.

Finalmente, si el cuerpo merleaupontiano no se inclina por ninguna posición clásica, ni empirista ni intelectualista, es porque queda claro que, en la peculiar naturaleza, doble y ambigua, de aquél, estriba toda posibilidad de unificación entre sensibilidad e intelecto; pero, sobre todo, también la posibilidad de la misma filosofía de llevar a cabo una reflexión radical sobre sí misma y de renacer al mundo como discurso vivo, hecho por hombres y para los hombres. Si el cuerpo merleaupontiano no se inclina entonces por ninguna posición clásica, tampoco lo hace su filosofía, que de esta forma se quedará como modelo único para los filósofos del porvenir.

Bibliografía:

Abbagnano, N.,

- *Storia della filosofia*, Vol. IV, TEA, 1999.

- *Storia della filosofia*, Vol. VI, TEA, 1999.

Acebes J., R., *Subjetividad y mundo de la vida en Husserl y Merleau-Ponty*, tesis doctoral, Universidad Complutense de Madrid, Facultad de Filosofía, 1995.

Agamben, G., *Infancia e historia*, Adriana Hidalgo, Buenos Aires, 2007.

Alves, P. M. S., *Fenomenología del tiempo y de la percepción*, Biblioteca Nueva, Madrid, 2010.

Arendt, H.,

- *Seminario sobre la Critica del Juicio de Kant*, en *Escritos de Filosofía Política*, Alianza, Madrid, 2003.

- *La vida del espíritu*, Paidós, Barcelona, 2002.

Arias Muñoz, J. A., *La antropología fenomenológica de M. Merleau-Ponty*, Ragua, Madrid, 1975.

Ariewen, R., "What Descartes Read: His Intellectual Background", en S. Nadler, T. M. Schmaltz y D. A. Mahut (Eds.), *The Oxford Handbook of Descartes and Cartesianism*, Oxford University Press, UK, Online Publication Date: May 2019, p. 46.

Balibar, É., *Introducción. Le traité lockien de l'identité* en *Locke, J., Identité et différence. L'invention de la conscience*, Paris, 1998.

Barbaras, R.,

- *Merleau-Ponty et la nature*, Chiasmi International 2, 2000, 47-62

- *De l'être du phénomène: L'ontologie de Merleau-Ponty*, Millon, Grenoble, 1991.

- *La percezione. Saggio sul sensibile*, Mimesis, Milano, 2002.

Billbeny, N., *Kant y el tribunal de la conciencia*, Gedisa, Barcelona, 1995.

Bech, J. M., *Merleau-Ponty. Una aproximación a su pensamiento*, Anthropos, Barcelona, 2005.

Bello R., E., *De Sartre a Merleau-Ponty. Dialéctica de la libertad y el sentido*, Universidad de Murcia, Salamanca, 1979.

Benítez, L., Robles, J. A. (compiladores),

- *El problema de la relación mente-cuerpo*, UNAM, México, 1993.

- *Percepción: colores*, UNAM, México, 1993.

Boburg, F., *Encarnación y fenómeno*, Universidad Iberoamericana, México, 1996.

Bodei, R., *Destinos personales* (trad. de S. Sánchez), El cuenco de plata, Buenos Aires, 2006.

Brentano, F., *La psicología desde un punto de vista empírico* (trad. de J. Gaos), Revista de Occidente, Madrid, 1937.

Burke, P., Veken, J. (compiladores), *Merleau-Ponty Contemporary Perspective*, Kluwer, Dordrecht, 1993.

Civita, A., *Filosofia del vissuto*, Unicopli, Milano, 1981.

Coccia, E., *La vie sensible*, Rivages, Paris, 2010.

Copleston, F.C., *El pensamiento de Santo Tomás*, FCE, México, 1960.

Cottingham, J., *Descartes*, UNAM, México, 1995.

Carbone, M., *Nature et Logos. Pourquoi y a-t-il plusieurs exemplaires de chaque chose?*, Chiasmi International 2, 2000, pp. 261-277.

Carman, T., *Merleau-Ponty*, Routledge, Oxon-New York, 2020.

Damasio, A., *El error de Descartes*, Andrés Bello ed., 1999.

Dastur, F., *La lecture merleau-pontienne de Heidegger dans les notes du Visible et l'invisible et les cours du Collège de France*, Chiasmi International 2, 2000, pp. 373-386.

Dilthey, W.,

- *Introducción a las ciencias del espíritu*, FCE, México, 1978.

- *Psicología y teoría del conocimiento*, FCE, México, 1978.

De Muralt, A., *La conscience transcendantale dans le criticisme kantien*, Aubier, Paris, 1958.

Deleuze, G., *Diferencia y repetición*, Amorrortu, Buenos Aires, 2006.

Descartes, R.,

- *Discurso sobre el método*, Terramar, La Plata, 2004.

- *Meditaciones Metafísicas*, Terramar, La Plata, 2004.

- *Los principios de la filosofía,* en *Obras*, E.C.S, La Habana, 2001.

- *Las pasiones del alma,* en *Obras*, E.C.S, La Habana, 2001.

Flew, A.,

- *Locke and the problem of personal Identity* en *Philosophy*, 1951, XXVI.

- *Locke y Berkeley. A Collection of critical Essays*, Martin C.B. y Amstrong, D. M. (edits.), Melbourne, 1968.

Gabbi, L., Petruio, V. U., (compilador), *Coscienza. Storia e percorsi di un concetto*, Donzelli, Roma, 2000.

García Baró, M., *Introducción a la teoría de la verdad*, Síntesis, Madrid, 1999.

García Morente, M. *La Filosofía de Kant*, Espasa-Calpe: Madrid, 1982.

Goldstein, K., *La structure de l'organisme,* Gallimard, Paris, 1957.

Granel, G., *Le Sens du Temps et de la Perception chez E. Husserl*, Gallimard, Paris, 1968.

Henry, M.,

- *Filosofía material*, Encuentro, Madrid, 2009.

- *Encarnación: una filosofía de la carne*, Sigueme, Madrid, 2001.

Hume, D., *Trattato sulla natura umana*, Bompiani, Milano, 2009.

Husserl, E.:

Obras en alemán y obras traducidas al español y al italiano:

- *Husserliana. Gesanimelle Werke*, Martinus Nijhoff, La Haya. Vol. 1. *Cartesianische Meditationen und Pariser Vorträge;* segunda edición 1963, editado por Stephan Strasser (*Meditaciones cartesianas. Introducción a la Fenomenología -trad. de J. Gaos y M. García Baró-*, FCE, Madrid, 1985).

- *Husserliana. Gesanimelle Werke*, Martinus Nijhoff, La Haya. Vol. III. *Ideen zu einer reinen Phänomenologie und phänomenologischen Philosophie, I:* «Allgemeine Einführung in die reine Phänomenologie»; 1950, editado por Walter Biemel (*Ideas relativas a una fenomenología pura y una filosofía fenomenológica -trad. de J. Gaos-*, FCE, Madrid, 1985).

- *Husserliana. Gesanimelle Werke*, Martinus Nijhoff, La Haya Vol, IV. *Ideen zu einer reinen Phänomenologie und phänomenologischen Philosophie, II:* « Phänomenologische Untersuchungen zur Konstitution»; 1952, editado por Marly Biemel.

- *Husserliana. Gesanimelle Werke*, Martinus Nijhoff, La Haya Vol. VI. *Die Krisis der europäischen Wissenschaften und die transzendentale Phänomenologie. Eine Einleitung in die phänomenologische Philosophie; 1954*, editado por Walter Biemel (*La crisis de las ciencias europeas y la fenomenología transcendental. Una introducción a la filosofía fenomenológica* -trad. de J. Muñoz y S. Mas-, Crítica, Barcelona, 1991).

- *Husserliana. Gesanimelle Werke*, Martinus Nijhoff, La Haya Vol. X. *Zur Phänomenologie des inneren Zeitbewusstseins (1893-1917)*; 1966, editado por Rudolf Boehm (*Lecciones de fenomenología de la conciencia interna del tiempo* -trad. de A. Serrano de Haro- , Trotta, Madrid, 2002).

- *Logische Untersuchungen*, Max Niemayer, Tubinga, 1968, vols. 1 y 2 Parte (5ª ed.), vol. 2 Parte II -4ª ed. (*Investigaciones lógicas 1y 2*, Alianza, Madrid, 1985).

- *Philosophie als strenge Wissenschaft*, Vittorio Klostermann, Francfort del Meno, 1965 -2ª ed. (*La filosofía como ciencia estricta*, Nova, Buenos Aires, 1981).

- *La cosa e lo spazio*, Rubbettino, Soveria Mannelli, 2005.

Kant, I., *Critica de la Razón Pura* (trad. de P. Ribas), Alfaguara, Madrid, 1999.

Levinas, E., *La teoría fenomenológica de la intuición*, Epidermis editorial, México, 2004.

Locke, J., *An Essay Concerning Human Understanding*, printed for T. Tegg and son, 73, Cheapside, London, 1836.

Nancy, J. L.,

- *Corpus*, Métailié, Paris, 1992.

- *Ego sum* (trad. y prólogo de Juan Carlos Moreno Romo), Anthropos, Barcelona, 2007.

O'Connor, D. J., *John Locke*, Penguin Books, Harmondsworth, 1952.

Macpherson, C. B., *The Political Theory of Possessive Individualism: Hobbes to Locke*, Oxford, 1962.

Merleau-Ponty:

- *La structure du comportement*, Press Universitaries de France, Paris, 1942.

- *La estructura del comportamiento* (trad. de E. Alonso), Hachette, Buenos Aires, 1976, texto precedido de «Una filosofía de la ambigüedad» de Alphonse de Waelhens.

- *Phénoménologie de la perception*, en *Œuvres*, Gallimard, Paris, 2010.

- *Fenomenología de la percepción* (trad. de J. Cabanes), Península, Barcelona, 1975.

- *Signes*, en *Œuvres*, Gallimard, Paris, 2010.

- *Signos* (trad. de C. Martínez y G. Oliver), Seix Barral, Barcelona, 1973.

- *Elogio de la filosofía*, Nueva Visión, Buenos Aires, 1957.

- *Œil et l'esprit*, en *Œuvres*, Gallimard, Paris, 2010 (*El ojo y el espíritu* -trad. de Y. Romero- Paidós, Barcelona, 1986).

- *Le Visible et l'invisible*, en *Œuvres*, Gallimard, Paris, 2010 (*Il visibile e l'invisibile* -a cura di M. Carbone- Bompiani, Milano, 2007; *Lo visible y lo invisible* -trad. de J. Escudé-, Seix Barral, Barcelona, 1970.

- *Posibilidad de la filosofía: Resúmenes de los cursos del Collége de France 1952-1960* (trad. de E. Bello), Narcea, Madrid, 1979.

- *La prose du monde*, en *Œuvres*, Gallimard, Paris, 2010.

Plotino, *Eneadas*, UNAM, México, 1988.

Pérez-Rincón, H. (compilador), *Imágenes del Cuerpo*, FCE, México, 1992.

Paci, E.,

- *Tempo e relazione*, Torino, 1954.

- *Sul senso e sull'essenza*, Aut-Aut, 33, 1956.

- *La natura e il culto dell'Io*, Aut-Aut, 34, 1956.

- *La filosofia contemporanea*, Milano, 1957.

- *Fenomenologia dei processi in relazione*, Aut-Aut, 38, 1957.

- *Introduzione a* Elogio a la filosofia, Chiasmi International 2, 2000, pp. 19-34.

Priest, S., *Teorías y filosofías de la mente*, Cátedra, Madrid, 1994.

Ravagnan, L. M., *La psicología fenomenológica. Maurice Merleau-Ponty*, Editorial Paidós, Buenos Aires.

Ramírez C., M.T.,

- *Escorzos y horizontes. Merleau-Ponty en su centenario*, Jitanjáfora Morelia Editorial, México, 2008.

- *Cuerpo y arte. Para una estética merleaupontiana*, UAEM, México, 1996.

Reale, G., Antiseri, D.,

- *Storia della filosofia*, Bompiani, Milano, 1997.

- *Historia de la filosofía*, Herder, Madrid, 2002.

Richir, M. - Tassin, E. (compiladores), *Merleau-Ponty, phénoménologie et expériences*, Millon, Grenoble, 1992.

Ricoeur, P., "Étude sur les <<Méditacions cartésiennes>> de Husserl" en Revue Philosophique de Louvain. 1954, 53, 77.

Rodríguez Bornaetxea, F. (compilador), *Psicología y conciencia*, Kairos, Barcelona, 2007.

Rodriguez Garcia, J. L., *Los pliegues de la razón*, Mira, Zaragoza, 1993.

Sanfelix,V., *Mente y conocimiento*, Biblioteca Nueva, Madrid, 2003.

Sartre, J. P.:

- *La trascendenza dell'Ego*, EGEA, Milano, 1992.

- *L'étre et le néant. Essai d'ontologie phénoménologique*, Gallimard, París, 1943 (reimpresión 1992).

- *El ser y la nada. Ensayo de ontología fenomenológica*, Alianza-Losada, Madrid, 1984.

- *Bosquejo de una teoría fenomenológica de las emociones*, Alianza Editorial, Madrid, 2005.

- *Lo imaginario: Psicología fenomenológica de la imaginación*, Losada, Madrid, 2005.

- *La nausée*, Gallimard, París, 1938.

- *Critica de la razón dialéctica*, Losada, Madrid, 1995.

Silva-Charrak, C.D.A., *Merleau-Ponty. Le corps et le sens*, Presses Universitaires de France, París, 2005.

Stepanenko, P., *Categorías y autoconciencia en Kant*, UNAM, México, 2000.

Szilasi, W., *Introducción a la fenomenología de Husserl*, Amorrurtu editores, Buenos Aires, 1973.

Thévenaz, P., *La fenomenologia*, Città Nuova, Roma, 1976

Trejo, W., *Ensayos epistemológicos*, UNAM, México, 1976.

Umbelino, L.A., *Memorabilia: o lado espacial da memória (na esteira de Merleau-Ponty)*. SciELO – Editus, 2020.

Villoro, L., *Estudios sobre Husserl*, UNAM, México, 1975.

Vibert, P., *Merleau-Ponty*, Ellipses Édition, París, 2018.

Zahavi, D., "Consciousness and (minimal) selfhood: Getting clearer on for-me-ness and mineness", en U. Kriegel (ed.), *The Oxford Handbook of the Philosophy of Consciousness*, Oxford University Press, 2019.

Waldenfels, B., *De Husserl a Derrida*, Paidós, Barcelona, 1992.